基于公民意识培养的
民族院校人文教育研究

谭月娥 ◎ 著

The Research on Humanistic Education in
Ethnic Colleges and Universities based on
Students' Citizen Consciousness

中国社会科学出版社

图书在版编目(CIP)数据

基于公民意识培养的民族院校人文教育研究 / 谭月娥著 . —北京：中国
社会科学出版社，2016. 3

ISBN 978 - 7 - 5161 - 6575 - 1

Ⅰ. ①基…　Ⅱ. ①谭…　Ⅲ. ①民族学院 – 人文素质教育 – 研究 – 中国
Ⅳ. ①G640

中国版本图书馆 CIP 数据核字(2015)第 160090 号

出 版 人	赵剑英	
责任编辑	任　明	
特约编辑	纪　宏	
责任校对	朱妍洁	
责任印制	何　艳	

出　　　版	中国社会科学出版社	
社　　　址	北京鼓楼西大街甲 158 号	
邮　　　编	100720	
网　　　址	http：//www. csspw. cn	
发 行 部	010 – 84083685	
门 市 部	010 – 84029450	
经　　　销	新华书店及其他书店	

印刷装订	北京市兴怀印刷厂	
版　　　次	2016 年 3 月第 1 版	
印　　　次	2016 年 3 月第 1 次印刷	

开　　　本	710×1000　1/16	
印　　　张	13. 75	
插　　　页	2	
字　　　数	233 千字	
定　　　价	58. 00 元	

凡购买中国社会科学出版社图书，如有质量问题请与本社营销中心联系调换
电话：010 – 84083683

摘　要

民族院校是我国高等教育独特且重要的组成部分，自建立之初就承担着为少数民族和民族地区培养人才的重任。在不同发展阶段，针对少数民族和民族地区所需人才规格的不同，民族院校的培养目标也有所不同：新中国成立前注重塑造有政治情怀与爱国精神的少数民族干部；新中国成立后重在为少数民族和民族地区培养大批少数民族干部和各类专业人才；转型时期致力于为社会主义现代化建设培养高素质人才。随着民族院校的发展，其人文教育的内涵也不断拓展，逐渐形成了有民族底蕴、专业精神、通识意蕴的人文教育，集中体现在大学生的人文素养之中。民族院校大学生人文素养集人文知识、人文精神、人文行为于一体，主要包括以政治素质为核心的国家意识、民族共同心理素质、宗教意识、道德素质、科学素养、公民意识等内容，当前，公民意识逐渐成为民族院校大学生人文素养的核心。

公民意识是一种理性的自我意识，是对公民身份的认识和公民资格的实践，也是衡量人的现代化的一个重要指标。民族院校大学生的公民意识主要通过公民身份意识和公民资格意识两个维度体现，前者主要指个体对其在社会上或法律上作为公民的地位的认知，涉及国家意识、民族意识、宗教意识等；后者主要是指作为公民所应具备的条件，涉及权利意识、责任意识、参与意识等。可以说，民族院校人文教育是其大学生公民意识培养的重要路径，民族院校大学生公民意识的培养是其人文教育的重要任务。因此，有必要对民族院校人文教育及其大学生的公民意识现状进行考察。

本研究选取西北地区 5 所民族院校为样本，对其培养大学生公民意识的人文教育及其大学生公民意识的现状进行了调查研究。在问卷和访谈基础上发现：西北地区民族院校人文教育在大学生公民意识培养方面有一些好的做法，也积累了一些经验，如通过民族类专业、民族类研究、课程教学、有民族特色的校园文化环境传承民族文化，培育民族情怀，培养大学生正确的文化价值观、民族观、宗教观；通过改革人才培养方案、课程设置和教学彰显专业精神，在专业中加强学生人文素养的培育；通过课程设置、制度改革、校园文化建设等凸显通识意蕴，渗透全面发展的理念。

调查也显示，西北地区民族院校大学生公民意识还比较薄弱，具体表现在：民族院校大学生公民角色意识较差，普遍缺乏对公民身份的全面认知，当他们面临国家意识、民族意识、宗教意识的冲突时，多重身份认同致使公民身份认同陷入困境。同时，也存在民族院校大学生在公民资格实践过程中出现对权利与责任了解不全面、重利益轻权责、知行不一等问题。这说明，民族院校人文教育对大学生公民意识培养认识不到位，培养目标不明确，培养体系不完善，以思政课为核心的公民意识培养过程中重知识获得轻价值建构，教学内容零散，教学方法呆板，评价方式单一。

民族院校培养公民意识的人文教育之所以存在上述问题，从外部来看，主要表现在受传统思想的辖制以及西北地区特殊地域环境的制约，公民意识难以形成；从内部来说，主要与民族院校人文教育的失落、教育力度不够以及公民文化氛围缺乏等相关。针对这些客观存在的问题，我们认为，民族院校要整合内外部优势资源，完善社会主义市场经济体制，发展社会主义民主政治，为民族院校大学生公民意识培养创设良好的社会环境；提高家长及家庭所在地区居民的文化素质，营造民主的家庭氛围，推动民族院校大学生公民意识的形成；加强中小学生公民意识的培养，从教育理念、教育体制、教育内容和教育方式等入手，构建中小学公民意识教育体系，为民族院校大学生公民意识培养奠定基础；推进民族院校人文教育改革，树立以培养公民为目的的人文教育观，探索大学生公民意识培养的有效途径，提高大学生公民意识水平。公民意识培养是一项长期的系统工程，只有社会、家庭、学校形成互动，西北地区民族院校通过人文教育培养大学生公民意识的实践才能取得突破性的进展，才能实现为少数民族和民族地区培养合格公民的目标，加快少数民族和民族地区乃至整个国家的现代化进程。

关键词： 西北地区　民族院校　人文教育　公民意识

Abstract

The ethnic colleges and universities play a special and important part in higher education in our country, and they bear the responsibility of talents cultivation for ethnic minorities and ethnic communities since the beginning of its establishment. The training objectives in ethnic colleges and universities vary at different stages of development, since the specifications of ethnic minorities and ethnic communities are different. Before the founding of the People's Republic of China, attentions are paid to the shaping of minority cadres with political feelings and patriotism; after the founding of the People's Republic of China, efforts are devoted to the cultivating of a large number of minority cadres and professionals; during the transition period, focus are turned to the cultivation of high-quality talents for the socialist modernization construction. With the development of ethnic colleges and universities, the connotation of humanistic education is constantly expanding, and gradually forming humanistic education with ethnic heritage, professional spirits and general implication, embodied in the students' humanistic accomplishment. Students' humanistic accomplishment in Ethnic colleges and universities set collection of human knowledge, human spirit and human behavior in one, mainly including political quality as the core of national consciousness, national common psychological, religious consciousness, moral qualities, scientific literacy, citizen consciousness, etc. At present, citizen consciousness has gradually become the core of students' humanistic accomplishment.

Citizen consciousness is the core of humanistic education for ethnic colleges and universities students, recognition of one's rational self-consciousness, understanding of one's citizen's sense of identity and a practice of citizen's sense of qualification, also an important index of one's modernization. Students' citizen consciousness of ethnic colleges and universities is mainly embodied in dimensions of one's citizen's sense of identity and citizen's sense of qualification. The former mainly refers to the individual cognitive of citizen's social and legal status, related with national consciousness, ethnic consciousness and religious consciousness and so on. The latter mainly refers to the required conditions as citizens, involving in rights consciousness, responsibility consciousness and participation consciousness and so on. It can be said that the humanistic education of ethnic colleges and universities is an important way to cultivating students' citizen consciousness, and cultivating the students' citizen consciousness of ethnic colleges and universities is an important task to its' humanistic education. Therefore, it is necessary to study the present situation of humanistic education and its' students' citizen consciousness of ethnic colleges and universities.

The research selects five ethnic colleges and universities in the northwest region as samples, investigates their humanistic education for cultivation of citizen consciousness and the current situation of students' citizen consciousness. Based on the questionnaire and interview, we find the humanistic education in ethnic colleges and universities in the northwest region did some good practices and accumulated some experiences in cultivating students' citizen consciousness, such as inheriting the ethnic culture, cultivating the ethnic feelings and cultural values, ethnic view and religious view of students through the ethnic specialty, ethnic research, course teaching and campus cultural environment with ethnic characteristics. What's more, they emphasize students' humanistic accomplishment in specialty and highlight the professional spirits by reforming personnel training program, setting up course and teaching. In addition, they highlight the general implication by course setting, system reforming, campus cultural constructing and so on to penetrate the overall development idea.

The survey also shows that students of ethnic colleges and universities in the northwest region are of weak citizen consciousness, fully embodied in the following aspects. These students have poor consciousness of citizen roles and they lack the comprehensive cognition of citizenship. Besides, the multiple identities would make them get into trouble when they are confronted with conflicts coming from national consciousness, ethnic consciousness and religious consciousness. In the meanwhile, there still exist many problems as they practice the citizen qualification, such as the imcomplete knowledge about rights and responsibilities, preferential treatment toward interest rather than responsibilities and the disunity of knowing and doing. It indicates that humanistic education in ethnic colleges and universities has many problems. For instance, the cultivating objectives are not definite; the cultivating system is imperfect; more attention are paid to knowledge acquisition rather than value construction in the course of fostering their citizen consciousness on the basis of ideological and political course; the teaching content is complex and scattered; the teaching methods are so stiff and only one evaluating method is adopted.

The reason why problems exist in cultivatingcitizen consciousness of humanistic education in ethnic colleges and universities, lies in two aspects. From the external prospective, it mainly displays in the traditional ideology limitation and the constraints of particular geographical environment in the northwest region where it is hard to build up citizen consciousness. From the internal prospective, it is primarily related to the loss of humanistic education, the inadequate education force and the shortage of civic culture atmosphere in ethnic colleges and universities. In response to these objective problems, we insist that in order to create a favorable environment for the cultivation of students' citizen consciousness, ethnic colleges and universities should integrate external and internal advantage resources, complete the socialist market economy institutions and develop socialist democracy. At the same time, we should improve the culture quality of the parents as well as the culture quality in the area of their families located to create a democratic family atmosphere and promote students' citizen consciousness in ethnic colleges and universities. In order to build the basis for cultivating students' citizen consciousness of ethnic colleges and universities, we should strengthen the training of primary and middle school students' citizen consciousness from changing the concept, the system, the content and the manner of education, constructing a primary and middle school citizenship education system. In addition, we should also promote the reform of humanistic education in ethnic colleges and universities with setting up the aim of improving citizens' views on humanistic education, exploring the effective way of cultivating students' citizen consciousness to improve students' level of citizen consciousness. Citizen consciousness-cultivating is a long-term system engineering, only by the interaction among families, schools and society, can we get a breakthrough in the process of developing students' citizen consciousness by humanistic education in ethnic colleges and universities in the northwest region and realize the target of cultivating qualified citizens in ethnic minorities and ethnic communities. Only by this, can we speed up the modernization process in ethnic minorities, ethnic communities and our country.

Key Words: the northwest region; ethnic colleges and universities; humanistic education; citizen consciousness

目　　录

图 表 索 引

第一章 绪论

第一节 研究缘起、目的及意义

一 研究缘起

在现代社会，一个地区乃至一个民族经济的发展和文化的繁荣，有赖于该地区或该民族科学技术的掌握、运用和发展，而这一切最终都取决于教育，尤其是高等教育所培养人才的数量和质量。高等教育追求人格的健全和完善，致力于使学生学会做人，与科学技术的学习和掌握相比，高等院校更应注重人文精神的养成和提高，诚如理查德·利文斯通（R. Livingstone）所说："教育的职业性和社会性诚然重要，但舍掉其精神性则是致命的，它之所以致命，是因为可能长时间都看不到缺少精神性，就如同一种不知不觉加重的病患一样。一个国家会因此受苦，直到病入膏肓才认识到病情的严重。"① 因此，在社会结构和文化价值观发生剧烈变化的今天，为了实现社会的长治久安和人性的张扬，高等院校"培养什么人"以及"如何培养人"的使命已成为教育研究中的重要论题。

1998 年 10 月，联合国教科文组织在巴黎召开了第一届全世界高等教育大会，并在大会发表的《面向二十一世纪高等教育宣言：观念与行动》（以下简称《宣言》）中明确提出了高等教育的使命与功能，其中，《宣

---

① ［英］伊丽莎白·劳伦斯：《现代教育的起源和发展》，纪晓林译，北京语言学院出版社 1992 年版，"序"第 X 页。

言》第一条教育与培训的使命中指出："通过高层次知识和技能相结合的
职业资格和能力的培训，采用不断适应社会需要的课程和教学内容，培养
高层次合格的毕业生。这些毕业生将成为满足人类活动各方面需求的负责
任的公民。"① 所谓负责任的公民，是指在社会生活领域能够履行法律道
德规范，在职业生涯领域能够爱岗敬业，既能合法地维护自身的权利，又
能自觉地遵守社会义务、承担责任的合格公民。② 也就是说，高等教育所
培养的高层次合格的毕业生也将是合格公民，高等院校承担着培养合格公
民这一重要任务。因此，高等院校要切实加强大学生公民意识的培养，把
大学生培养成为合格的毕业生。这意味着，在促进社会发展的过程中，公
民培养与高等院校人文教育的内涵设定密切相关，即是说，为了培养合格
的公民，高等院校应以大学生对社会负责任、有远见、具有自我提高能
力、积极参与社会活动、维护权利、民主等素质的养成为首要任务，以大
学生公民意识培养为重要内容，成为大学生公民意识培养的重要场所，一
句话，若要实现21世纪人文教育的重要目的——"公民培养"——高等
院校人文教育就必须重视大学生公民意识的养成。面对这一挑战，我国高
等院校唯有结合自身实际探索培养公民的人文教育之路，方能更好地实现
高等教育的国际化。然而，由于中国经历了两千多年的封建历史，长期以
来只有"臣民"而无"公民"，高等教育的培养目标中鲜见"公民"之
说，这造成了人文教育中公民意识培养的淡薄，为了顺应时代潮流，也为
了有效地推动我国高等教育健康、持续发展，有必要对人文教育中如何彰
显培养公民的教育目的，怎样培养中国特色的合格公民，提高大学生的公
民意识等问题进行讨论。

　　高等教育阶段是公民意识养成的重要时期，高等院校是培养合格公民
的主要阵地。受传统文化中公民意识欠缺的影响，我国高等院校所培养的
人才与社会需求之间的矛盾主要体现为实用知识丰富但人文素养不高。当

---

① 《面向二十一世纪高等教育宣言：观念与行动》，中华人民共和国教育部网站（http://www. moe. edu. cn/publicfiles/business/htmlfiles/moe/moe_ 236/200409/712. html）。

② 秦树理：《把大学生培养为合格公民是高等教育改革的重要方向》，《郑州大学学报》（哲学社会科学版）2005年第5期。

前频频曝出的大学生自杀、校园暴力以及一些极端行为（如药家鑫事件①）等折射出大学人文教育现状堪忧，这无疑敲响了大学人文教育危机的警钟。有学者指出，我国高等教育"文理分割，重理轻文，重工轻理，重专业教育轻通识教育，加上过于集中统一的管理，给学生带来了'过弱的文化陶冶、过窄的专业教育、过重的功利导向、过强的共性制约'，使普通高等教育特别是普通高等本科教育带有较强的职业教育的特征。再加上基础教育造成的'先天不足'，大学教育内容体系陈旧和教育方法的呆板，导致了大学生的整体素质缺陷"。受此影响，我国高校中还存在着严重的学风问题，表现为"缺乏求实的态度与求是的精神，不重视学业的扎实基础，不讲究治学的深厚功底，追逐于表面文章，满足于浅尝辄止"②等。除此之外，受功利主义的侵蚀，"当今的教育从根本上偏离了它本真的意义，成为了一种在工具理性操作下的功利主义教育"③。教育成为满足社会需要的工具，在"实用"的诱惑下，人文精神成了"无用之术"，高等院校人文教育实施过程中存在着"缺什么补什么"的现象，文科知识的灌输过程替代了人文素养的培养过程，致使我们培养了许多专家与学者，在他们身上却寻觅不到真情的流露、个性的释放，即便他们学富五车、才高八斗，但却缺少开拓创新精神，缺少必要的公民素质、仁爱精神，甚至缺少基本的仁义之心。我们教育中最本质的东西缺失了，"人"的基本东西成了被遗忘的角落，人性障蔽，人文教育缺场。④ 人是丰富的、流动的和完整的存在，既要有坚实的知识技能，也要有实践个人

---

① 西安音乐学院大三学生药家鑫开车撞伤人后又连刺数刀致对方死亡。药家鑫的同门师妹李颖在网络上发表言论称，要是她，她也捅，谁让受害者去记车牌号呢？药家鑫的律师辩护说这是一起交通肇事转型的故意杀人案件，药家鑫是一念之差，属于激情杀人，因为他的成长道路没有污点、学习优秀、得过各种奖励，且有自首情节，希望法庭从宽量刑，给他一条改过自新的路。有专家认为药家鑫连捅六刀杀人是"弹钢琴的习惯性动作"。药家鑫的母校在其官方网站刊登文章《我院师生坚决拥护法院对药家鑫案的公正判决》。药家鑫的行为和其师妹的言论将大学生对生命的漠视表露无遗；从药家鑫律师的辩护词"成长道路没有污点、学习成绩优秀、得过各种奖励"等可以看出成绩是我们定义学生好坏的关键；专家的分析让我们看到当前高等教育中学科专业化倾向对个体的规训力量；药家鑫母校仅仅发表一句拥护判决，置学校和学生之间的情感于何处？

② 文辅相：《素质教育：社会与教育发展的必然》，《高等教育研究》1997 年第 6 期。

③ 鲁洁：《教育的返本归真——德育之根基所在》，《华东师范大学学报》（教育科学版）2001 年第 4 期。

④ 张金福：《大学人文教育与科学教育结合研究》，浙江大学出版社 2006 年版，第 1 页。

好生活的能力与品质。大学人文教育危机的实质在于缺乏对整全的"人"的观照，高等教育培养的"半个人"与社会所期望的"完善的人"之间产生了巨大落差。严峻的现实提醒我们：加强人文教育，提高学生的全面素质，是我国高等教育中亟待解决的问题。

民族院校是我国高等教育的特殊形式，是我国高等教育的重要组成部分，是党和国家着眼于长治久安，为解决国内民族问题，发展民族教育事业创办的高等院校。当前普通高等院校人文教育现状堪忧，理论和实践研究正如火如荼地展开，与之相比，民族院校人文教育如何提高学生的全面素质，培养其公民意识，更应引起我们的重视。这是因为，民族院校不仅承担着传承优秀民族文化的使命，更发挥着增进民族间的了解和沟通，促进多元文化间的融通和发展的使命。为实现这一目的，民族院校在办学过程中要做到既借鉴普通院校的经验，又从自身实际出发，遵照民族教育的特殊规律与高等教育的普遍规律相结合，民族教育规律与民族工作规律相结合的原则，根据民族地方的实际需要，为民族地区全面实现小康社会培养蕴含人文素养的民族精英和大批专业技术人才。从大的方面来讲，党和国家对民族院校的任务、目标已有明确规定，但民族院校在办学的实践中，对于培养什么样的人才、怎样培养人才、所培养的人才与普通院校有何区别等问题上还处于探索阶段。从近些年民族院校提交的教育部本科教学随机性水平评估自评报告来看，民族院校在人才培养方面总结的特色不外乎高素质、复合型两个方面，与普通高等院校的人才培养目标区别不大，不同之处在于更多地强调了接受教育的对象是少数民族学生和在全校开设民族理论与政策课程，突出了民族的自然属性①。民族的自然属性是其社会属性形成的基础，只有将民族的自然属性和社会属性结合起来，正确地认识本民族的同时包容和尊重其他民族，方能形成基于人文素养的民族意识，有助于公民意识的培养。在经济全球化与文化多样性背景下，我们要从多元文化的视角去关注多样性共生共存、共享共融的现实，一个民族的成员只有清楚地认识到自我的存在、自我的价值和历史使命，并且通

---

① 民族自然属性的形成是由于这样一些条件和因素——人们有共同的居住地域；基本共同的语言（不一定很发达）；共同的生活习俗、文化，包括宗教信仰；有的民族还存在种族上的共同。在这种民族共同体之内，其成员对本民族群体还只有一般的外表的感性认识，只是开始感到它的存在；民族归属感虽已萌发，但其民族意识一般还处于朦胧、潜在的状态，处在自发阶段。参见熊锡元《民族意识过程：由"自在"到"自为"》，《黑龙江民族丛刊》1999年第2期。

过参与种种社会活动（一般与国家活动及社会组织紧密联系）来追求其实现的一种富有创造性的、充满活力的、在改造客观世界的实践中不断完善自我的社会意识形态。[①] 对民族院校而言，其人文教育状况集中反映在培养少数民族人才过程中，并对民族地区发展和民族文化发展产生重要影响。因此，在人文教育过程中要处理好学生的民族意识、宗教意识与国家意识间的关系，并在此基础上推动公民意识的形成，实现个体全面而自由的发展，这是推动个体不断成长，也是基于公民意识培养的民族院校人文教育必然要经历的过程。在此过程中，既不能简单地强调民族的自然属性，也不能狭隘地理解民族意识；既不能用一种"非此即彼"的简单思维，也不能用一种"包含与被包含"的简单逻辑来处理民族意识与国家意识之间的关系；既不能无视民族意识而高谈公民意识，也不能将国家意识等同于公民意识。总之，民族院校如何培养大学生的公民意识，使之成为合格的公民，这不仅关系到他们自身全面而自由的发展，还将关系到少数民族和民族地区的稳定、发展与繁荣。这是当前民族院校人文教育面临的挑战。

就个人而言，作为一名民族院校的教育工作者，研究民族院校人文教育有助于教育教学、学生管理、科学研究等工作的开展。作为一名少数民族教育研究者，在当前时代背景下研究民族院校人文教育，能够丰富人文教育的内容，拓宽人文教育的研究视角，明晰民族院校人文教育的发展脉络及方向。综上，不管是源于作为一名普通教育工作者的研究期望，还是出自希望本民族，乃至全体少数民族教育事业越办越好的个人情怀，对民族院校人文教育进行研究是可能且可行的，更是必要且必需的。

二　研究目的

在全球化浪潮的冲击下，东西方文化的碰撞与交融使得国人的权利意识在自由、民主、平等、法治等宪政理念的传播中逐渐复苏，但同时，公民意识匮乏也导致享乐主义、拜金主义、贫富两极分化和道德滑坡等一系列社会问题的出现。面对错综复杂的矛盾交织和利益交错的图景，为了实现民族的复兴和国家的强盛，作为发展中大国，现代化之路应从何处入

---

① 熊锡元：《民族意识过程：由"自在"到"自为"》，《黑龙江民族丛刊》1999 年第 2 期。

手？这是我们必须去追问和深入思考的重要问题。美国著名社会学家英格尔斯在对六个发展中国家进行大规模比较调查的基础上指出："一个国家，只有当它的人民是现代人，它的国民心理和行为上都转变为现代的人格，它的现代政治、经济和文化管理中的工作人员都获得了某种与现代化发展相适应的现代性，这样的国家方可真正称之为现代化的国家。"① 与其他发达国家相比，我国现代化水平之所以不高的主要原因不在于生产力的落后，而在于国民人文素养不高，公民意识缺乏，正如李慎之先生指出的："千差距，万差距，缺少公民意识是中国与西方国家最大的差距。"② "缺乏健全的公民意识和相应的公德意识是中国与先进国家最大的差距。中国的现代化之所以举步维艰，一直被人称为'九死一生的中国现代化'，一个最重要的原因就是中国始终未能培养出合格的国家公民。"③ 作为一种理性的自我意识，公民意识是公民对自身的身份、法律地位、权利、义务等的自我认识，是公民全部素质的综合，它集中体现了公民对于自身及其实践活动的态度、倾向、情感和价值观。公民意识影响公民实践，同时，公民实践领域的延伸促进了公民意识内涵的不断丰富。但就目前我国的实际情况来看，个体公民意识无论在行为上还是内涵上都是欠缺的，因此，在全球化背景下，如何培育国人，尤其是青年的公民意识是一个具有现实性和紧迫性的课题，这是关系我国向现代化国家的成功转型、民主政治的良性发展、和谐社会的构建等具有时代意义的现实问题。

从上述认识出发，本研究的主要目的是，如何通过民族院校人文教育来积极引导，进而培养有中国特色的民族院校大学生的公民意识，实现高等教育培养合格公民的重要任务。具体包括两个方面：一是对民族院校人文教育及公民意识内涵的挖掘，二是对民族院校培养公民意识的人文教育研究。

与普通高等院校相比，民族院校人文教育不仅要体现专业和通识精神，更要彰显民族底蕴，这一诉求在现有培养目标、课程设置、教学研究、课外活动、校园环境之中均已有所体现，同时，基于民族底蕴的专业

---

① ［美］阿历克斯·英格尔斯：《人的现代化：心理·思想·态度·行为》，殷陆君编译，四川人民出版社1985年版，第8页。

② 李慎之：《修改宪法与公民教育》，《改革杂志》1999年第3期。

③ 赵晖：《社会转型与公民教育——中国公民教育目标与内容体系的建构》，人民教育出版社2007年版，第95页。

精神和通识意蕴也应是民族院校人文教育的特点和优势所在。这是因为，第一，作为高等教育的组成部分，民族院校会聚了大量的民族学研究专家，设有多种民族文化研究中心或系科，在民族语言、文字、历史、宗教、民俗研究方面具有得天独厚的优势，使少数民族缤纷多彩的文化得到了弘扬和发展。除此之外，民族院校也是各少数民族和民族地区优秀青年的聚集地，他们通过接受民族高等教育，担负着继承和发扬少数民族丰富多彩的传统文化的重任。第二，作为各种文化融合和交流的重要机构，民族院校集中了大量优秀的民族文化研究者，他们的研究推动了各民族文化的繁荣与发展，促使各民族大学生能够体验到不同文化的魅力。多元文化共存的校园环境、各具特色的民族节日和民族特色学科的开设，为少数民族学生提供了学习少数民族文化的良好环境，使民族文化在青少年身上代代相传。在这一过程中，民族院校人文教育将民族底蕴、专业精神、通识意蕴融为一体，致力于大学生的全面发展，努力实现为少数民族和民族地区培养有人文素养的高质量人才。

我国是统一的多民族国家，各民族优秀文化汇集成中华民族文化，其中对个体德性的强调和所包含的强烈的爱国主义和社会责任心都是现代公民意识的重要内容。民族院校大学生的公民意识主要体现在公民身份认同与公民资格实践两个维度，具体涵盖公民的国家意识、民族意识、宗教意识、权利意识、责任意识、参与意识等内容。民族院校大学生公民身份认同以其民族意识、宗教意识、国家意识等为基础，而公民资格实践则通过权利意识、责任意识、参与意识等来体现。但长期以来，公民意识缺乏、民族意识强烈、参与意识淡薄以及随着全球化时代的到来，西方现代文明对传统文化的强烈冲击导致我们的价值观发生了巨大变化，西方现代价值已经根深蒂固地成为我们的价值，成为我们（今天）的传统，"在我们这个新的文化传统氛围里，要想了解我们的传统文化，非常困难，我常常说一种'遥远的回响'，听不到它的声音，看不到它的菁华，因为日常的价值标准全是西方的。……所以西方文明已是我们的文化传统，跟传统文化已有很大的断裂"①。因此，以民族意识、宗教意识、国家意识、权责意识等为基础的民族院校公民意识的形成必将经历一场阻抗与适应的辩证运动，在这场运动中，公民意识的培养不仅将有助于大学生个体的全面发

---

① 杜维明：《一阳来复》，上海文艺出版社1997年版，第57—58页。

展，也有助于少数民族和民族地区的稳定与繁荣，而这一目的的实现关键在于民族院校人文教育的视野要从民族意识、国家意识等上升到公民意识，实现与国际接轨，在丰富的人文教育中培养大学生的公民意识，塑造合格公民。

三　研究意义

回应时代对培养公民意识的教育的呼唤。海德格尔在审视当代社会处境时曾这样说："任何一个时代都没有像当代这样对人拥有这么多知识，但任何一个时代也没有像今天这样更少地懂得人。"[①] 当代知识的丰富和人内心的孤单形成了强烈的反差，各个领域对存在者的呼唤，对人的呼唤，对人文的呼唤声音越来越大。针对经济发展和科技进步过程中出现的大学生公民责任感失落、道德价值贬损等全球性现象，各国均尝试通过公民意识的研究和培养来破解难题，如美国强调培养大学生的参与意识、社会责任感和良好品性是其公民教育的重要内容；韩国把促进每一个公民完美的品格作为其教育目的，在此趋势下，公民教育成为世界教育的共同课题。中国作为发展中大国，为尽快实现社会主义现代化的目标，缩短与世界发达国家的差距，近年来，在学习和借鉴多民族国家教育理论与实践经验的基础上，明确提出加强公民意识教育，各级各类学校结合自身实际探索公民意识培养的可能路径，以实现培养合格公民的目标。从 2001 年中共中央颁布的《公民道德建设实施纲要》、党的十七大第一次明确提出"加强公民意识教育"到党的十八大提出"全面提高公民道德素质"，标志着公民意识培养已经被正式列入国家政治发展目标，为以公民意识培养为目标的教育提供政策保障。这对民族院校大学生公民意识的培养及其载体的探讨，对于实现民族团结，提高少数民族、民族地区乃至整个国家的整体国民素质具有重要意义。

理论上讲，基于公民意识培养的民族院校人文教育研究充实了高等院校人文教育的研究内容，目前有关民族院校人文教育的研究成果与其他高等院校人文教育研究成果相比，在数量和质量上都远远不够，在有关高等院校人文教育的会议和学术交流中，民族院校人文教育的研究经常缺场，因此，加强民族院校人文教育研究将丰富我国高等院校人文教育的研究内

---

① 周国文：《人文话语与历史的抉择》，海风出版社 2003 年版，第 31 页。

容。其次，对民族院校培养公民意识的人文教育进行研究是对大学生公民意识研究内容的有益补充。近年来，有关大学生公民意识研究受到学界的普遍重视，但针对民族院校大学生公民意识的研究相对较少，民族院校大学生兼具大学生的共性与少数民族的特性，其公民意识的形成以国家意识、民族意识、宗教意识等为基础，这种共性与特性的交织使民族院校大学生公民意识培养有一定难度，通过民族院校人文教育培养大学生公民意识是对大学生公民意识研究内容和途径的拓展。此外，基于公民意识培养的民族院校人文教育研究将为相关研究以及政策制定提供理论依据。

实践上看，本研究是对我国民族院校大学生公民意识培养途径的有益探索。随着民族国家的建立、社会民主化进程以及公民社会的逐步成熟，公民概念不断发展和完善起来，现代公民意识作为人文素养的核心，其培养不仅涉及家庭背景和地域文化，还涉及民族、宗教、性别乃至种族等，公民教育已成为多元文化背景下各国培养合格公民的主要路径。本研究从我国民族院校大学生公民意识的现状及其培养实际出发，本着民族性与教育性相结合的原则，汲取人文教育在公民意识培育方面的经验，尝试对民族院校大学生公民意识培养的人文教育路径进行探索，使民族院校大学生在多元文化涤荡的背景下始终保持清醒的头脑，并以民主、平等、宽容、诚信之精神妥善处理好多重社会关系，提高自身公民意识水平，并促进少数民族和民族地区整体素质的提升，推动民族地区的稳定、繁荣和发展。同时，有助于民族院校完成为少数民族和民族地区培养各类人才，传播和弘扬优秀民族文化，促进经济、文化和社会全面发展的使命，发挥其在促进各民族认同中华民族一体，帮助和促进各民族保持和发展优秀传统民族文化等方面具有十分重要且不可替代的作用。[①]

第二节　理论基础与文献综述

一　理论基础

民族院校人文教育研究的核心在于探讨当前背景下民族院校应该培养

---

① 滕星、王铁志主编：《民族教育理论与政策研究》，民族教育出版社 2009 年版，第 13 页。

什么样的人，它关系到民族院校的生存与发展，更关系到教育培养全面自由发展的人这一目的的实现。结合民族院校的特点，从公民意识培养的角度出发，民族院校人文教育研究至少需要如下理论作为立论基础。

（一）马克思主义关于人的全面发展理论

人的全面发展理论是马克思主义理论的重要组成部分，是我国教育目的的理论基础，也是科学发展观的重要内涵。马克思、恩格斯指出，"每一个人都无可争辩地有权全面发展自己的才能"①，"以物的依赖性为基础的人的独立性，是第二大形态，在这种形态下，才形成普遍的社会物质变换，全面的关系，多方面的需求以及全面的能力的体系"②。紧接着，马克思还把个人的全面发展作为形成人的自由个性的基础之一来加以论述，他指出"全面发展的个人……不是自然的产物，而是历史的产物。要使这种个性成为可能，能力的发展就要达到一定的程度和全面性，这正是以建立在交换价值基础上的生产为前提的，这种生产才在产生出个人同自己和同别人的普遍异化的同时，也产生出个人关系和个人能力的普遍性和全面性"③。恩格斯也曾谈道："只要实际劳动的居民必须占用很多时间来从事自己的必要劳动，因而没有多余的时间来从事社会的公共事务——劳动管理、国家事务、法律事务、艺术、科学等等，总是必然有一个脱离实际劳动的特殊阶级来从事这些事务……只有通过大工业所达到的生产力的大大提高，才有可能把劳动无例外地分配于一切社会成员，从而把每个人的劳动时间大大缩短，使一切人都有足够的自由时间来参加社会的理论的和实际的公共事务。"④ 随着人类社会的进步，社会生产力和教育科学技术的发展，人的全面发展就成为不以人们意志为转移的普遍规律。其客观必然性的主要表现是：①人的全面发展是社会生产力发展的需要，是一定社会经济和政治的客观要求，是历史发展的必然趋势。②人的全面发展也是人的发展和完善的必然要求。随着社会的进步，人全面发展自己的要求越强烈，实现的条件也越来越充分。⑤ 马克思主义认为，"人的全面发展"是主体本质的全面发展，是个人关系（或交往）的普遍而全面的发展，

---

① 《马克思恩格斯全集》第 2 卷，人民出版社 1995 年版，第 614 页。
② 《马克思恩格斯全集》第 46 卷（上册），人民出版社 1979 年版，第 104 页。
③ 同上书，第 108—109 页。
④ 《马克思恩格斯全集》第 3 卷，人民出版社 1995 年版，第 525 页。
⑤ 胡德海：《教育学原理》，甘肃教育出版社 2006 年版，第 37 页。

是人的需要的多方面发展和人的能力的全面发展，它既是人的个性、能力和知识的协调发展，也是人的自然素质、社会素质和精神素质的共同提高，同时还是人的政治权利、经济权利和其他社会权利的充分实现。① 可以看出，只有充分发挥人的主体性，弘扬人的主体精神，个体才有可能实现真正意义上的全面发展。因此，从全面发展的意义上来说，公民意识就是要培养人的主体意识（它不仅是对自身作为民族国家主体的认识，也是对自身作为民主社会公民身份的认识），培养人对其身份的认知与实践，而人的主体意识也将有利于公民意识的培养和全面发展的实现。

人的发展离不开教育，"它（教育）不仅是提高社会生产的一种方法，而且是造就全面发展的人的唯一方法"②。我国教育理论界对马克思主义关于人的发展的思想，尤其是人的全面发展的思想，一直有争议。胡德海先生则将其归纳为三种意见：一是指体力劳动和脑力劳动相结合；二是指人体各种机能的全面发展；三是指人的体力、智力和道德面貌的多方面的发展。胡先生认为，社会主义教育必须以人的全面发展理论为指导和理论基础，但从其性质、内容、培养目标各方面来看，和马克思本人所理解的全面发展教育又不能简单画等号。他认为，人及人的全面发展问题，就其实质来讲，是一个综合性问题。因此，不仅要以单个方面，而且还要辩证地、系统地研究人的存在与发展的问题。③ 这样一来，人的全面发展无可置疑地具备了丰富的内涵，即物质生活和精神生活全面而协调地发展，世界观、人生观和价值观的全面发展，身体素质和心理素质的全面发展，④ 体力和智力的全面发展，人的才能的多方面发展，以及个人社会关系的高度丰富和发展等。在此意义上，人的全面发展不仅仅只是手段，更重要的是，它本身就是目的，不断追求人的完善、和谐、丰富，一方面是人性的内在向往和本能的自然追求；另一方面，也是社会进步和发展的外在要求，它是主客观的统一。在主观上，人总是倾向于不断追求尽可能的全面发展；在客观上，随着社会的进步，社会也不断要求人的全面发展。这既是应然的，也是必然的。⑤ 同时，人的全面发展是一个时代范畴，其

---

① 徐家林：《"人文发展"：维度及其评价》，上海人民出版社2009年版，第63页。

② 《马克思恩格斯全集》第23卷，人民出版社1971年版，第530页。

③ 胡德海：《教育理念的沉思与言说》，人民教育出版社2005年版，第218页。

④ 庞跃辉：《马克思主义人的全面发展思想初探》，《湖北社会科学》2002年第7期。

⑤ 扈中平：《"人的全面发展"内涵新析》，《教育研究》2005年第5期。

内涵必将随着时代的发展而不断发展和完善。

教育学视界中的人的全面发展，不能停留在价值理想的层面上，而应落实到现实教育活动的每一个环节，落实到每一个学生个体。① 人的全面发展意味着人的个性的丰富性和能力的多样性，它使人在复杂多变的社会生活中能应付自如，显示出更强的主动精神和创造力，而人的个性和能力所包含的个人特殊品质的思想、感情、行为、知识、技能、技巧都要通过教育培养才能形成，而这正是当代教育的主要内容。人文教育是人的全面发展理论的现实展现形式，也是现代公民意识培养的重要途径。当前世界各国正致力于培养合格的公民，人的全面发展不能脱离现代公民意识的培养，因为公民意识的培养是人的全面发展的重要组成部分，它对于人的全面发展，特别是人的主体意识、权利与义务意识、民主与法制意识、责任与参与意识的建构具有无以替代的巨大价值，这已经成为世界教育的重要论题。中国是一个统一的多民族国家，公民意识薄弱制约着国家的现代化进程，而以"为少数民族和民族地区培养高素质人才"为目标的民族院校，其大学生公民意识的薄弱将对少数民族和民族地区的公民意识状况产生直接影响，进而影响和谐社会的构建。民族院校人文教育致力于以少数民族为主的各民族大学生的全面发展，强调大学生的全面发展是"文而化之"的过程，在此过程中大学生获得知识技能，形成公民所应具备的人文素养，这种人文素养目前是以公民意识为核心的。因此，民族院校通过开展人文教育来培养各民族大学生的公民意识，不仅能够实现其人文教育的诉求，促进各民族大学生的全面发展，也能够实现其人才培养的重任，提高少数民族和民族地区公民的科技水平和人文素养，进而推动国家综合实力的提升。

（二）人本主义思想

"人本主义"（anthropology）亦译作人类学、人本学，其希腊文词根为 antropos 和 logos，意为关于人的学说，早期这种学说把人看作自然的一部分，看作不变的具有物质和精神的自然属性的存在物，侧重于从本体论上来说明、解释人的存在。② 在今天，人本主义则成为西方的一个重要思想流派，在教育研究中，人本主义则发展成为以人本主义心理学为理论基

---

① 洪强强：《教育学视界中的全面发展观》，《教育评论》2004 年第 5 期。
② 王坤庆：《教育学史论纲》，湖北教育出版社 2000 年版，第 277 页。

础，吸收当代西方哲学中有关人的问题研究成果，运用于解决教育问题而形成的一种人本化色彩浓厚的理论体系。

人本主义强调人是哲学的出发点和归宿，反对把人归结为科学理性的存在，要求揭示人的生命、本能、情感、意志等非理性或超理性存在的意义。① 人本主义的核心理念"以人为本"，把人当作世界的本真和最高的存在。"以人为本"的哲学首先需要解决本体论的问题，即世界本原的问题，这是一切哲学的首要任务，而不同的流派对此问题的回答也各有不同，如马克思的实践唯物主义开辟了一条崭新的道路，把对世界之本的追寻置于人的生活实践中，他首先认为世界的存在前提，即我们所说的世界是现实的世界，是人的生活世界，而不是离开人的虚妄和抽象的世界。② 进而指出，人的生活世界是讨论世界本原的基点，人的生活世界是人类实践和创造的结果，包括自然界、人类社会和精神世界三个层面。马克思不仅为现实世界找到了真正的人本基础，而且还对人作了科学的解说，指出实践是包括人在内的全部世界的根基所在：对于现实世界来说，人是本，而对于人来说，实践和感性活动是本，没有实践就不会生成人，因而也就不会有现实的世界。③ 此外，"以人为本"还具有价值论意义，人作为世界之本，其尊严和价值理应受到最大程度上的尊重，应本着人的价值和需求来决策和行事。人本主义思想使我们认识到，人的成长是教育最大的目的，在这个过程中，每一个人都应该得到应有的尊重，在此基础上，人拥有自我生命成长过程的决定权和支配权，人的成长本身不应被人本身之外的任何力量控制、支配，这对以成"人"为内核的人文教育来说具有借鉴价值。从人本主义思想的角度出发，人文教育要关注人自身，关注人的需要、价值和尊严，关注人的成长和发展，使之成为民主社会的合格公民。对民族院校来说，大学生的需要、价值和尊严与其所属民族、所信仰宗教紧密联系在一起，因此，民族院校人文教育要从不同民族、不同文化、不同地域各民族大学生的成长和发展出发，这样方能在教育教学、科学研究以及管理工作中为民主社会培养合格公民，促进各民族大学生全面发展目标的实现。

---

① 刘放桐：《"人本主义"和"人本主义哲学思潮"随想录》，《学术月刊》1999 年第 10 期。

② 张奎良：《"人本主义"的哲学意义》，《哲学研究》2004 年第 5 期。

③ 同上。

人本主义主张以人为本和以整体人（或全人）为研究对象的视角，关心人的本性、价值和尊严，研究健康人格和自我实现，其主要理论——自我实现论就是指人有这种尽其所能的内在倾向。① 人本主义思想在教育界带来了深刻的震撼与影响，对人文教育以及大学生公民意识的培养也产生了很大的影响。人本论者认为，要理解人的行为，必须理解他所知觉的世界，即必须从行为者的角度来看待事物。要改变一个人的行为，首先必须改变其信念和知觉。② 人本主义思想成为一个多世纪以来直至现在众多教育家改革与实践的指向，尤其是发达国家在塑造人格、培养公民方面起引导作用的学校公民教育中，通过运用人本主义有关理念取得了很好的效果。如美国的公民教育主要采用的是将学生置于主体地位的渗透式教育法，这种教育方法认为，课程教学不是单向的灌输，而是一种价值判断和价值澄清，从而增加学生的价值判断与思维能力，让学生学会通过自己的思考，用自己的价值观规范自己的行为，从而把学生培养成为个性化的公民。③ 新加坡是一个多民族国家，它以各民族都能接受的方式提出"我是新加坡人"，使国民从小就对新加坡有一种归属感、责任感和认同感，并在此基础上提出了一个新加坡人应具有的品质——"国家意识、正确价值观、有理想、有道德修养、明辨是非、能抗拒西方颓废思潮和腐朽精神生活的好公民"。④ 因此，民族院校应从学生实际出发，针对当前大学生公民意识处于不自觉状态的现状进行认真分析，借鉴在多民族国家公民教育中运用人本主义心理学相关理论的经验，从不同民族、宗教信仰、地域背景学生的需要出发，在多元文化的交融和碰撞中以培养学生公民意识为核心开展人文教育，真正做到"以人为本"。

（三）多元文化主义

20 世纪 60 年代以来，美国兴起了一股前所未有的文化自觉意识，矛头指向美国权威文化，人们称这股思潮为多元文化主义（multicultural-ism）。这股思潮的影响正如美国人类学家 Goodenough 指出的："多元文化

---

① 李富生：《人本主义心理学的教育思想与高校思想政治教育》，郑州大学硕士学位论文，2007 年，第 11 页。

② 吴春年：《人文价值教育的理论基础》，《湖南科技学院学报》2011 年第 10 期。

③ 李富生：《人本主义心理学的教育思想与高校思想政治教育》，郑州大学硕士学位论文，2007 年，第 17—18 页。

④ 陈俊列：《日本和新加坡学校德育特色之比较》，《比较教育研究》2002 年第 12 期。

在当今已成为人类的一种生活体验,人人都生活在一个多元文化的世界中。"① 多元文化主义力图维持多样性,尊重群体间差异,宣称各族群有权平等地参与社会各方面的活动,而不必放弃自己独特的文化身份,揭示文化强势与弱势的本质区别所在,以期增强人们对文化多样性选择的认知,从而最终达到规避文化冲突之目标。② 最近二十多年来,多元文化主义活跃于美国学术界、教育界和政治界,一方面,它推动了美国社会政治经济等方面的结构性调整;另一方面,它导致美国教育领域的改革,促使传统的高等教育从精英模式走向大众模式,打破了美国学术界欧美传统文化一统天下的局面,对少数民族和处境不利群体学生来说,多元文化主义为其教育提供了新的理论和模式,促进了主流群体学生对他们的了解,同时也引导他们去了解不同种族、文化、语言、宗教和性别的人在社会中的贡献,帮助他们全面而准确地掌握学科知识,培养他们客观看待与分析问题的辩证思维能力。

在多元文化社会中,多元文化教育得以产生。多元文化教育希望凭借教育的力量来肯定文化多样性的价值,并尊重文化多样性下的人权,增加人民选择生活方式的可能性,进而促进社会正义与公平机会的实现。有研究者对多元文化教育的目的、内容、学校与学生的互动关系等进行阐述③:多元文化教育的目的是通过教育达成在不同民族之间互相尊重、在机会均等前提下和谐共荣的一种多元和谐社会;多元文化教育一方面强化学生对自身文化的认知与认同,通过教育促使学生了解自身文化的意义,肯定自己的文化,自觉维护自身的文化传统;另一方面强调多元的文化态度教育,在重视与认同自身文化的前提下,要尊重其他文化形态,不管其他文化形态是强势还是弱势都要有　种多元的态度来对待,从而达到世界和平和共同繁荣的目的;从学校与学生的互动关系角度来讲,多元文化教育主要指学校为学生提供各种机会,让学生了解不同族群文化内涵,培养学生欣赏其他族群文化的积极态度,避免种族的冲突与对立的一种教育。

---

① Goodenough, W. H., "Multicultralism as the Normal Human Experience", *Journal of Anthropology and Education Quarterly*, Vol. 8, 1976.

② 彭永春:《美国高校多元文化教育演进之研究》,华东师范大学博士学位论文,2004年,第8页。

③ 张英魁:《多元文化教育视角下的少数民族公民教育》,《广西民族研究》2005年第1期。

全球化时代，文化的多样性和个人身份的复杂性使得人们必须重新审视公民的身份定位问题。当代西方多元文化公民教育强调，承认、理解和尊重是现代公民适应全球化发展的基本要求。① 我国是一个多元文化特征鲜明的国家，由于尚未全面开展公民教育，大学生对其公民身份的认知及学校对大学生公民意识的培养主要是通过以思想政治教育为主的人文教育来实现的，与普通高等院校大学生在国家意识的基础上形成公民意识相比，民族院校大学生公民意识的培养还要考虑到民族意识、宗教意识等，因此，对于民族多样、文化多元的民族院校来说，通过人文教育培养大学生的公民意识必然要在多元文化场域中实践，也就不可避免地面临着多元文化交织中个人身份的复杂性。在建设社会主义民主社会过程中，公民身份是人的首要身份，民族院校大学生如何在多重身份中认识自身的公民身份，在国家意识、民族意识、宗教意识等基础上形成公民身份意识，并在实践中确认其公民资格，这是一个亟待解决的难题。西方多元文化教育为我们提供了一些可资借鉴的经验，民族院校要以其大学生所处的时代、地域、文化背景、家庭环境、宗教信仰、受教育经验等为前提，并结合多元文化主义在多民族国家高等教育中的实践经验，挖掘各民族优秀文化，丰富人文教育的内容和形式，在人文教育中培养公民意识，在潜移默化中养成合格公民。

（四）"生活世界"理论

生活世界是现代哲学的核心理念和根本精神。历史地看，生活世界这一范畴曾是哲学家们的重要论题，亚里士多德曾将人的知识分为理论性知识、实践哲学、创制性知识三大领域，认为实践哲学所面对的就是人的全部生活现实。文艺复兴运动之后，人文主义思想家主张人们感受并享有他生存于其中的、实实在在的世俗生活，认为这个世界是与人的本性相通的，以合乎人性的方式存在并影响人的生存与发展，是最有价值的发展力量。此后，杜威提出"教育即生长""教育即发展""教育即生活"，把科学、民主的生活解释为理想的生活秩序。胡塞尔、海德格尔、维特根斯坦、哈贝马斯、罗蒂等现代哲学家也都高度关注现代人的生存困境，试图以回归生活世界的方式为人的异化开出药方；马克思则从生成性思维来思考人及生活世界，将生活世界看作是一个以社会实践活动为基础的人的现

---

① 万明钢：《论公民教育》，《教育研究》2003 年第 9 期。

实的、感性的活动与主观的、能动的世界，是一个人生活于其中的、属人的世界。这样的生活世界饱含着对人的尊严、自由和权利的执着追求，洋溢着深厚的人文关怀。①

　　作为"生活世界"理论的提出者，胡塞尔认为："生活世界是一个始终在先被给予的、始终在先存在着的有效世界。"它虽然处于人的背后，却是人生的支持力量，是人生之"源"，是日常的、知觉地给予的世界。②为此，人们应当关心隐蔽于各种理性知识及科学方法论的最深处的基础，即"意义"，而理性知识和科学方法论本身则是次要的。生活世界是蕴藏着丰富的价值和意义的世界，它在形式上看似琐碎甚至世俗，但生活的价值和意义却泛化地存在于其中；它虽不及经过抽象、归纳和整理以后的理性知识那么有条理和清晰，但在对其的体验、品味、揣度、想象与领悟中，人们能够探寻和感悟到生活真正的乐趣、价值和意义。③因此，对人来说不可或缺的生活世界是人之为人的最终背景，"我们参照这一背景去设计各种制度，无论是政治、经济、伦理、法律，还是工业、艺术、科学，都是相对于生活的目的而具有意义的，而这一总背景本身却不再有背景，任何其他的目的都产生于这一背景，所以无法被用来说明这一背景"④。在生活世界中，人不仅掌握了理性的方法，更具备了关切的心灵，人因此成为一个完整的生存论意义上的主体而存在。我们只有立足于生活世界，人才能回归现实成为活生生的人，为自己找到精神家园的归宿，找到生存的意义；也只有在生活世界中，人们才能以人的方式去创造、去生活。

　　教育是以服务于人、实现人的某种价值目标为旨趣的活动。从这一追求出发，它源于生活，无可选择地要以一定的社会历史条件作为自己存在的前提，并以此作为自己的内容。⑤任何现实存在的世界都是人的世界，都是由人所把握并感触到的世界，人的生存、享受和发展都是在生活之中进行的。生活世界是人生活在其中的世界，是一个以社会实践活动为基础

---

　　①　李文阁：《回归现实生活世界》，中国社会科学出版社 2002 年版，第 3—4 页。

　　②　倪梁康：《现象学及其效应——胡塞尔与当代德国哲学》，生活·读书·新知三联书店 1994 年版，第 131 页。

　　③　刘旭东：《生活世界理论与基础教育课程改革》，《教育理论与实践》1999 年第 7 期。

　　④　赵汀阳：《论可能生活》，生活·读书·新知三联书店 2004 年版，第 99 页。

　　⑤　刘旭东：《对教育与生活关系的思考》，《教育研究》2007 年第 8 期。

的现实世界，是一个与人有着内在统一的交融关系、具有丰富的生活意义和生命价值的真实世界，其核心是对人的现实生活和现实生活中的人的关注。生活世界理论强调的是不要站在生活之外去"看教育"和形成有关教育的"完整知识"，而是要把生活作为一切教育认识及其活动的根源和终极意义。否则，教育就不是对人生意义的挖掘，而是以外在于人的存在及其运动作为自己的活动领域。① 而当前人文教育缺场恰恰是人对生活世界的背离，一味地获取僵死的人文知识而忽视鲜活的生活，导致所培养的人缺乏公民素养。民族院校主要以少数民族大学生为教育对象，主要是为少数民族和民族地区培养高素质人才，其人文教育要从大学生所处的时代、地域、文化背景、家庭环境、宗教信仰、受教育经验等出发，要以大学生的生活世界为背景去培养公民意识，但当前民族院校大学生公民意识薄弱恰恰说明其人文教育缺乏生活性，缺乏对大学生生活世界的观照，唯有在生活之中，方能找回人文教育的真谛，并通过人文教育培养大学生的公民意识。

二　文献综述

（一）人文教育研究述评

1. 概念与内涵

德国学者恩斯特·卡西尔说："如果我们想要发现把语词及其对象联系起来的纽带，我们就必须追溯到语词的起源。我们必须从衍生词追溯到根词，必须去发现词根，发现每个词的真正的和最初的形式。"② 从语根的角度看，人文是从"结绳记事"起步的。"记事"于文，出现了文字和文字学；"记事"于言，出现了语言和语言学；"记事"于史，出现了历史和历史学；"记事"于数，出现了数字和数学；"记事"于艺，出现了文艺和文艺学；"记事"于理，出现了义理和义理学。③ 从这个意义上说，人文语根是一切学科之母。"人文"一词最早来源于拉丁文词语"Humanitas"，系指人性、教养。在西方，与人文相对应的 Humanity 一词可以解释为 The languages and literatures of ancient Greece and Rome；the clas-

---

① 刘旭东：《对教育与生活关系的思考》，《教育研究》2007 年第 8 期。

② ［德］恩斯特·卡西尔：《人论》，甘阳译，上海译文出版社 1985 年版，第 145 页。

③ 袁峰：《人文学科的语根意义》，《人文杂志》2003 年第 4 期。

sics，是以古希腊思想及其方式为根基的，它的根本性观念是从人类的角度来思考人（Human beings considered as a group; the human race），思考人的存在根基，思考的是人的本性、人的本源、人和大自然的关系、人和神的关系、人和人的关系等超越具体人伦事功，超越有限存在的问题。① 我国"人文"一词最早见于《易经·贲卦·象传》中的一段话："刚柔交错，天文也。文明以止，人文也。观乎天文，以察时变；观乎人文，以化成天下。"关于这个词的注解有很多，根据齐梁时代杰出的文学批评家刘勰的意见，所谓"人之文采"系指人之区别于动物的五性或五情，即所谓"仁、义、礼、智、信"。根据对其进行注的周振甫先生的意见，细玩《易·贲》的这句话的文义，"人文"应该还指古代相关的典籍。② 宋代程颐《伊川易传》对此的解释是："天文，天之理也；人文，人之道也。天文，谓日月星辰之错列，寒暑阴阳之代变，观其运行，以察四时之速改也。人文，人理之伦序，观人文以教化天下，天下成其礼俗，乃圣人用贲之道也。"也有人指出，所谓"天文"是指天道运行所形成的秩序、条理以及由此所形成的伦理规范，"人文"指社会当中以人为主体的道德伦理和礼法制度，而使得人的行为合乎于社会秩序，进而合乎于天道，这就叫作"人文化成"。在这里，人文是与天文相对应的，这与今天将人文与科学相对应的提法大相径庭。可以说，"人文"是一种秩序的源泉，是划分文明人和野蛮人的基本标志。它的内在核心是对人的道德情操、精神境界、终极价值的关怀与尊重，外在取向是对人类命运、人类理想、人类解放的思考和探索。③《辞海》解释说，"人文"是指人类社会各种文化现象。从"人文"发生的原点看，人文即人性的完满过程，包含了陶冶人文精神、促进人的全面发展的核心内蕴。正如杨叔子所说："人文是要满足个人与社会需要的终极关怀，是要关心人、集体、国家、民族、社会、自然界，是人的精神世界的需要，是人要成为人的精神需要。人文要解决的问题是，'应该是什么'、'应该如何做'，是求善。人文就是为了人能成为一个对社会负责的人、一个真正的人的精神标准与内涵。一切偏离人文的都是错误的，一切反人文的都是邪恶的。可以说，反人文，就是反人

---

① 百度百科"人文"词条，http：//baike.baidu.com/view/649.htm。

② 周振甫：《文心雕龙注释》，人民文学出版社1981年版，第3—4页。

③ 潘福妮：《中西方高校人文教育的比较研究》，大连理工大学硕士学位论文，2006年，第5页。

性，反人类。显然，人文是为人之本。"①

"教育"一词含义颇丰。中文"教育"一词从《孟子·尽心》："君子有三乐，而王天下者不与焉。父母具存，兄弟无故，一乐也；仰不愧于天，俯不怍于人，二乐也；得天下英才而教育之，三乐也。"到《说文解字》的释义："教也者，上所施，下所效也。""养子使做善谓之育。"教育被理解为一种有确定传递内容的实体性活动，并在19世纪末20世纪初一系列创办新式学校、废除科举制、颁布新学制等教育改革措施过程中变成常用词。西方的"教育"一词由拉丁语educare（本义为"引出"或"导出"）一词转化而来，后被引申为通过一定的手段，把某种本来潜在于人身体和心灵内部的东西引发出来，强调教育是一种顺应自然的活动，旨在把自然人所固有的或潜在的素质，自内而外引发出来，以成为现实的发展状态。在英语中，教育是一种从人的身上诱发、引导出人们所期望的品质、能力等精神活动能力的活动，而不是一种给予式的活动。综上，无论是中国还是西方，无论是中文还是英文，对教育内涵的阐释强调教育是人的教育，"是人的灵魂的教育，而非理智知识和认识的堆积"。人文性（语言难以揭示人内心的丰富多彩性）、生活性（线性思维难以充分表达生活的复杂性）和意向性（因果思维不能说明教育的意向性）是教育的内核。严格说来，离开人的灵魂或精神就不能称为教育。然而在"科学知识最有价值"的呼声中，教育在不知不觉中放弃了育人的责任，变为制器的方术，知识的教育、专业的教育被强化了。

由此可见，人文具有教育的内容，而教育则带有人文的属性，人文与教育具有天然的联系，二者互为补充，相互促进，并在这种互动关系中产生了人文教育。中华传统文化意义的"教育"本就是"人文教育"的意思，"人文教育"不仅是"教育"的题中应有之义，而且是"教育"的本源含义，在"教育"前加上"人文"一词旨在呼唤对教育本源的回归，对教育"人文性"的呼唤，这源于近代以来随着科学技术的强大，人文教育受到倾轧，教育的"人文性"越来越被忘却和掩盖，"教育"一词发生了文化的"遗传变异"。事实上，科学从人文中分离出来是在20世纪初，科学与人文并列而提的局面大概形成于20世纪80年代的中国学术界，将科学与人文并列而提其实并不是指科学与人文的并列，而是指人文

---

① 杨叔子：《绿色教育：科学教育与人文教育的交融》，《教育研究》2002年第11期。

中的科学与人文中的非科学的并列，也可以说是指人的精神世界里的知与情和意的并列。① 提出"人文教育"实质上就是要让教育重回本源②，也是对人文内涵的返本还源。何为人文教育？有代表性的观点如下：

第一，主张人文教育是人性化教育。如邹诗鹏认为，人文教育是通过人文的濡染与涵化从而使人学会做人的教育形式。③ 文辅相认为，所谓人文教育，是指对受教育者所进行的旨在促进其人性境界提升、理想人格塑造以及个人与社会价值实现的教育，其实质是人性教育，其核心是涵养人文精神。④

第二，主张人文教育即人文主义教育，是指欧洲文艺复兴时期形成的一种反封建专制和宗教神学的社会思潮和思想体系。⑤

第三，主张人文教育是人文精神教育。如张应强认为，所谓人文教育，简单地说，就是培养人文精神的教育。⑥

第四，主张人文教育是人文素养教育。如杜时忠认为，人文教育就是旨在培养学生人文精神、提高学生人文素养的教育。⑦ 荀渊认为，人文教育就是通过授予受教育者以人文知识，使其在认识自我世界、认识和适应社会、处理人与人之间的关系的能力和审美能力等方面得到发展，包括提高其自身修养与素质的各种教育活动的总称。⑧

第五，主张人文教育是人文学科教育。如张岂之认为，关于大学的文科教育，特别是文学、史学、哲学以及语言和艺术学科，即简称人文教育问题。⑨ 汪青松认为，人文教育是与科学教育相对立的，以人文社会科学为教学内容的教育。⑩

---

① 曹文彪：《科学与人文——关于两种文化的社会学比较研究》，学林出版社 2008 年版，第 12—13 页。

② 张祥云：《走出人文教育的思维困境》，《高等教育研究》2003 年第 5 期。

③ 邹诗鹏：《人文教育怎样才能成为"做人之学"》，《高等教育研究》2000 年第 4 期。

④ 文辅相：《我对人文教育的理解》，《中国大学教学》2004 年第 4 期。

⑤ 柯佑祥：《人文主义和科学主义对高等教育的影响》，《华中师范大学学报》（人文社会科学版）1999 年第 9 期。

⑥ 张应强：《论科学教育与人文教育的整合》，《高等教育研究》1995 年第 3 期。

⑦ 杜时忠：《人文教育论》，江苏教育出版社 1999 年版，第 2 页。

⑧ 荀渊：《人文教育、科学教育及相关概念辨析》，《江苏高教》2000 年第 3 期。

⑨ 张岂之：《论大学人文教育与人文学术研究》，《中国高等教育》2000 年第 17 期。

⑩ 汪青松：《科学教育与人文教育》，合肥工业大学出版社 2006 年版，第 229 页。

第六，主张人文教育即自由教育。如刘胜利认为，西方人文教育思想有着悠久的历史传统，它最早出现在古希腊文明时期，亚里士多德在其著作中就曾将教育分为"自由的"教育（相当于今天的人文教育）和"职业的"教育（相当于今天的科学教育）。[①]

综上所述，人们谈论人文教育时往往表达着多种含义，其中最常见有三种。一是指人文主义教育，特指欧洲文艺复兴时期的人文主义教育，是对指某一特殊时期教育思潮的一种概括，具有特定的时代气息。二是指人文学科教育，即以人文学科为基本内容的教育，人文教育主要通过人文学科来展现，没有人文学科，人文教育难以开展；但仅有人文学科也不能涵盖人文教育，人文教育是人"文而化之"的成长过程，与生活同构，它并不仅仅局限于人文学科，人文学科之中有人文教育，之外亦有人文教育。三是关于成"人"的教育，以全人教育为理念，旨在通过德、智、体等多方面的教育来实现人的全面发展，培养完整的人。人文教育主要是使人成为"人"的教育，意在使人学会做人，而学会做人的过程是在生活中实现的，是通过人文的濡染实现自身全面发展的过程，是人发挥主体性逐渐摆脱束缚的过程，是人在沟通和交往中实现能力提升的过程，因此，人文教育具有生活性，是绵延的和变动不居的；具有沟通和交往的属性，这是教育的应有之义，也是人文的要义所在；致力于摆脱外物钳制，不断追求自由，实现人的全面发展。这说明，现代人文教育已表现出如下几个特点：第一，它已不具有古典人文主义时期精英教育的意义，也不仅仅以古典教育的内容如古典音乐、语法、修辞、历史等学科作为内容的价值取向；第二，它是培养"完整的人"的教育方式；第三，它应致力于开发人脑的全部。[②] 本书认同石中英教授对人文教育所做的界定，他认为"人文教育就是人的教育，就是唤醒和引导潜藏在学生身上的'人文需要'，向他们传递一定的'人文知识'，培养他们对于自己、他人以及环境的'人文理解'与'人文关怀'的意识和能力，促使他们树立高尚的'人文理想'和'人文信念'"[③]。在这里，人文教育是以"人"为出发点

---

① 刘胜利：《美英日大学人文教育改革及对我国的启示》，《中国高等教育》2000 年第 18 期。

② 朱小蔓：《道德人和知识人的统一》，转引自陈智《不废江河万古流——高等职业技术教育人文论坛文集》，高等教育出版社 2006 年版，第 52 页。

③ 石中英：《知识转型与教育改革》，教育科学出版社 2001 年版，第 311 页。

实施的关乎人的教育，包含人文知识①和人文素养②的教育，它以不同的形式表现在教育的各阶段中，如通识教育、通才教育、人文素质教育等都是人文教育的展现形式，均强调人文教育是教育的应有之意，是关乎人的教育，是成"人"的教育，是指向学生人文素养的教育。

2. 有关大学人文教育的研究

20 世纪 80 年代中期以来，随着教育研究本土意识的觉醒，我国理论界对"大学人文教育"研究的广度和深度都在不断深入。具体来讲，有关大学人文教育的理论研究体现在对西方相关著作的翻译和研究、本土相关学术著作的出版以及学术论文的发表。与此同时，大学也积极开展人文教育实践探索，形成了一系列的研究成果。主要表现在如下方面。

第一，对古今中外学者、学术著作中的大学人文教育思想进行广泛研究。古今中外思想家、教育家在著述中对大学人文教育都有涉及，就我国而言，古代教育家孔子、孟子、老子、董仲舒等在教育问题讨论中均触及到人文教育的方面，而《学记》《大学》等教育经典则蕴含了丰富的人文教育思想，如《大学》开篇就指出"大学之道，在明明德，在亲民，在止于至善"。受前人观点和经典思想的陶冶，近现代教育家蔡元培、梅贻琦、钱穆等对大学人文教育进行了直接论述。近年来，有研究者从孔子重视人文著述的解读、重视人文精神的确立、重视人文素质的培养三个方面，对孔子的人文教育观进行探讨。③ 有研究者对钱穆人文教育思想进行了研究，从教育价值观、智识结构、学习态度和方法、为师之道等方面揭示其培养理想完整之人格的教育宗旨。④ 此外，国外著名教育家及其著作中也阐述了大学人文教育思想，如维柯著有《论人文教育》，从"认识你自己"的前提出发，指出人文教育的主旨是培养具有创造性智慧的人，强调学校人文教育必须关注公共理性，使之成为人类事务的创造者。⑤ 总

---

①　人文知识广义上是指一切与人相关的知识，包括科学知识和人文社会科学知识，狭义上仅指人文社会科学知识。

②　人文素养的理解是与人文知识相联系的，广义上是指在人文知识基础上形成的人的修养或品质，狭义上仅指在人文社会科学知识基础上形成的人的修养或品质。

③　袁彩云：《孔子的人文教育观探讨》，《武汉科技大学学报》（社会科学版）2002 年第 3 期。

④　俞启定：《钱穆人文主义教育思想述要》，《河北师范大学学报》（教育科学版）1999 年第 1 期。

⑤　舒志定：《维柯人文教育观的前提与主旨》，《高教探索》2008 年第 2 期。

的来说，无论是学者还是学术著作，对于人文教育的探讨核心在于育人，受教育价值观的影响，在育什么样的人方面，有强调智识结构的，有强调人文素养的；在如何育人方面，有强调教育方法的，有强调学习氛围的，主张各异，但最终都致力于促进人的全面发展。

第二，对大学人文教育重要性的研究。学界就大学人文教育重要性的认识达成了共识，认为加强人文教育能够促进人的全面发展，有利于中华民族的伟人复兴，有利于国家的长治久安，应提倡或加强人文教育。如顾明远等学者指出"高校应加强人文教育"；"加强人文教育是具有现实和战略意义"；"现代大学应高度重视的第一件事是对学生的人文教育，这是具有战略眼光的教育思想和办学方向"等①。

第三，按照不同高等学校类型进行研究。第一届中国文化论坛以"中国大学的人文教育"为议题，学者们介绍了中国大学人文教育的背景，对综合性大学（北京大学、中山大学、武汉大学、山东大学）的人文教育、科技型大学（清华大学）的人文教育、艺术院校（中国美术学院、中国音乐学院）的人文教育、师范院校（华东师范大学）的人文教育、新兴综合性大学（上海大学）的人文教育、边远地区大学（广西大学）的人文教育进行了热烈的讨论，并邀请大学生畅谈对大学人文教育的体会。学者认为目前中国大学人文教育最基本最突出的问题是要重新界定中国大学本科阶段的教育目的和培养目标。② 研究者们对高等医学院校、理工科院校、军事类院校、民办院校、高职院校、高师院校、独立学院、地方院校等的人文教育进行理论及实践研究③。此外，也有研究者以

---

① 相关文献如：顾明远《人文教育在高等学校中的地位和作用》，《高等教育研究》1995年第4期；杨德广《加强人文教育，提高人文素质》，《教育研究》1999年第2期；杨叔子《现代大学与人文教育》，《高等教育研究》1999年第4期等。

② 甘阳、陈来、苏力主编：《中国大学的人文教育》，生活·读书·新知三联书店2006年版，第4页。

③ 相关文献如：殷小平《高等医学院校的人文教育》，第四军医大学硕士学位论文，2003年；宁丰、王景文《论人文教育在现代医学高等教育中的实施》，《教育理论与实践》2012年第21期；严峻《理工科大学人文教育研究》，武汉理工大学硕士学位论文，2007年；孙艳秋《理工院校人文教育现状分析与改进对策研究》，西南大学硕士学位论文，2009年；刘同干、陈振华《军校人文教育的价值与功能》，《语文教学通讯》2011年第7—8期；陈正顺《民办院校人文教育现状、问题及对策》，《湖北师范学院学报》（哲学社会科学版）2011年第5期；刘刚《高等职业院校人文教育及其加强策略研究》，华中科技大学博士学位论文，2010年等。

某大学人文教育为对象进行个案研究，如通过对耶鲁大学人文教育的研究为我国大学人文教育提供借鉴。

考察我国国内的人文教育研究文献，学界对普通高校的人文教育探索和尝试进行了多方位较全面的研究。但由于民族院校与其他普通高校相比有其显而易见的独特之处，这些文献只是在一定程度上有助于深化我们对民族院校人文教育的认识，因此，在本研究中不多作分析。民族院校是我国专门为少数民族和民族地区举办的多民族青年人共居一校的高等院校，本书通过对与民族院校人文教育相关的期刊文章、硕博论文及著作等文献资料的分析发现，涉及民族院校人文教育研究的成果表现出两个方面的特点，一是文章数量不多，二是多数研究主要通过民族院校的培养目标、大学生教育、校园文化建设、办学特色等来展开，研究成果从质量上来说重实践而轻理论，从形式上来看主要以民族高等教育实践为基础，嫁接大学人文教育研究成果而形成，演绎的成分较多。就目前已有研究成果来看，主要涉及三个方面。一是有关民族院校大学生素质教育的研究。如余忠钦从"素质教育是依据人的发展和社会发展的实际需要，以全面提高全体学生的基本素质为根本目的，以尊重学生主体个性和主动精神，注重开发人的智慧潜能，注重形成人的健全个性为根本特征的教育"出发，就民族院校大学生应具有的基本政治素质、基本专业素质、基本人文素质和身体心理素质及培养途径进行了探讨；[1] 王润虎从民族院校设计艺术专业教师的人文素质以及大学生的人文素质现状出发，就民族院校大学生人文素质的培养提出了一些建议；[2] 赵立武认为素质教育是西北民族院校以提高在校大学生的思想道德素质、科学文化素质、专业素质和身心素质等为目标所实施的全面教育，在梳理西北民族院校大学生素质教育发展脉络的基础上，针对存在思想政治教育尚需强化、文化素质教育相对滞后以及教师素质亟待提高等症结问题，提出应结合民族院校素质教育的发展实际采取切实可行的政策措施加以解决。[3] 二是有关民族院校人文精神研究。研究者认为人文精神无处不在，并结合民族院校特点指出其人文精神培养的重

---

[1]　余忠钦：《试论民族院校大学生的素质目标及培养途径》，《民族教育研究》2000 年第 1 期。

[2]　王润虎：《浅论民族院校设计艺术专业学生人文素质的培养》，《美术大观》2008 年第 7 期。

[3]　赵立武：《西北民族院校素质教育初探》，《黑龙江民族丛刊》2010 年第 2 期。

要性和途径。① 三是有关民族院校人文学科课程建设研究。研究者从民族院校学科现状出发，提出加强文科建设的重要性及人文教育课程设置的措施，以使人文素质教育落到实处。② 上述研究表明，民族院校人文教育关注学生的人文素质与人文精神，注重人文学科课程建设，从为少数民族和民族地区培养高质量人才的办学宗旨出发，特别强调大学生的政治素质、思想道德素质、科学文化素质等的培养。

综上所述，不同类型高等院校人文教育的侧重点不同，内容和形式有差别，对人文素质的内涵解读不同，人文学科课程也有所不同，但无论是人文素质教育还是通识教育，实现人的全面发展是高等院校人文教育的共同目的。

第四，对人文教育与科学教育关系的研究。学界一致认为科学教育与人文教育在高等教育中应当并重，二者缺一不可。由此出发，主张"整合论"的研究者认为，认为生活是丰富的多样活动的有机统一，教育必须建构学生完整的经验，学校教育必须强调人文知识和科学知识的结合与统一；从未来社会发展的需要和教育自身发展的规律来看，高等教育必须改变非此即彼的状况，实现科学教育与人文教育的整合。③ 主张"融合论"的研究者认为，通过对科学教育与人文教育关系的考察，主张实现科学教育与人文教育的融合，通过交融形成我中有你，你中有我，浑然一体的关系。④ 主张"统一论"的研究者认为，科学教育和人文教育的和谐统一不是简单地将两者融合，也不是教育的科学取向与人文取向的二元相加，而是它们在深层次和高级层面上的结合，涵盖了教育思想、教育价值与功能观、教育制度和课程编制等方面的根本改变，是科学化的人文教育

---

① 权生鳌：《人文精神在民族高等教育中的地位和价值探析》，《青海民族学院学报》（社会科学版）2006年第4期。

② 相关文献如：张越《试论我国民族高校的文科建设》，《台声·新视角》2006年第1期；李弘国《民族艺术院校人文教育课程设置改革探讨》，《歌海》2007年第1期。

③ 相关文献如：金生鈜《科学教育与人文教育的整合》，《教育研究》1995年第8期；张应强《论科学教育与人文教育的整合》，《高等教育研究》1995年第3期。

④ 相关文献如：张岂之《大学科学教育与人文教育关系的历史考察提要》，《中国高教研究》2002年第6期；薛天祥、庞青山《大学人文教育与科学教育融合新论》，《教育发展研究》2003年第7期。

和人文化的科学教育的有机整体。① 随着学科分类的产生与发展，科学逐渐从人文中分离出来，并形成目前所说的人文教育与科学教育，究其实质来说，二者同属人文，共同致力于人的全面发展。因此，针对目前重视科学教育而忽视人文教育的现状，要厘清人文教育和科学教育间的关系与内涵，方能就二者在实践中存在的诸多问题寻找到恰当的解决办法，最终实现人的全面发展。

第五，对人文教育现状、问题及走向的研究。研究者认为，当前高校存在重理工轻人文、重专业轻通识、人文学科弱化、人文精神失落等问题，人文教育缺失致使大学培养的不是全面发展的"整全人"，而是重知识或技能的"半个人"，这既有历史遗留下来的政治、文化等原因，也有体制改革过程中人文教育与科学教育自身发展的现实原因，而人文教育的回归与发展方向则要结合学校实际，重建教育理念，深化教育改革，改进教学内容与方法，探索适合各类高校的人文教育模式。② 人文教育现状堪忧，这既受到科学技术的倾轧，也受到人文教育过分追求科学化的影响，走出困境要回到实践，关注人的生活世界及其发展需要。

综上所述，大学人文教育就研究内容而言，主要有关于人文精神、人文教育重要性的研究；关于人文与科学以及人文教育与科学教育关系的研究；关于素质教育与人文教育的研究；对人文学科特征的研究等。就研究角度而言，早期主要基于文化的角度倡导复兴中国传统文化与古老的人文精神，弘扬传统道德美德。随着研究的深入，有学者开始从哲学角度对人文精神进行反思，针对当代人文精神的困境，剖析其缺失的历史和时代原因，为现代人寻找精神的家园。上述两个角度对教育研究产生了极大的影响，促使人们开始研究人文教育、素质教育、科学教育及其之间的关系。除此之外，还有人从学科发展的角度讨论人文学科的特征。③ 无论是理论研究还是实践探索，大学人文教育始终体现着的育人内核，渗透在大学办

---

① 施今：《论现代大学人文教育与科学教育的和谐统一——兼论新疆高校人文教育与科学教育》，华东师范大学硕士学位论文，2006 年，第 11 页。

② 相关文献如：侯丽君《大学人文教育现状与对策研究》，西南师范大学硕士学位论文，2004 年；牛金芳《对我国大学人文教育式微的思考》，陕西师范大学硕士学位论文，2005 年；李维武《大学人文教育的失落与复兴》，《高等教育研究》2000 年第 3 期。

③ 李金奇：《被学科规训限制的大学人文教育》，华中科技大学博士学位论文，2005 年，第 16 页。

学理念、培养目标、学科专业、课程设置、科学研究、校园环境等各个方面。人文教育彰显了教育"以人为本"的本意及其固有的人文属性，作为生活探究的原初精神，作为保持教育成为改造生活与帮助人发展的原动力，人文教育唯有注重人的全面而自由的发展，指向合格公民的培养，方能有助于个体通达至善的幸福之途。

（二）公民意识研究述评

1. 概念与内涵

公民意识是个体对自身公民身份的认知和公民资格的践行。在古希腊、古罗马时期，雅典城邦的公民意识指公民认识到自己是城邦的主人，积极参加城邦的各种政治活动，从而实现作为城邦主人的心理状态。因此，公民意识就是城邦意识，即主人公意识和法律至上意识。[①] 随着公民内涵的不断丰富，公民意识的内涵也在不断拓展。我国公民意识的概念于内忧外患之际引自西方，源自康有为 1898 年《请开学校折》中提出的"国民"概念。其后，康有为在 1902 年所作的《公民自治篇》中提出，"公民者，担荷一国之责任，共其利害，谋其公益，任其国税之事，以共维持其国者也"。并主张在中国建立公民制度。梁启超 1903 年发表《新民说》，对"新民"进行了较为详尽的论述。受"五四"时期民族意识的影响，思想家们对国民进行了改造，力图塑造和培养"内图个性发展，外图贡献于群"的兼顾社会责任的个人。中华人民共和国成立后，从国情以及所处的特殊历史阶段出发，一般使用"人民"这个概念，人民是指以劳动群体为主体的社会基本成员，人民是国家的主人。随着改革开放和社会主义市场经济体制的确立，中国特色社会主义民主政治建设带动了公民思想的传播，掀起了公民意识的研究热潮。当前，关于什么是公民意识，学术界主要的代表性观点如下。

第一，从法律角度探讨公民意识，这是伴随着 20 世纪 80 年代我国宪法修订和法制建设的热潮，特别是 1982 年彭真同志在《关于中华人民共和国宪法修改草案的报告》中指出要"养成社会主义的公民意识"后发展起来的。主要有两种观点，一种观点认为公民意识是法律意识的一部分，另一种观点认为法律意识是公民意识的有机组成部分。

第二，从道德角度探讨公民意识。如 Diana Smart 等人撰文指出，公

---

① 孙海霞：《雅典城邦的公民意识》，《广西政法管理干部学院学报》2003 年第 1 期。

民意识是一种无私地为他人奉献的意识，包括对本地区、国家以及全球的一种责任意识以及坚信人人都可以为公共善（common good）做出贡献的新信念。① Bowe J. M.，Chalmers D. 和 Flanagan L. C. 认为，公民意识是个体积极主动地承担作为一个公民应尽的责任的意识。② 我国自 2001 年《公民道德建设实施纲要》颁布后，有研究者从公民道德建设角度出发，认为"公民意识是每个社会成员对自己所在的公民社会的认同、参与、支持、忠诚和负责的意识，对个人行动自主、自律的责任担负，对公共生活利益的维护，对正义、平等等价值的追求意识。公民意识其实是在社会良好的公共生活和公共秩序中养成的公民品质，这种品质就是公民个人的道德"③。

第三，基于对意识的理解，如 Maslow 认为公民意识是一种自我实现的表达，是个体认同、尊重和促进他人福利的能力的形成。④ 国内有研究者指出，公民意识是社会意识的一种，它是一种意识形态，是在人类劳动、思维能力和社会关系发展到一定阶段时才出现的。公民意识的生成就如人类意识的生成（建立在对客观现实的认知基础之上，是个体对客观世界进行感知的高级心理活动），是公民对自己在国家和社会中所处政治地位的现实感受和应有认识，代表人类对国家与社会关系的理性的、定型的、系统的认知。⑤

第四，从公民与国家、社会及其他公民间的关系入手，有研究者认为"公民意识是指对公民与国家（政府）在政治、经济、文化和社会发展等方面的基本关系和深刻反映的总和"⑥。"公民意识的概念就是两个，即主

---

① Diana Smart，Ann Sanson，Lisada Silva & John Toumbourou，"The Development of Civic Mindedness"，*Family Matters*，Vol. 57，2000（57）.

② Bowe，J. M.，Chalmers，D. & Flanagan，L. C.，"Adolescents' Ideas about Social and Civic Responsibility"，*Paper presented at the 9th Australasian Human Development Conference*，1996.

③ 金生鈜：《论公民道德教育》，《职教通讯》2002 年第 3 期。

④ Maslow，A. H.，"Abraham Maslow：A Memorial Volume"，转引自郭芳芳《我国当代大学生公民意识教育研究》，山西大学硕士学位论文，2008 年，第 4 页。

⑤ 秦树理：《公民学概论》，郑州大学出版社 2009 年版，第 266—267 页。

⑥ 尹红领：《加强当代大学生公民意识培养的新思路》，《21 世纪中国公民教育的机遇与挑战——两岸四地公民教育研讨会论文集》，香港，2006 年 6 月，第 266—273 页。

人身份的认同和责、权、利的价值取向，关键词就是一个'认同'。"①
Winter I. 从社会学视角出发，认为公民意识是社会资本的一个重要方面，
因为它有助于信任、互利的文化氛围的形成，这种文化氛围是社会关系的
基础，方便于集体行动和公民参与。②

　　综上所述，公民意识是一种理性的自我意识，是一种认知，是一种品
质，关键是认同，是公民对自身身份的认知以及资格的实践。目前，各国
均以法律的形式确认了个体的公民身份，并明晰了其权利与义务，法律意
识成为公民意识的核心，具体体现在公民对其权利和义务的认知与实践
中。因此，权利意识与责任意识（主要指其中的义务）是公民法律意识
的核心，而责任意识不仅体现着公民的法律意识，也反映着公民的道德意
识。民族院校大学生的公民意识首先是一种认同，在多重身份中对自身公
民身份的体认；其次是一种实践，在参与中运用和维护权利并承担责任。
基于此，本书认为，民族院校大学生的公民意识是其对自身公民身份的认
知和公民资格的实践，主要通过公民身份意识和公民资格意识两个维度来
体现，前者主要是指个体对自身在社会上或法律上作为公民的地位的认
知，侧重从"知"的层面去考察，涉及国家意识、民族意识、宗教意识
等方面；后者主要是指作为公民所应具备的条件，侧重从"行"的层面
去考察，涉及权利意识、责任意识、参与意识等方面。值得注意的是，这
两方面并不是泾渭分明的，它们在实践中有所交叉。

　　2. 有关大学生公民意识的研究

　　第一，有关大学生公民意识重要性的研究。公民意识作为现代大学生
人文素养的重要组成部分，对于个体乃至社会发展起着非常重要的作用，
因此，高等院校要重视学生公民意识的培养。研究者呼吁，"全球化时代
学校公民意识教育应围绕公民资格、公民身份进行"③。"公民教育应关注
学生在民主多元化社会中的公民意识"④，"高等教育应实施多元文化的公

---

　　① 崔春华：《公民意识教育：规划与实施——2010'中国德育论坛暨浦东教育论坛综述》，
《中国德育》2011 年第 2 期。

　　② Winter, I., "Social Capital and Public Policy in Australia", *Family Matters*, Vol. 57, 2000.

　　③ Fernando Reimers, "Citizenship, Identity and Education: Examining the Public Purposes of
Schools in an Age of Globalization", *Propects*, Vol. 3, 2006.

　　④ David A. Reidy, "Education for Citizenship in a Pluralist Liberal Democracy", *The Journal of
Value Inquiry*, Vol. 1, 1996.

民资格教育，并把多样性融入高等教育中"①。"转变以市场为导向的大学教育，重视大学生公民意识培养。"②"合理鉴别大学在今天公民教育和民主教育中的功能，使高等教育对学生产生深远的影响。"③

　　第二，有关公民意识结构的研究为大学生公民意识内容奠定了基础，但因研究视角不同导致研究者对公民意识结构的观点也不同，可概括为"三元结构说"和"多元结构说"，具体表述也不尽相同。"三元结构说"主要围绕公民的法律意识展开，归纳性较强，如马长山认为公民意识的内核是合理性意识、合法性意识、积极守法精神④；魏健馨主张公民意识具有三维结构，包括公民的主体意识、权利意识和社会责任意识⑤；叶飞则将公民意识的要素归结为主体与权利意识、法律与责任意识、公共与私人道德意识⑥。而"多元结构说"则力图对公民意识进行详尽的分析，如欧世龙等认为，当代公民意识主要包括国家意识、主体意识、群体意识、法律意识、公德意识五方面内容⑦；姜涌认为公民意识系统结构主要有公民的爱国主义和民族自尊、自信、自强意识，公民的自由、平等和主权在公民的意识，公民的护宪、守法的意识，公民的权利与义务意识，公民应具备现代文化的心理素质五方面的内容，并认为公民意识包括人格意识、责任意识、义务意识、权利意识、纳税意识、自由意识和法律意识七方面内容⑧；李龙主编《公民意识概论》一书中从民主观、自由观、平等观、法制观、权利义务观、公德观、宗教观和婚姻家庭观八方面进行论述⑨；张积家等根据系统论的观点，认为公民意识结构是一个多层次、多侧面和多

① Roberto Toniatti, "Multicultural Citizenship and Education Integrating Diversity in Higher Education: Lessons from Romania", *European Journal for Education Law and Policy*, Vol. 1, 2001.

② Dane Scott, "Transforming the 'Market-Model University': Environmental Philosophy, Citizenship and the Recovery of the Humanities", *Wordviews: Environment, Culture, Religion*, Vol. 2, 2004.

③ Tomas Englund, "Higher Education, Democracy and Citizenship—the Democratial Potential of the University?", *Studies in Philosophy and Education*, Vol. 4, 2002.

④ 马长山：《公民意识：中国法治进程的内驱力》，《法学研究》1996 年第 3 期。

⑤ 魏健馨：《论公民、公民意识与法治国家》，《政治与法律》2004 年第 1 期。

⑥ 叶飞：《公民意识的内涵及其养成》，《政工研究动态》2007 年第 21 期。

⑦ 欧世龙、刘小丽：《大学生公民意识的理性思考》，《黑龙江社会科学》2004 年第 2 期。

⑧ 相关文献如：姜涌《中国的"公民意识"问题思考》，《山东大学学报》（哲学社会科学版）2001 年第 4 期；姜涌《公民意识的自觉》，《理论学刊》2003 年第 5 期。

⑨ 李龙主编：《公民意识概论》，武汉大学出版社 1991 年版，第 1—262 页。

维度的整体，公民意识既具有静态的结构，又具有动态的特征①。基于此，研究者依据自身的学术兴趣和研究重点，围绕公民的国家意识、权利意识、参与意识等对大学生公民意识现状进行了调查研究。

学校开展公民意识教育实践表明，不同时期、不同地区、不同阶段的公民意识内容也不同。如我国香港地区为公民意识教育制定了三大目标②：一是培养学生的国民身份认同，特区教育官员于 2001 年在《学会学习：课程发展的路向》中提出："培养学生的国民身份认同"，并明确这是"德育与公民教育"的五个核心价值之一；2010 年，香港教育局在其网站指出，学生建立身份认同应有以下三个层次：家庭、社群及社会层次、国民身份层次和世界公民层次。二是在全球化中培育国际视野，在香港 1996 年的《学校公民教育指引》中提及要让学生成为一个具有参与和奉献精神的世界公民，要求学生关注世界性的问题如贫困、歧视、环境污染和战争等，并认识国际社会和各种国际组织的作用。三是培养兼顾本土和国际价值的意识，全球化与本土文化是双轨并行的，在探讨国际视野时要同时兼顾本土与国际的价值。台湾地区公民教育在不同的学年阶段都有不同的课程内容要求，主要着重于社会开放、文化多元、法律保障、政治民主和经济自由等方面的内容，尤其强调公民参与意识、公民责任意识、关怀弱势与公平正义、多元文化观等。③ 大陆部分地区的中小学从 2006年开始开设现代公民教育课程，加强集体主义和爱国主义教育。第一套针对中小学生的公民教育读本《新公民读本》（已经由北京大学出版社出版）包括公民道德、公民价值观、公民知识和公民参与技能四个方面内容，按照学生的认知能力，从小学、初中到高中，由易至难，深入浅出地诠释公民教育的目标。

第三，在对大学生公民意识现状进行调查研究的基础上发现存在的问

---

① 张积家、刘国华、王惠萍：《论公民意识的结构及其形成》，《烟台师范学院学报》（哲学社会科学版）1994 年第 4 期。

② 崔春华：《公民意识教育：规划与实施——2010'中国德育论坛暨浦东教育论坛综述》，《中国德育》2011 年第 2 期。

③ 相关文献见 2008 年"两岸四地公民意识教育"研讨会《公民教育研究文库》：刘焕云《全球化时代大学通识教育中的公民意识教育》，第 61—69 页；刘阿荣《公民意识与民主政治的辩证发展：以台湾为例》，第 371—387 页；洪泉湖《台湾公民教育的实践：以高级中学的教学为例》，第 397—402 页。

题，并进行原因分析。西方研究者 Egerton M. 在调查研究的基础上发现，接受高等教育的经历对大学生是否参与公民组织影响不是很大，这种差异很可能是因为高等教育之前的家庭教育影响。另外研究发现孩子的父母如果有一定的学术背景，孩子在青少年和成年之后更易于参加公民活动。[1]而 Dee T. S. 在论证教育影响成年人的公民参与时，证明了高中和高等教育阶段的学习对成人的公民态度及公民行为有巨大的影响。[2] Jarvis S. E. 等学者在分析研究的基础上指出，和大学生相比，较早从事工作的年轻人的政治社会化水平较低，而政治社会化的程度是青年公共参与最重要的指标，所以学校的公民教育可以有效地提高学生的公民参与。[3] Kirshner B. 等学者从青年人所处的社会和政治环境这一视角出发，分析他们的公民意识和公民参与是如何与之相连的，研究发现青年人能够清晰地意识到自身所处的社会和政治环境，如果他们能够影响这种环境的话，对他们的公民意识就能够产生积极的影响，反之则不会产生积极的影响。[4]

我国研究者也对大学生公民意识进行了大量实证研究，如罗少良等基于某高校大学生公民意识的调查指出，大学生公民意识整体上还是有较高水平的，但绝大多数大学生公民角色还处于不自觉状态，对公民知识的了解程度较高而公民行为水平较低，权利意识相对较高但义务意识相对较低。[5] 陈晓萍对广州石牌五所高校大学生公民意识的调查显示，大部分学生的公民主体意识还处在不自觉状态；虽然具有强烈的爱国主义精神和民族精神，但对国家的基本知识认知较模糊；能认识到对待政治的最好态度是积极参与，但实践中参与热情不高，更多的是一种应付的态度；普遍对我国目前的法制状况表示不满意，对法律持较为明显的相对的或工具性的态度；存在着道德认知与道德行为"知行脱节"的现象，而且缺乏"敢

① Egerton M, "Higher Education and Civic Engagement", *British Journal of Sociology*, Vol. 53, 2002.

② Dee T. S., "Are There Civic Returns To Education?", *Journal of Public Economics*, Vol. 88, 2004（88）.

③ Jarvis S. E., Montoya L. & Mulvoy E., "The Political Participation of Working Youth and College Students", *Working Paper 36*, *Center for Information and Research on Civic Learning and Engagement（CIRCLE）*, 2005.

④ Kirshner B., Strobel K. & Fernandez M., "Critical Civic Engagement Among Urban Youths", *Penn GSE Perspectives on Urban Education*, Vol. 2, 2003.

⑤ 罗少良、彭庆红：《大学生公民意识的调查与思考》，《求索》2001 年第 4 期。

说敢管"的公共精神。① 李俊卿对首都高校大学生公民意识的研究表明，目前大学生的公民意识仍处于初现的阶段，整体状况较为复杂，在公民的角色意识、法律意识、参与意识等方面存在问题。② 针对大学生公民意识存在的问题，研究者多从经济、政治、文化和教育四方面进行原因分析。

第四，针对大学生公民意识存在的问题，不同国家、地区乃至研究者所提出的公民意识培养策略也不同，但走向实践已成为一种趋势。如美国针对公民教育面临的学生群体多样化、高等教育市场化、高等教育专业化、道德和公民教育被边缘化以及大学生公民意识淡薄等挑战和问题，高等院校重新审视自己的教育宗旨，确定公民教育目标是培养积极参与的公民，根据办学宗旨开设重在公民教育的通识教育课程，在公民教育课程教学中采取名著讨论、服务学习、综合模式、模拟政治活动等策略，努力回归公民教育的传统。③ 我国香港地区在公民意识培养中重视学校、家庭、社会三方面力量的配合，尤其注重充分调动和发挥各种社会团体力量的作用，发挥社会传媒的积极作用，组织学生参加各种课外活动和社会实践活动，在活动中接受教育；在教育中注意认知、情感、信念、行为等不同层次，做到晓之以理、动之以情、导之以行等。④ 有研究者指出应"通过教育改革，在跨学科中培养学生的公民意识"⑤。也有研究者主张民主实践是培养大学生公民意识的基本手段，要把大学生公民意识教育与课堂教学、实践活动、日常生活、校园文化建设结合起来。⑥

公民意识是现代人必需的意识品质，是实现人的现代化的关键，是现代大学生人文素养的重要组成部分，培育和提升大学生公民意识是建设社会主义现代化的需要，也是大学生实现自身全面发展的现实需要。上述大学生公民意识的研究为民族院校大学生公民意识研究提供了借鉴和参考。

---

① 陈晓萍：《大学生公民意识调查——以广州石牌五所高校为例》，《思想教育研究》2007年第5期。

② 李俊卿：《大学生公民意识的实证研究与培育路径》，《社会科学家》2010年第11期。

③ 唐克军：《比较公民教育》，中国社会科学出版社2008年版，第68页。

④ 张冬利：《当代大学生公民意识教育存在的问题及对策》，华中师范大学硕士学位论文，2009年，第3—4页。

⑤ Willam H. Newell & Allen J. Davis.，"Education for Citizenship：The Role of Progressive Education and Interdiscip-linary Studies"，*Innovative Higher Education*，Vol. 1，1988.

⑥ 吴高臣：《论大学生公民意识的培养》，《思想教育研究》2009年第12期；吴锡存：《略论大学生公民意识教育的途径和方法》，《宁波大学学报》（教育科学版）2005年第3期。

3. 民族院校大学生公民意识研究

民族院校是为少数民族和民族地区培养高素质人才的场所，旨在实现以少数民族为主的各民族大学生的全面发展，因此，少数民族大学生公民意识状况为民族院校大学生公民意识研究奠定了基础。有关少数民族大学生公民意识状况的研究集中体现在其思想政治教育、爱国主义教育、国家认同教育、宗教信仰等方面。研究指出，要加强少数民族大学生的思想政治教育、爱国主义教育和国家认同教育，要以中国特色社会主义理论体系为核心，引导少数民族大学生树立马克思主义国家观、民族观以及社会主义核心价值观。如美合日班·图尔苏对新疆高校少数民族大学生思想政治教育中存在的问题进行分析，主张通过完善法律法规、挖掘少数民族传统文化精华、注重教学方法、培养少数民族师资等来提高少数民族大学生思想政治教育。[1] 赵健对少数民族大学生爱国主义的必要性和途径进行了讨论。[2] 贾志斌针对少数民族大学生入校后民族意识逐渐强化，而国家意识相对淡漠的现状，重点分析了少数民族大学生国家认同教育的特殊性和紧迫性，并提出以社会主义核心价值体系为核心加强少数民族大学生国家认同教育的具体措施。[3] 王星等对北京少数民族大学生宗教信仰进行了调查研究，结果显示，大学生信教比例不高，对宗教持宽容态度；对宗教认识较为理性，但好奇心较强；是否有宗教信仰并非是影响大学生学习、交友的重要因素，针对信教的少数民族大学生，主张从组织、参与和教学三个机制方面对其信仰进行有效引导。[4] 这些研究主要从高等教育，尤其是高等院校思想政治教育的角度出发，对少数民族大学生在处理与国家、本民族、所信仰宗教间的关系中存在的问题进行了分析，有助于了解少数民族大学生对国家、民族、宗教的认识状况。值得注意的是，研究基于少数民族大学生多重认同间的冲突和矛盾提出的建议，对民族院校加强大学生公民身份认同有很大启发。

民族院校大学生公民意识研究主要集中在对民族院校大学生的国家意

---

[1]　美合日班·图尔苏：《少数民族大学生思想政治教育存在的问题探析——以新疆高校为例》，《学理论》2012 年第 27 期。

[2]　赵健：《对少数民族大学生进行爱国主义教育的探讨》，《江苏高教》2012 年第 6 期。

[3]　贾志斌：《如何加强少数民族大学生的国家认同教育》，《西北民族大学学报》（哲学社会科学版）2011 年第 1 期。

[4]　王星、孟盛彬：《少数民族大学生宗教信仰研究》，《当代青年研究》2012 年第 7 期。

识、民族意识、宗教信仰、法律意识、公民素质等的研究。研究者从国家认同、爱国主义教育、民族观教育等方面就民族院校大学生的国家意识进行了研究，认为民族院校大学生的认同意识面临着诸多挑战和潜在危机，必须从各个民族自我认同走向统一的国家认同，引导学生树立正确的民族观，正确认识和对待不同民族的历史和文化，做一名坚定的社会主义爱国者。[1] 乌小花等对部分民族院校在校大学生民族意识进行了调查研究，针对民族院校在校大学生民族意识普遍较强的现状，主张引导学生树立正确的国家观、民族观。[2] 邓文科等对西北民族学院大学生宗教信仰状况进行了调查研究，发现少数民族大学生的宗教信仰存在盲目信仰宗教、宗教知识贫乏、对宗教问题看法偏激、对宗教与现实生活的关系认识不明确、对宗教政策不甚了解等问题，主张引导少数民族大学生树立正确的马克思主义宗教观，正确对待宗教问题。[3] 扎桑针对民族院校大学生法律意识淡薄的现状，主张通过加强课堂管理，变革教学方法，完善法律基础课程课堂教学，加强理论与实践的结合程度，构建学校、家庭、社会相结合的法治教育网络等方式增强民族院校大学生的法律意识。[4] 郭婷婷等以内蒙古自治区民族院校为例，对民族院校推进大学生公民素质教育过程中存在的公德意识淡漠、法制意识缺乏、权利义务错位及师资素质不高等问题，指出应从强化知识教育、创新教育形式和提升师资素质等方面入手，不断提升民族院校大学生公民素质教育的水平。[5]

随着国际国内有关人文教育的研究指向合格公民培养，民族院校从自身实际出发针对如何通过人文教育培养合格公民进行了探究，有研究者指

---

① 相关文献如：李智《少数民族大学生民族认同与国家认同现状研究——以国家民委直属六所高校为例》，中央民族大学硕士学位论文，2011 年；吴容《论民族院校大学生爱国主义教育的特点》，《西南民族学院学报》（哲学社会科学版）2002 年第 S3 期；吴容《论民族院校大学生的民族观教育》，《西南民族学院学报》（哲学社会科学版）2003 年第 10 期。

② 乌小花、孙懿等：《部分民族院校在校大学生民族意识现状抽样调研报告》，《青海民族研究》2006 年第 2 期。

③ 邓文科、邢海燕、马强：《当代少数民族大学生宗教信仰状况与思考 ——西北民族学院大学生宗教信仰调查》，《民族研究》2002 年第 2 期。

④ 扎桑：《关于提高民族院校大学生法律意识的思考》，《西藏民族学院学报》（哲学社会科学版）2012 年第 6 期。

⑤ 郭婷婷、盖元臣：《民族院校大学生公民素质教育初探——以内蒙古自治区民族院校为例》，《黑龙江民族丛刊》2012 年第 6 期。

出，民族院校公民意识的培育面临着双重任务①：一是民族院校必须使政治教育为公民意识教育让出更多的发展空间；二是民族院校公民意识教育必须要开拓出符合不同族群文化多元事实的合理教育模式。有研究者在对少数民族大学生民族意识进行实际调查研究的基础上，系统分析了影响因素，并对在校大学生积极民族意识的培养提出了对策建议；② 有研究者对民族院校公民意识培养进行了研究，从少数民族传统文化、民族团结意识等方面提出了一些建议。③ 民族院校在课堂和课外开展的基于公民意识培养的人文教育现状如何，从已有研究来看比较薄弱。

民族院校大学生公民意识相关研究表明，大学生公民意识首要的是认同意识，尤其是国家认同意识，但由于民族院校大学生首先是某个特定民族的成员，与生俱来地对本民族的认同往往比国家认同更加强烈，再加之宗教信仰的影响，认同主体、认同对象等方面的冲突和重叠影响着民族院校大学生的公民身份认同，并影响其公民资格的实践，出现了法律意识淡薄、权利义务错位等问题。

多民族国家大学教育的实践充分表明，教育的人文性和全面性乃人文教育的追求，"培养合格公民"成为大学人文教育培养自由人和塑造人性的目标。在经济全球化和文化多元化的今天，各国大学积极采取措施培养学生的公民意识，我国大学虽然提出要培养学生的公民意识，但从实际情况来看，对公民意识的理解还较褊狭，在实践层面仅仅强调培养国家意识，尚未真正理解并实践公民意识培养的教育教学。民族院校作为高等教育的特殊形式和民族教育的重要组成部分，如何正确理解公民意识，并厘清国家意识、民族意识、宗教意识与公民意识之间的关系，有助于基于公民意识培养对人文教育进行深入研究。本研究中，民族院校主要指民族高等教育系统中的本科（具有学士学位授权资格）院校。

---

① 张英魁：《多元文化教育视角下的少数民族公民教育》，《广西民族研究》2005 年第 1 期。

② 史莎莎：《论少数民族大学生的民族意识》，中央民族大学硕士学位论文，2011 年。

③ 相关文献如：纪岩《浅谈在民族院校对大学生进行少数民族传统文化教育》，《西北民族大学学报》（哲学社会科学版）1996 年第 3 期；庄玉霞《增强民族院校大学生民族团结意识的途径》，《贵州民族研究》2011 年第 1 期。

第三节　研究思路与方法

一　研究思路

在全球化背景下，如何培育公民，尤其是青年的公民意识，是一个具有时代性和紧迫性的课题，是关系到我国向现代化国家的成功转型、民主政治的良性发展、和谐社会的构建等具有时代意义的现实问题。作为一个统一的多民族国家，中华民族文化由各民族优秀文化汇集而成，这些文化所共同强调的关注个体德性的发展和强烈的爱国主义与社会责任心则成为我国现代公民意识的重要内容，高等院校人文教育应围绕上述内容，以培养国家意识、民族意识、宗教意识、权利意识、责任意识、参与意识等为着重点。对民族院校来说，在多元文化共存的场域中，如何平衡文化多样性与团结成为公民意识养成的关键。这是因为，如果没有文化多样性的团结会导致文化霸权；没有团结的文化多样性会导致国家崩解，把握文化多样性和团结间关系的关键是民主，只有在民主国家，才能做到承认、肯定并发扬文化多样性，与此同时才能培养出真正合格的公民，也才能实现团结。所以，民族院校大学生公民意识要以民族意识、宗教意识等为基础，同时涵盖国家意识、权利意识、责任意识等内容，只有形成公民身份意识，才能在公民身份认同基础上去实践公民身份，最终成为合格的公民。本书将基于上述思考，来探讨如何通过民族院校人文教育来积极引导进而培养有中国特色的民族院校大学生的公民意识，实现培养合格公民的高等教育目标。

人文教育反映教育的本真价值，教育前冠以人文是为了强调教育的终极诉求——培养全面发展的人，而公民意识正是全面发展的个体不可或缺的现代意识，其养成体现在生活的点滴之中，渗透在人文而化之的过程之中。民族院校如何在学生文而化之的过程中，促进他们在民族文化、宗教文化、地域文化的碰撞和冲突中达到共生，是其人文教育的本真诉求。因此，民族院校人文教育要从学生的实际出发，从学生多民族的民族自然属性以及折射出的多元文化的社会属性出发，以民族教育为内核开展民族院校人文教育，与此同时，民族院校是我国高等教育的重要组成部分，其人文教育要涵盖以通识教育为目标的普通院校人文教育。此外，高等教育还要与时代相契合。在构建民主国家的今天，对合格公民的培养是时代赋予教育的重任，民族院校人文教育理应回应当前时代对高等教育培养合格公民的呼唤。总之，以培养公民意识为旨趣对民族院校人文教育进行研究，将丰富我国大学人文教育的研究内容，提升少数民族公民意识，推动民族地区现代化进程。

本研究认为，民族院校大学生公民意识的培养是在人文教育中，且通过人文教育来进行的。研究的基本思路是：首先，对民族院校人文教育和公民意识的关系进行理论探讨，找出二者之间的切合点。其次，对民族院校人文教育现状、民族院校大学生公民意识现状、民族院校通过人文教育培养大学生公民意识的现状进行考察，针对存在的问题进行原因分析，并通过查阅文献资料，结合民族院校人文教育在培养公民意识方面的措施，在人本主义理论和多元文化理论的指导下，探索民族院校通过人文教育培养公民意识的可能途径（见图1－1）。

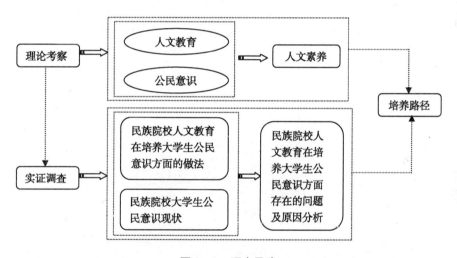

图1－1　研究思路

二　研究方法

1. 文献分析法

查阅有关民族院校人文教育及公民意识培养方面的学术研究成果，并结合收集到的国家民委、陕西、甘肃、青海、宁夏的样本学校相关资料，全面了解旨在公民意识培养的西北地区民族院校人文教育现状。

2. 问卷调查法

通过问卷调查了解民族院校大学生公民意识的现状和人文教育在培养公民意识方面的举措，并了解学生对公民意识形成途径的期待。

（1）调查工具

文献梳理发现，对大学生公民意识现状的实证调查有一些量表和问卷，但并不直接适用于民族院校大学生公民意识现状的调查。基于已查阅的文献，参考了大学生公民意识调查指标、民族院校大学生民族意识调查指标以及民族认同相关调查指标，初步制定形成了有关民族院校大学生公民意识调查的指标，主要围绕公民意识及其形成途径，从公民身份意识和公民资格意识两个维度对民族院校大学生的公民意识进行调查（见表1-1）。

表1-1　　　　　　　民族院校大学生公民意识分析框架

维度	一级指标	二级指标
1. 公民身份意识	1.1 国家意识	1.1.1 面对重大困难或危机时的爱国精神
		1.1.2 中华民族精神
		1.1.3 对中华民族历史文化的了解程度
	1.2 民族意识	1.2.1 对本民族的认同和维护
		1.2.2 对本民族历史文化的了解程度
		1.2.3 对其他民族的包容和开放程度
	1.3 宗教意识	1.3.1 对本民族重大节日的态度
		1.3.2 未来的婚恋观
2. 公民资格意识	2.1 权利意识	2.1.1 对权利的了解情况
		2.1.2 对权利的运用情况
		2.1.3 维权意识和行为
	2.2 责任意识	2.2.1 对责任重要性的认识
		2.2.2 责任的履行
	2.3 参与意识	2.3.1 参与政治活动的意识
		2.3.2 参与其他社会事务的意识
		2.3.3 参与学校活动的意识

公民身份意识核心在于对公民身份的认同，在民族院校，公民身份意识的形成是以学生的国家意识、民族意识、宗教意识等为基点的，首先是如何在学生已有的民族意识和宗教意识基础上培育和加强其国家意识；其

次是如何协调它们的关系，形成公民身份意识，确立公民身份是人的第一身份。公民资格意识的核心在于阐释成为合格公民的条件，主要包括公民的权利意识、责任意识和参与意识。从这两个维度能够反映出学生对公民的认知程度，也能集中反映学生的公民意识现状。此外，研究还设计了与民族院校通过人文教育培养学生公民意识的具体措施及其效果相关的问题。在此基础上，形成了对应的调查问题，拟定了学生调查问卷的初稿。为保证问卷的真实性和有效性，一方面征询西北师范大学、西北民族大学、北方民族大学相关专家的意见；另一方面组织学生开展了小型研讨会，修改问卷，并进行了预调查。经多次修改提高问卷的有效性，并最终确定调查问卷（问卷见附录）。

（2）样本选择

从行政区划来看，西北地区包括陕西省、甘肃省、青海省、宁夏回族自治区、新疆维吾尔自治区 5 省区，建有西藏民族学院（陕西咸阳）、西北民族大学（甘肃兰州）、甘肃民族师范学院（甘肃甘南）、青海民族大学（青海西宁）、北方民族大学（宁夏银川）5 所民族院校①，其中 2 所国家民委直属院校，3 所地方民族院校。本次问卷调查以这 5 所民族院校为样本，问卷涵盖民族院校大学生基本信息（见表 1-2），从公民身份意识和公民资格意识两个维度来设计题项。

表 1-2　　　　　　　　　　　　调查样本概况

		N	(%)			N	(%)
样本单位	北方民族大学	241	27.4	家庭所在地	省会城市	48	5.5
	西北民族大学	236	26.8		地区级城市	133	15.1
	青海民族大学	158	18.0		县城	172	19.6
	西藏民族学院	89	10.1		农村	503	57.2
	甘肃民族师范学院	155	17.6		牧区	23	2.6

---

① 民族院校一般指称名为民族学院和民族大学的高等院校，我国目前共建有 15 所。本书考虑到我国民族高等教育系统中还包括改建、合并及民办的兼具民族院校特点的本科高校，因此，实践调查中也包括甘肃民族师范学院，即样本包括西北地区 5 所民族院校。

续表

		N	（%）			N	（%）
性别	男性	404	46.0	家庭所在地周围的居民	都是本民族的人	405	46.1
	女性	475	54.0		本民族的人占多数	324	36.9
民族	汉族	425	48.4		都是其他民族的人	20	2.3
	少数民族	454	51.6		其他民族的人占多数	78	8.9
年级	大一	316	35.9		本民族和其他民族的人持平	52	5.9
	大二	286	32.5	父亲文化程度	小学及以下	210	23.9
	大三	251	28.6		初中	343	39.0
	大四	26	3.0		高中或中专	220	15.0
是否学生干部	是	259	19.5		大学专科或本科	98	11.1
	否	620	70.5		研究生	8	0.9
政治面貌	群众	37	4.2	母亲文化程度	小学及以下	349	39.7
	团员	487	55.4		初中	296	33.7
	入党积极分子	161	18.3		高中或中专	161	18.3
	预备党员	125	14.2		大学专科或本科	70	8.0
	党员	66	7.5		研究生	3	0.3
	其他	3	0.3		总计	879	100

为确保调查结果的真实有效性，现场发放并回收调查问卷，共发放调查问卷 1000 份，回收 933 份，有效问卷 879 份，有效率 87.9%。问卷发放以民族院校特色专业（如藏语言文学专业等）、历史悠久专业（如汉语言文学专业等）及新办专业（如土木工程专业等）为主，涉及 11 个学科门类、45 个专业的大学生，其中一年级 316 人，占 35.9%，二年级 286人，占 32.5%，三年级 251 人，占 28.6%，四年级 26 人，占 3%；男生 404 人，占 46%，女生 475 人，占 54%；汉族 425 人，占 48.4%，少数民族 454 人，占 51.6%。

3. 访谈法

主要在北方民族大学开展，围绕问卷中公民身份意识和公民资格意识两个维度对该校相关部门领导、教师、管理人员和大学生进行随机访谈，了解民族院校人文教育的实施状况、大学生公民意识的现状、对公民意识培养的看法以及通过人文教育培养公民意识的建议。

第二章　民族院校形成及发展过程中的人文教育

曾有学者指出，"在中国历史上，现代意义上的大学，是在19世纪末期，随着传统教育的衰落和现代新型高等教育的兴起，才逐渐出现的"①。在这一过程中，中国借鉴了各种类型和各种模式的高等教育，在诸多外来因素影响下进行了一系列的高等教育革新和实验。就民族高等教育发展来看，1908年成立的"满蒙文高等学堂"标志着中国近代少数民族高等教育的诞生，1913年诞生的蒙藏学校则是中国第一所具有现代性质的民族高等学校。这些民族高等学校的建立为中国共产党民族高等教育事业的发展奠定了坚实的基础。民族学院是一种新的具有中国本土特色的高等教育模式，是党和国家为解决我国民族问题而创办的专门培养少数民族干部和各类专业人才的综合性普通高等学校，这种办学模式诞生于革命战争时期，壮大于解放初期，发展于社会主义现代化建设时期。自诞生之日起，它就不断随着时代和社会的变迁而发展完善，逐渐形成为多民族统一国家情境下的高等教育特殊发展模式。

第一节　新中国成立前的民族学院及其人文教育

一　延安民族学院的建立

抗日战争爆发后，中国共产党为了培养少数民族革命干部，团结全国各族人民实现抗日统一战线，根据自身与少数民族交往的经历，尤其是长征过程中与少数民族结下的深厚友谊，结合对马克思主义民族理论的认真

---

① ［加拿大］许美德：《中国的大学：1895—1995 一个文化冲突的世纪》，教育科学出版社2000年版，第17页。

学习与深刻理解，意识到必须以马克思主义理论武装一批各民族优秀的军事、政治和文化等方面的人才，并依靠他们影响和团结广大少数民族群众共同革命。1941 年 9 月，延安民族学院在陕北公学①的基础上正式成立，这是第一所专门培养少数民族干部的新型高等学校，也是我国历史上第一所民族学院，并成为中华人民共和国成立后所建民族院校的源头。"民族学院的创办，是中国共产党运用马克思主义民族理论解决中国民族问题的一个伟大创造，它既是对世界高等教育的一个发展，又是马克思主义民族理论与中国民族和民族问题的实际相结合的一个范例。"②

二　延安民族学院的人文教育

延安民族学院是中国共产党在中国革命战争时期为培养抗日民族统一战线骨干力量而创建的，自诞生之日起就以培养少数民族干部为使命，以坚定政治方向为导向，以团结抗日为核心，塑造少数民族干部的政治情怀与爱国精神，具有强烈的时代特点和政治色彩。因此，延安民族学院的人文教育有着那个时代的烙印，体现在其办学宗旨、教育方针、教育内容、教学方式等方面。它的办学宗旨是为中国共产党培养既掌握一定文化知识，又掌握革命基本理论，同时也熟悉民族问题的少数民族干部和从事少数民族工作的汉族干部，在实现民族平等、民族团结的基础上实现全民族的抗日统一战线；教育方针是"教育要为革命需要服务，与生产劳动相结合"；教育对象主要是少数民族学员，建院之初有满、蒙、彝、苗、回、藏、东乡、汉等 8 个民族成分的学员；教育内容上以研究革命理论和民族问题为主，学员在学习基本文化知识的同时也要认真学习并了解革命基本理论知识和马克思主义民族理论与党的民族、宗教政策以及时事政策；教育方式上强调理论联系实际，学生在学习的同时参加革命斗争实践

----

① 陕北公学是为了培养大批抗战干部于 1937 年 7 月建立，毛泽东同志为陕北公学所做的题词是："要造就一大批人，这些人是革命的先锋队。这些人具有政治远见。这些人充满着斗争精神与牺牲精神。这些人是胸怀坦白的，忠诚的，积极的与正直的。这些人不谋私利，惟一的为着民族与社会的解放。这些人不怕困难，在困难面前总是坚定的，勇敢向前的。这些人不是狂妄分子，也不是风头主义者，而是脚踏实地富于实际精神的人们。中国要有一大群这样的先锋分子，中国革命的任务就能够顺利的解决。"明确了陕北公学的办学任务和方向。1941 年 6 月，陕北公学成立了"民族部"，专门培养少数民族工作人才，当时招收学员 185 名，包括汉族、蒙古族、回族、藏族、彝族、苗族、满族 7 个民族。1941 年 9 月，陕北公学正式并入延安大学。

② 韦日科：《论民族学院》，《广西民族研究》1992 年第 3 期。

和生产劳动。

延安民族学院以班级为基本教学单位，分研究班、普通班和文化班三个层次，主要教学内容分为政治课和文化课。初期根据学员的文化程度和民族成分，共设立了1个研究班和5个普通班，又单独编了蒙族班和回族班，开设的课程主要包括三类：文化基础课程，包括汉语文、数学、历史、地理、生理、体育、音乐、自然常识等；政治理论课程，包括中国革命问题、马列主义理论、中国共产党史、时事政治等；少数民族语文课程，主要开设蒙古语和藏语课程，同时讲授有关各民族的历史、社会、政治、经济、文化和生活方面的内容。① 延安民族学院根据不同民族、不同层次分班教学，课程内容强调与各民族的实际生活和社会发展紧密联系，开设民族语文课，注重结合教学研究民族问题，在实践中培养少数民族干部等，这些灵活的办学形式和积极的办学措施，以及正确的办学方向，为新中国少数民族高等教育的发展积累了丰富的宝贵经验。② 此外，在日常生活管理上，学院对各民族的风俗习惯给予充分尊重，如为回族师生开设清真灶。

从延安民族学院的教育方针、教学组织、课程设置等可以看出，民族学院产生之初就充分考虑到学员的民族特点，在教育教学生活中尊重各民族风俗习惯，通过语言、民族历史、民族文化、哲学、政治等人文社会科学传承和弘扬各民族历史文化传统，在多民族学员的学习和交流中实践着学员间平等、团结、参政等意识的培养。"延安民族学院培养了一批蒙、回、满、苗、彝和少数民族地区的汉族干部。这批少数民族同志为实现中华各民族的共同解放，为中华人民共和国的建立，为祖国大家庭的统一、团结、平等、互助、共同发展，为实现民族区域自治做出了重大贡献，成为各民族的重要负责人。"③ 延安民族学院作为中国共产党在革命战争年代为实践马克思主义民族理论而创建的高等教育特色模式，成为当时解放区高等教育的重要组成部分，是新中国成立后进一步实施主要针对各少数民族的高等教育模式的优秀模板，促进了我国民族高等教育的发展。

---

① 张俊豪：《多元文化背景下的民族院校发展研究》，中央民族大学博士学位论文，2008年，第7页。

② 欧以克：《民族高等教育学概论》，民族出版社2005年版，第26页。

③ 刘春：《春风化雨育民院——党中央、毛主席亲切关怀创办中央民族学院追忆》，《民族教育研究》1994年第2期。

第二节　新中国成立后的民族学院及其人文教育

一　新中国成立初期创办的民族学院及其人文教育

1949 年 10 月，中华人民共和国成立，中国共产党成为新中国的领导者，为顺利开展国内各项工作，中国共产党抓紧建立各项政治制度。同年 10 月 1 日，中国人民政治协商会议制定的《中国人民政治协商会议共同纲领》由毛泽东主席签发，对国家实行的民族政策作了规定，其第六章"民族政策"部分明确提出："各少数民族均有发展其语言文字，保持或改革其风俗习惯及宗教信仰的自由，人民政府应帮助各少数民族的人民大众发展其政治、经济、文化、教育的建设事业。"同年 11 月，毛泽东在给西北局和彭德怀的电报中明确指出："要大批培养少数民族干部……在一切工作中坚持民族平等和民族团结外……大量吸收回族及其他少数民族能够和我们合作的人参加政府工作，在这种合作中大批培养少数民族干部。各省省委及一切有少数民族存在的地方的党委，都应办少数民族训练班或干部训练学校。请你们注意这一点：要彻底解决民族问题，完全孤立民族反动派，没有大批少数民族出身的共产主义干部，是不可能的。"同年 12 月，毛泽东在《对西北民族工作的指示》中指出："青海、甘肃、新疆、宁夏、陕西各省区及一切有少数民族存在地方的地委，都应办少数民族干部训练班或干部训练学校。"1950 年 6 月 6 日，在中国共产党七届三中全会上，毛泽东又指出"没有少数民族自己的干部，就不能进行任何群众性的政策工作，我们一定要帮助少数民族训练他们自己的干部，团结少数民族广大群众"。

为了找到一条符合中国国情和少数民族人才培养特殊性的正确道路，同时，也为了解决国内民族问题，巩固革命胜利果实，实现国内诸民族平等团结及共同发展，中国共产党在继承和发展革命斗争时期关于民族政策的政治纲领的基础上，同意依照延安民族学院经验，重建有中国特色的少数民族高等学府——民族学院，集中、大批、迅速地培养少数民族各类人才。1950 年，中央民委向中央提交了《培养少数民族干部试行方案》和《筹办中央民族学院试行方案》两个重要提案，获得政务院会议审议通过。《培养少数民族干部试行方案》确定了创办民族学院的方针，即"为了国家建设、民族区域自治与实现共同纲领，贯彻民族政策的需要，从中央到有关省、县，应根据新民主主义的教育方针，普遍而大量地培养少数民族干部，目前以开办政治学校与政治训练班，培养普通政治干部为主，迫切需要的专业与技术干部为辅……为此目的，在北京设立中央民族学院，并在西北、西南、中南各设中央民族学院分院一处，必要时还可增设"。《筹办中央民族学院试行方案》规定中央民族学院的办学方针和任务是："为国内各少数民族实行区域自治以及发展政治、经济、文化建设培养高级和中级干部；研究中国少数民族问题，以及各少数民族的语言文字、历史文化、社会经济，发扬并介绍各民族的优良历史文化；组织和领导关于少数民族方面的编辑和翻译工作。"① 这两个方案是民族院校发展历史上的重要文献，对于成立民族学院的目的、意义、办学方针和任务等作了详细规定。此后，按照方案精神，陆续创建了中央民族学院等一批民族学院，为新中国建设培养了大量少数民族干部。

这一时期的民族学院在"培养少数民族普通政治干部为主，迫切需要的专业和技术干部为辅"的办学宗旨引领下，其人文教育在培养目标、教育内容、办学形式等方面既承袭了延安民族学院的经验和做法，也结合新中国成立初期百废待兴的国情进行了有益的探索和尝试。

培养目标上，继续坚持以培养少数民族普通政治干部为主，与此同时，考虑到新中国成立初期国家建设的需要，确立了以培养迫切需要的专业和技术干部为辅的目标。除中央民族学院面向全国各地招收学生外，其他民族学院主要从当地需要出发，主要面向少数民族聚居区、兼顾散杂居地区培养具有较高政治觉悟、政策水平、文化层次的少数民族干部，尤其是政治干部。如云南民族学院建校初期确立了二条招生原则：一是为了边疆对敌斗争的需要，招生重点是边疆各族劳动青年、知识分子及部分民族上层子女；二是为了民族地区建设的需要，吸收相当数量文化较高、志愿从事民族工作的汉族知识青年及内地少数民族学生；三是为了民族地区工作的急需，抽调一部分民族地区的县、区负责干部和民族上层人士来院学习研究民族政策，提高思想政治觉悟和文化水平。可以看出，这一时期民族学院的教育对象主要是通过推荐或选拔的少数民族基层干部（包括部

---

① 中国教育年鉴编辑部：《中国教育年鉴 1949—1981》，中国大百科全书出版社 1984 年版，第 408 页。

队中的营、连职干部)、积极分子、社会青年,以及部分民族、宗教界上层人士,学生的文化程度普遍较低,绝大多数仅有小学、初中文化程度,但他们政治坚定,了解少数民族及民族地区的需要,有强烈的爱国意识,无论是培养出的各民族干部还是各类专业技术人才,都积极投身到新中国成立初期民族地区乃至全国的建设事业中,并发挥了积极作用。

教育内容上,仍以思想政治教育和文化教育为主,但考虑到民族地区建设事业的需要,并办了农牧、师范、财务、司法、民政、民族语文、体育、艺术等不同程度和不同类型的专业班次①,体现了当时党和政府对少数民族干部培养和民族文化知识教育传承的重视。思想政治教育主要通过普通政治班、干部训练班、民族政策研究班等形式来开展。如贵州民族学院成立初期的主要任务是为解放初期各项工作的开展培养少数民族普通政治干部,以适应当时民主改革的需要,所开设的普通政治班招收少数民族中的爱国知识分子、青年学生和农民中的积极分子,所学课程有社会发展史、中国革命的基本问题、哲学的基本问题、中共党史、民族问题与民族政策、干部修养等。教学方法以大课讲授为主,自学辅导为辅;理论联系实际,提倡思想自由;组织课堂讨论;注重直观教学。1953年,围绕党在过渡时期的总路线,将学院的培养目标由培养普通政治干部转向轮训在职干部,相继开办了民族政策研究班②、干部轮训政治班③、干部轮训文化班④,提高了少数民族在职干部的政治觉悟和文化水平。文化教育的开展主要在文化培训班或专业培训班中进行,不仅有文化基础知识的学习,还有少数民族语言文化的学习以及民族地区建设急需专业知识的学习。如

---

① 参见杨胜才《中国民族院校特色研究》,华中科技大学博士学位论文,2003年,第29页;陈·巴特尔、彼得·恩乐特《中国民族学院的历史演变及其组织特性》,《北京大学教育评论》2008年第2期。

② 民族政策研究班共举办4期,招收少数民族地区的县、区两级在职干部,具体任务是通过短期学习,提高学员的政治理论水平,使之能根据党的民族政策和其他有关政策开展民族地区的各项工作,开设的课程有民族问题与民族政策、中国现代革命史、经济建设常识、党在过渡时期的总路线等。

③ 轮训政治班共举办5期,学制、教学内容、教学方法与民族政策研究班基本相同,但在招生对象上不受职务限制。

④ 干部轮训文化班共举办3期,旨在提高少数民族干部文化水平,开设的课程有语文、政治、算术、珠算、自然、地理,实行小班授课,教学过程中遵循"循序渐进"和"讲练结合"的原则。

西南民族学院办学初期主要开设文化短训班，先后举办过妇女班、民族研究班、上层人士班、汉语文、藏语文、彝语文、翻译、司法检查、农业、畜牧兽医、中小学师资、农业会计、体育、铁道、艺术班等专业班次；西北民族学院建校初期设立了蒙古、藏、维吾尔等民族语文专业。

办学形式上，主要是开办各种政治、文化、专业培训班甚至是文化扫盲班，学制长短不一，长则两三年，短则几个月。① 教学过程强调教育与生产劳动相结合，重视劳动的分量。在这一时期，民族学院实施的教育与现代意义上的高等教育有巨大差别，"除中央民族学院、西北民族学院开设了相当于大学层次的语文、政治等少数专业外，其他民族学院实际上实施的教育只是中等程度的教育，尚未形成真正的高等教育办学形式"②。如中央民族学院最初设立军政干部训练班、本科政治系与语文系，本科政治系招收符合条件的各民族青年，包括完成上述短期培训的青年、参加革命斗争和工作满两年以上者、已在初中以上学校毕业或具有同等学力的各民族青年，学习时间为两年；语文系招收高中以上的志愿为少数民族工作的汉族学生及相当学力的少数民族学生，专修各民族语文，也是两年即毕业；学院还建立了"研究部"，按民族或按比较接近的民族分成若干个研究室。③ 但中南民族学院办学初期仅设立短期政治培训班和文化班。

综上所述，这一时期的民族学院虽然基本承袭了延安民族学院的办学性质和方向，但从其培养目标、教育内容、办学方式等方面可以看出，民族学院已不单纯是为统一战线而培养少数民族干部，它也承担起了为新中国建设培养专门技术干部的任务。因此，此时民族学院人文教育所培养的是有爱国意识、民族情怀、专业知识与技能的少数民族干部。

二　全面建设社会主义时期创办的民族学院及其人文教育

1956 年，社会主义基本经济制度建立，标志着社会主义制度的建立和社会主义革命的完成，同年 9 月，中国共产党召开第八次全国代表大

① 唐纪南：《和共和国一起成长——我国民族学院历史和现状的调查研究报告》，《民族研究》1995 年第 1 期。

② 霍文达：《略论我国民族学院学科专业建设的发展变化》，《中央民族大学学报》1995 年第 6 期。

③ 张俊豪：《多元文化背景下的民族院校发展研究》，中央民族大学博士学位论文，2008年，第 9 页。

会，正确地分析了国内形势和国内主要矛盾的变化，提出了党在今后的根本任务，确定了以经济建设为中心的建设社会主义现代化国家的基本指导思想和路线，开启了全面建设社会主义的序幕。这一时期，包括广大少数民族地区在内的整个国家积极投身于经济建设，急需大量的专业人才，为适应民族地区经济建设和社会发展对人才的需求，教育部、国家民委和民族学院及时总结办学经验，并分别于 1955 年、1958 年、1960 年、1964 年召开了民族学院院长会议，特别是在 1956 年第二次全国民族工作会议上，提出了民族学院"培养政治干部与培养专业技术干部并举"的办学宗旨，拉开了民族学院由非正规的高等教育向正规化的高等教育转变的序幕。

全面建设社会主义时期，民族教育事业发展的重点是在原有民族学院的基础上新建了青海民族学院、西藏民族学院和广东民族学院。各民族学院在继续培养政治干部的同时，开始注重发展民族高等专业教育，先后设置了一批文科、理科、农科、财经、师范类专业，实施大专和本科学历教育①。这一时期，民族学院的人文教育在继承传统的同时发生着细微的变化。

在培养目标上，民族院校培养政治干部的同时注重培养专业技术人才，力图做到人文知识教育和科学技术教育并重。如西藏工学（西藏民族学院前身）为了适应西藏革命和建设事业发展的新形势，开设了藏语文专修科，在此基础上创办了师范、畜牧兽医、卫生、会计、农业、邮电等专业，为西藏输送了一大批粗通专业技术的民族干部，填补了西藏民族干部中缺乏专业技术人员的空白。在教育内容上，除了保留民族学院思想政治教育和文化教育的基本内容外，各院校开始重视专业教育，并围绕所设置专业开设相关课程。另外，这一时期，民族院校的办学形式也逐渐发展成为兼具一般的少数民族政治干部学校和一般的普通高等院校两方面特征的少数民族高等学校，并保留了干训部、预科部这两种传统的办学形式。②

---

① 至 20 世纪 60 年代前期，除云南、广东 2 所民族学院外，其他 8 所民族学院都已形成从全国统考招生的本专科教育层次，成为粗具规模的民族高等院校。

② 参见陈·巴特尔、彼得·恩乐特《中国民族学院的历史演变及其组织特性》，《北京大学教育评论》2008 年第 2 期；唐纪南《我国民族学院的发展与改革》，《民族高教研究》1994 年第 3 期。

20 世纪 60 年代以后，受极"左"思潮的影响，民族学院办学方针摇摆不定，"文化大革命"的爆发使民族学院陷入趋向不定的困境，先后被合并、停办甚至撤销。70 年代初，国家对教育政策、民族政策进行了调整，随着政策的落实，民族学院逐渐恢复了生机。

三　改革开放以来创办的民族学院及其人文教育

十一届三中全会以后，民族学院进入了恢复和调整发展时期。1979年，全国第五次民族学院院长会议在北京召开，会议明确了民族学院的性质是"培养少数民族政治干部和专业技术干部的社会主义新型大学。它既有培训政治干部的部分，又有培养各种专业技术人才的学科"；强调并指出："我国进入了新的历史时期，各民族学院必须把工作重点转移到社会主义现代化建设上来，坚决执行新时期党和国家对民族工作的任务，大力培养四化所需要的具有共产主义觉悟的政治干部和专业技术人才。"[①]据此，民族学院的办学模式完全走上了正规化的高等教育道路，从以培养政治干部为主的政治学校转变为以培养少数民族政治干部和专业技术人才为主的多学科、多层次的社会主义新型大学。

1980 年《关于加强民族教育工作的意见》再一次指出："没有大批的少数民族出身的坚持社会主义道路和党的领导的、有专业知识和能力的干部，特别是大批的科学技术和管理人才，要逐步消灭民族间事实上的不平等，彻底解决我国民族问题，显然是不可能的。我们大力帮助少数民族，最有远见的办法，就是要从办好民族教育，大力培养人才做起。"[②]此后，1981 年召开的第三次民族教育工作会议为发展民族教育指明了正确道路，有力地促进了民族教育事业的发展。这一时期，原来创建的民族学院得到了迅速恢复和发展，并在通盘考虑和周密部署后又筹建了四所新的民族学院。

这一时期，民族学院有了较大的发展，并逐渐形成了立足地方经济发展，服务少数民族和民族地区，实施正规高等教育的办学方针。在办学宗旨上，它们坚持培养政治干部和各种专业技术人才并重，以促进民族团结、社会稳定、经济发展、边防巩固和全面小康；在培养目标上，民族院

---

① 吴仕民：《中国民族教育》，长城出版社 2000 年版，第 61 页。

② 同上书，第 468 页。

校致力于为社会主义现代化建设培养政治合格、专业过硬的少数民族人才，着眼于素质教育，注重学生思想政治素质和科学文化素质的培养；在学科专业设置上，注重民族地区的需要，关注民族地区的发展，为少数民族和民族地区经济社会发展培养了大批深谙民族文化传统、熟悉民族风俗民情、专业知识与能力过硬、扎根民族地区工作的优秀人才；在教育内容上，实施以学科专业为核心，为学生制订专业培养计划，课程设置以专业为主，兼顾学科发展需求。如大连民族学院以科学发展、提高质量为主线，通过开设少数民族预科班、人口较少民族班，开展分层次分级教学、渗透式双语教学、工作室赛课一体化课程、研讨课程、网络课程、高峰体验课程、活动课程，实施全程化综合考试改革和多样化开放性的实践教学改革等多种途径，从个性发展和共同提高两个层面增强了学生自主学习的主动性和自觉性，来提高各民族学生的综合素质。① 但就民族学院专业总体情况来看，呈现文科专业为主，理工科专业数量逐步增加的趋势。

民族学院人文教育因与自身实际联系密切而各具特色，如内蒙古民族大学注重发挥民族特色、地区特点和学科优势，确立了具有丰富内涵的教育理念，形成了大力发展民族高等教育，传承和弘扬蒙古族优秀文化，创新和发展蒙医蒙药，培养蒙汉兼通的少数民族高素质复合型人才的办学特色；大连民族学院在长期办学过程中形成了"立足沿海、服务民族，应用为主、教育创新，质量立校、因材施教，团结和谐、全面发展"的特色，比较成功地探索出了一条在沿海开放地区发展优质民族高等教育的创新之路。

总之，新中国成立后民族学院人才培养目标主要是培养一支既懂马列主义基本原理，坚持执行党的路线方针政策，又具有对本职工作的组织领导与专业管理能力与知识，富于艰苦创业精神的民族干部队伍；培养大批民族地区社会主义现代化建设所需要的各类专业人才。为实现培养目标，在学制设置上，除了设立与普通高等学校相同的系科来培养本科生和研究生，还开办预科、干训班和中专性质的技术培训班。在教学方式上，充分考虑到学员的民族成分不同、生源地经济文化水平有差异、原有文化基础相差悬殊等特点，采取了用什么学什么、缺什么补什么的原则对在职干部

---

① 黎树斌、刘玉彬：《一所新大学，一条创新路——关于大连民族学院科学发展的实践与思考》，《中国民族》2012 年第 10 期。

进行培训；对于那些准备接受大学教育的学员，通过预科让他们先补习一年的汉语文与数理化基础知识，再直接升入有关专业的本科，缩短差距。在课程类型上，大致有思想政治教育类课程、文化科学技术类课程和专业类课程，其特点一是开设了必修的民族理论与民族政策课程，二是开设了具有本地区民族特色的少数民族语言、文学、艺术类课程，并且在教学中尽量培养本民族教师，借助翻译和直接使用民族语言文字教学，运用直观教学原则，尽量方便民族学员学习。

第三节　转型后的民族院校及其人文教育

一　由民族学院到民族大学

民族院校的称谓是随着 20 世纪末民族学院转型逐渐产生并被赋予意义的，在此之前均采用"民族学院"的称谓。在 1992 年召开的第四次全国民族教育工作会议上，进一步明确了办好民族学院的目标和措施，推动民族学院的转型和进一步发展。会议制定的《全国民族教育发展与改革指导纲要》指出："民族学院在历史上为培养民族干部发挥了重要作用。在新形势下要继续办好，当前除重点办好具有民族特色的学科、专业和对少数民族干部进行培训外，还要办好大学预科。民族学院现有的专业，要根据社会需要积极改善办学条件，深化改革，提高质量；民族地区急需的一些专业，要在统筹规划的基础上，努力创造条件，有计划地设置。"[①]1993 年，中央民族学院更名为"中央民族大学"，这标志着民族院校层次及内涵发生了深刻变化，并带动中南民族学院、西北民族学院、西南民族学院、云南民族学院等跨进民族大学的行列。此外，经教育部同意建设了四川民族学院和呼和浩特民族学院。前者具有鲜明的民族性、师范性、地方性特色，将"重道精业、爱我中华、建设康巴"的理念融入教育教学，重视文化素质教育、专业教育和创新教育，注重提高学生的综合素质，特别是创新精神与实践能力的培养。后者秉承"以人为本，特色立校，弘扬民族精神，传承民族文化"的办学理念，以"培养民族人才、发展民族文化、服务民族经济"为宗旨，注重民族性、区域性和应用性特色，

---

① 吴仕民：《中国民族教育》，长城出版社 2000 年版，第 712 页。

重点为内蒙古自治区和蒙古语文协作八省区培养了大量少数民族人才，促进了经济社会发展，传承和繁荣了少数民族文化，在民族团结进步、边疆稳定维护、社会和谐创建等方面做出了积极贡献。

民族学院更名为民族大学是时代发展及民族高等教育变革的必然趋势，标志着民族院校整体实力和地位的提升，标志着民族院校办学层次的提升和办学理念的转变。在这一过程中，个别地方在专科学校基础上改建或合并后形成了一批民族院校，如甘肃民族师范学院①，也出现了民办民族院校，如北京民族大学②。它们与上述 15 所民族院校一起构成了具有中国特色的民族高等教育体系，在坚持高等教育一般规律的同时保持了少数民族高等教育特色，恰如《关于进一步办好民族院校的意见》指出："民族院校是党和国家为解决国内民族问题而建立的综合性普通高等学校，是培养少数民族高素质人才的重要基地，是研究我国民族理论和民族政策的重要基地，是传承和弘扬各民族优秀文化的重要基地，是展示我国民族政策和对外交往的重要窗口。"

中华人民共和国成立至今，先后创办了 17 所民族院校，其中，新疆民族学院和广东民族学院经调整后，不再冠有"民族学院"之名。截至目前，除兼具民族院校性质的高校外，我国共建设 15 所民族院校（见表 2－1），其中，中央民族大学、中南民族大学、西南民族大学、西北民族大学、北方民族大学、大连民族学院 6 所院校由国家民委管理，广西民族大学、云南民族大学、内蒙古民族大学、湖北民族学院、贵州民族大学、青海民族大学、西藏民族学院、四川民族学院、呼和浩特民族学院 9 所院校由地方省级人民政府管理。

表 2－1　　　　　　　　中华人民共和国民族院校一览

序号	学校名称	成立时间	校址	备注
1	西北民族学院	1950 年 8 月	甘肃兰州	2003 年更名为西北民族大学
2	贵州民族学院	1951 年 5 月	贵州贵阳	2012 年更名为贵州民族大学
3	中央民族学院	1951 年 6 月	北京	1993 年更名为中央民族大学
4	西南民族学院	1951 年 6 月	四川成都	2003 年更名为西南民族大学

① 甘肃民族师范学院建校于 1984 年，前身是合作民族师范专科学校。2009 年 3 月，经教育部批准改建为甘肃民族师范学院，是甘肃省唯一一所省属民族高校。2013 年 5 月，甘肃省政府与国家民委正式签署协议，共建甘肃民族师范学院。

② 北京民族大学成立于 1984 年，是一所民办民族大学。

续表

序号	学校名称	成立时间	校址	备注
5	云南民族学院	1951 年 8 月	云南昆明	2003 年更名为云南民族大学
6	中南民族学院	1951 年 11 月	湖北武汉	2002 年更名为中南民族大学
7	广西民族学院	1952 年 3 月	广西南宁	2006 年更名为广西民族大学
8	青海民族学院	1956 年 9 月	青海西宁	2009 年更名为青海民族大学
9	西藏民族学院	1965 年	陕西咸阳	原西藏公学
10	西北第二民族学院	1984 年	宁夏银川	2008 年更名为北方民族大学
11	湖北民族学院	1989 年 6 月	湖北恩施	原为筹建中的鄂西大学
12	大连民族学院	1997 年 7 月	辽宁大连	原为筹建中的东北民族大学
13	内蒙古民族大学	2000 年 6 月	内蒙古通辽	合并内蒙古民族师范学院、内蒙古医学院、哲里木畜牧学院而成
14	四川民族学院	2009 年 3 月	四川康定	原四川省康定民族师范高等专科学校
15	呼和浩特民族学院	2009 年 3 月	内蒙古呼和浩特	原内蒙古民族高等专科学校

二 转型后民族院校的人文教育

历经了学校办学层次提升、服务水平不断提高等从外延到内涵的转型后，作为高等院校的重要组成部分，民族院校遵循普通高等教育规律，针对专业教育存在的问题以及面临的挑战，积极探索适合自身实际的通识教育。与此同时，努力营造民族文化氛围，加强民族类学科专业的教育研究，努力实现通识、专业、民族紧密结合，培养全面发展的大学生。

加强民族类学科专业的教育教学和研究工作。民族院校结合自身实际，积极开展民族类学科专业建设，大力加强民族类科学研究，在民族语言、文字、音乐、艺术、经济等方面取得的成绩为少数民族文化的传承与发展奠定了基础。如西北民族大学在民族学研究方面已形成了本硕博三个层次比较完善的体系，专门开展此类教学的机构有民族学与社会学学院、藏语言文化学院、维吾尔语言文学学院；研究机构有格萨尔研究院、伊斯兰文化研究所、海外民族文献研究所等；开设有宗教学、民俗学（含中国民间文学）、中国少数民族语言文学、中国少数民族经济、中国少数民族艺术等专业。

充分发挥专业教育在为少数民族和民族地区培养高素质人才方面的优势，加强专业教育，重视专业技术人才的培养。21 世纪以来，民族院校在专业教育课程设置中，既强化基础知识和基本技能的构建，又努力做到文理渗透、理工渗透，兼及最新科技和人文学科的发展；在课程教学方面，民族院校通过不断拓宽口径，重视基础，重视实践，培养学生较强的应变能力和创新能力，为专业教育的提升开辟出一条崭新的发展道路。

面对 21 世纪的挑战，各民族院校积极进行人才培养方案改革，尝试探索通识教育，不仅通过开设通识教育课程来贯穿通识理念，还将通识教育渗透在课外实践活动、校园文化之中；不仅通过通识教育和专业教育来实现培养全面发展的人的目标，还结合民族院校的特点，通过开展与少数民族相关的课程、课外活动、校园文化等民族教育，实现培养高素质少数民族人才的目标。

第三章　民族院校人文教育与公民意识的关系

　　《世界人权宣言》指出，教育的目的应是充分发展人的个性，加强对人权和基本自由的尊重。教育应促进各个国家、种族和宗教群体之间的理解、宽容和友好。民族院校形成和发展过程中，其办学宗旨、教学内容、教学方法等各方面都体现出以办有民族底蕴、专业精神、通识意蕴的人文教育为指向，促进各民族间的理解、宽容和友好，培养全面发展的人这一目的。各个时期社会发展对人才培养的要求不同，在民主社会建设的今天，培养合格公民已然成为教育事业的重要任务之一，面对我国高等教育尚未形成系统的公民教育体系这一事实，高校人文教育亟须增加大学生公民意识培养的内容。民族院校大学生人文素养的提高首先是对公民身份的认同，在国家意识、民族意识、宗教意识等基础上形成公民身份意识，并在生活中践行权利意识、责任意识、参与意识等公民资格意识，才能使他们最终成为一名合格的公民，并服务于少数民族和民族地区发展，服务于国家乃至全人类的发展。

第一节　民族院校人文教育的内涵

　　随着民族院校的建立和发展，其人文教育的内涵也发生着变化。当前，民族院校旨在把大学生培养成为少数民族和民族地区服务的高素质人才，具体来说就是立足少数民族发展的需要，培养既有本民族情感又有中华民族情怀，既关心本民族发展又关心中华民族发展，既立足民族地区发展实际又有全国乃至全球视野，人文知识与人文素养兼备的高素质人才。公民意识作为当代大学生人文素养的内核正是在民族院校人文教育过程中逐渐形成的。

一 多元一体：有民族底蕴的人文教育

中华民族形成和发展的过程是多元文化融合的过程，中华民族多元一体格局也就决定了我们在教育过程中既要注重国家一体教育，也要提倡和发扬各少数民族的文化教育传统，并通过这种多元的文化教育发展少数民族的文化教育事业，通过国家的一体教育来确保少数民族享有现代教育的权利，增强中国各民族的凝聚力。[①] 民族院校是各民族师生交流思想文化的场所，其人文教育要结合学校民族多样、文化多元的现状，传承和发展民族文化[②]，这包括两方面：一是对各民族尤其是少数民族文化的传承，二是对中华民族文化的传承。

（一）继承与发扬各民族文化

民族院校是基于培养大批少数民族干部以及部分专业技术人才的目的而创建的，是民族高等教育的主要形式，具有民族高等教育所要求的职能，并承担民族高等学校所承担的任务。在办学过程中，本着为少数民族和民族地区服务的办学宗旨，民族院校人文教育从少数民族和民族地区的需要出发，在实施过程中充分考虑到不同民族、语言、宗教和基于此形成的多元文化，设置和实施民族类课程，开展民族类研究，营造多元文化的校园环境，从培养目标、教育对象、教育内容、教育方法、教育管理等方面都能够反映出民族院校人文教育培养有民族底蕴的、全面发展的高素质人才的文化诉求。

自第一所民族学院成立至今，民族院校的培养目标经历了"培养少数民族政治干部""培养少数民族专业技术干部""培养少数民族高素质人才"的变化，集中体现了民族院校培养目标由以政治、经济为重心转向以人为本；教育对象由"只招收少数民族学生"到"招收以少数民族为主的各民族学生"，由"面向部分地区招收少数民族学生"到"面向全国招收少数民族学生"，招生范围的扩大在为少数民族大学生提供接受高等教育机会的同时，也为汉族学生提供了了解少数民族文化的机会，并推动了民族院校校园文化建设；教育内容既包含统一社会制度下的主体文

[①] 王鉴、万明钢：《多元文化教育比较研究》，民族出版社 2005 年版，第 52 页。

[②] 民族文化是各民族在其历史发展过程中创造和发展起来的具有本民族特点的文化，反映了一个民族历史发展的水平，不仅包括饮食、衣着、住宿、生产工具等物质文化，还包括语言、文字、文学、科学、艺术、哲学、宗教、风俗、节日和传统等精神文化。

化，也兼顾多样性，突出特色和优势，如围绕少数民族语言、文字、文化开设相关学科课程，充分发挥了民族院校传承少数民族优秀文化的功能；课程实施上，以理论联系实践为主，坚持统一性的同时，充分考虑少数民族学生的特点，因材施教，探索多种教学模式，充分体现了民族院校的人文情怀；教育管理过程中尊重少数民族学生的生活习惯，如为信仰伊斯兰教的学生建清真食堂，尊重他们的饮食习惯，允许学生参加各种少数民族语言、文化社团，让民族院校大学生充分体会到学校的人文关怀。上述转变集中反映了民族院校办学理念从外在的政治、经济到以人为本，从功利逐渐到人文的发展过程。

（二）传承与创新中华民族文化

高等院校是知识传播和人才培养的重要基地，承担着文化传承与创新的重任。民族院校作为高等教育的重要组成部分，不仅承担着传承各民族文化的重任，也肩负着传承和发扬中华民族优秀文化的使命。费孝通先生指出，中华民族是包括中国境内 56 个民族的民族实体，是相互依存的、统一的、不可分割的整体，这个民族实体里所有归属的成分都已具有高一层次的民族认同意识，即共休戚、共存亡、共荣辱、共命运的感情和道义。中华民族历史上形成的哲学、政治、道德观念，创造的音乐、绘画、书法、舞蹈等艺术作品，以及在建筑艺术、园林艺术、风俗习惯中所凝结的审美意识等，都可以凝聚成人文素养并逐渐积淀为民族品格，使个体获得持续不断的精神力量。民族院校对中华民族文化的传承与创新主要体现在人才培养上。民族院校建立之初，加强学生文化知识的学习与文化素质的提高，尤其强调团结、平等以及对国家的认同和热爱，在发展过程中，民族院校逐渐认识到要加强大学生文化传统、科学素养、艺术修养以及人文精神等方面的教育，提高大学生的人文素养。

2005 年 5 月 27 日，胡锦涛同志在中央民族工作会议的讲话中强调，人才是加快少数民族和民族地区经济社会发展的关键性因素，对于推进我国民族团结进步事业、维护祖国统一和社会稳定等具有决定性意义。而少数民族干部作为党和政府联系少数民族群众的重要桥梁和纽带，是促进民族地区经济、文化、教育和社会发展的骨干力量。因此，相对于政策、技术和资金来说，民族地区更为迫切需要的是人才，特别是高素质人才。作为少数民族人才或干部的培养基地，民族院校的重要功能和使命就在于为国家和社会，特别是为少数民族和民族地区培养和造就一支政治坚定、业务精通、善于领导改革开放和社会主义现代化建设、深受各族群众拥护的高素质少数民族干部队伍。只有培养出高质量的人才，才能促进民族地区的经济文化建设的发展，也才能实现各民族的共同繁荣发展，最终实现全面建设小康社会的重要目标。① 这就需要民族院校以"分得去、留得住、吃得苦、用得上"作为培养人才的起码要求，其专业课程设置必须考虑民族地区经济发展的需要，在充分调查论证的基础上，将地域因素、自然优势、支柱产业、可开发性资源等放在优先地位加以考虑。在课程内容上，要加强民族理论与政策的学习，为民族地区团结和发展奠定坚实的理论基础；要及时补充新的科技信息，真正做到不断用新的知识结构武装学生的头脑，为民族地区经济建设做准备；加强对民族文化的研究，民族语言、生活习俗、宗教信仰等的了解和研究有助于繁荣民族地区文化。

综上，无论是最初的政治人文，发展中的经济人文，还是当前的个性人文，从培养目标到教育管理都反映了人文教育随着社会发展而发生变化，但重视少数民族及其发展需要，传承民族文化的内核没有变，它已经内化在民族院校人文教育的发展过程中。

二　一专多能：有专业精神的人文教育

民族院校的产生和发展离不开党的军事和政治需要，是寻求政治上解放的途径；离不开少数民族和民族地区社会发展的需要，是寻求经济上解放的途径；离不开各民族大学生（尤其是少数民族大学生）发展的需要，是寻求人的解放的途径。人的解放不仅仅在于摆脱外在的束缚，关键是摆脱内心的束缚，实现人的全面发展。因此，人的解放，人的全面发展是人文教育的目标，而专业知识与技能、专业精神的获得有助于这一目标的实现。专业教育是民族院校人文教育的基础。知识的迅速增长使得任何一个人都不可能成为通晓一切知识或掌握这种百科全书式知识的人。今天，一个人只能希望成为精通有限领域学问的人。② 18世纪末，随着物理、化学和生物从自然哲学中分门别类出来，以自然科学断裂成为各门独立自然科学为标志，现代诸学科正式诞生。随着知识的高度分化，学科专业化的愿

---

① 何龙群：《民族高等教育理论与实践探索》，民族出版社2008年版，第164页。

② ［美］约翰·S. 布鲁贝克：《高等教育哲学》，王承绪等译，浙江教育出版社2001年版，第80页。

望和独立意识越来越强烈，专业教育逐渐成为高等教育的重要组成部分，成为人的全面发展的坚实基础。

（一）强调专业知识与能力

专业知识是指一定范围内相对稳定的系统化的知识，与作为知识分类工具的学科产生及其发展密切相关。随着社会的发展，人类生活中出现的"分别""分类"意识逐渐被广泛用于知识中，学科作为知识分类工具得以产生，并伴随社会分工的精细化以及知识高度分化而形成学科建制，学科专业化的愿望和独立意识越来越强烈，大量专业的出现将知识进一步切割，以专业为中心逐渐形成系统化的知识体系。民族院校遵循高等院校专业设置原则并考虑少数民族和民族地区经济社会发展的需要来设置专业，在专业培养方案中强调学生要具备本专业的基础知识和基本理论，提倡在专业知识成为知识基本单元的今天，只有认真学习和掌握专业知识，才能更好地了解相关的学科知识。因此，民族院校重视专业知识的学习，但同时拓宽学生的专业口径，在人才培养中打造专业课平台，通过选修和必修两种形式来加强专业知识的学习。

专业能力是在专业知识的学习过程中，逐渐形成的与专业相关的能力，它以专业知识为基础，主要在专业学习的实践教学环节中得以体现。民族院校重视学生专业能力的发展，强调学生要具有扎实宽广的专业技能和较强的实践技能，并创造有利条件让学生参加到各类实践活动中去。近年来，民族院校提出要大力培养学生的实践和创新能力，重视实践教学环节，把课外实践活动纳入培养方案，鼓励创新设计、科技活动、艺术实践、社团活动，理工科尝试实验课独立设课。在实践教学环节中，学生灵活运用所学到的专业知识，专业能力得到了发展，专业精神也逐渐形成。

（二）注重培养专业精神

专业精神是指个体在专业学习过程中形成的专业信念、专业文化、专业伦理，是专业知识和能力获得过程中逐渐内化而成的对待专业的态度。对民族院校大学生来说，专业知识和能力固然重要，但仅有专业知识和能力却缺乏专业精神的专业教育会弱化其育人性质，导致专业教育模式的出现。这种模式是一定社会背景下的产物，满足了当时社会对高级人才的急需和广大人民进一步学习的要求，为各项建设事业培养了一大批人才，新中国成立后民族学院逐渐转向专业教育模式，通过开设农牧、师范、财务、司法、少数民族语言文字等专业，为少数民族和民族地区培养了大批急需的优秀人才，推动了经济社会的发展。但随着知识的迅速增长，专业进一步细化，专业教育模式化日益显现，专业的单一、狭窄甚至封闭导致专业间逐渐产生了不可跨越的鸿沟，转型后民族院校的专业教育也不可避免地出现了模式化的倾向，其原因在于对专业所承载的文化精神的忽视，窄化了专业教育的内涵。克服这种狭隘的专业教育，需要在专业知识和能力形成过程中培养专业精神，培养一种对专业宗教式的虔诚和敬重，形成有关判断力和理解力、有关思想看法方面的、有关性格方面的更多无法估量的品质。① 专业精神是在学习专业知识和获得专业能力的过程中逐渐形成的，据此也形成了可贵的专业品质，将专业教育和通识教育联系起来，更好地实现民族高等教育培养全面发展个体的目标。

民族院校的人文教育以专业教育为基础，旨在培养学生将来从事某种职业所需的能力，培养学生开放的心灵和对调查研究的热爱，增扩新的知识领域并推动技术的进一步应用，② 强调在专业知识与能力发展的同时培育专业精神。专业教育是培养全面发展个体的一部分而不是全部，因此，这一过程必须坚持知识门类的统一性与整体性，而每一个单独的知识门类只是为了让我们能够在一个更加广泛的意义上来理解知识的统一性与整体性的含义。③ 专业间的隔离是暂时的表面现象，它们在实践中总有着千丝万缕的联系，所以，民族院校在培养学生专业知识和能力的同时要注重专业精神的培养，挖掘专业教育与通识教育在合格公民培养中所强调的共同品质，将专业教育与通识教育结合起来，并将通识教育渗透在专业教育之中，以实现全面发展的人的培养目标。

三　全面发展：有通识意蕴的人文教育

通识教育是民族院校人文教育的发展方向。民族院校首先是高等院校，具有高等教育所要求的职能，并承担高等院校所承担的任务，必须遵循普通高等教育规律，以通识教育为发展方向。

---

① 哈佛委员会：《哈佛通识教育红皮书》，李曼丽译，北京大学出版社 2010 年版，第 76 页。

② 同上书，第 42—43 页。

③ ［德］卡尔·雅斯贝尔斯：《大学之理念》，邱立波译，上海人民出版社 2006 年版，第 122 页。

（一）贯彻通识教育理念

《中华人民共和国高等教育法》规定："高等教育的任务是培养具有创新精神和实践能力的高级专门人才，发展科学技术文化，促进社会主义现代化建设。"高等院校不仅是知识生产的场所，同时也是一个造就人才的地方；不仅是科学研究和专门人才培养的场所，也是保持文化传统、铸就人格和完善人性的地方。这是有通识意蕴的人文教育所秉承的理念，亦即"强调教育过程应体现科学与人文的统一与协调，关注学生有效的思考能力、交流能力、作出恰当判断的能力、价值辨别能力的培养，使学生既认同科学的精神，又保持人文的关切，实现科学素养与人文修养统一"[1]的通识教育所秉承的理念。清华大学李曼丽教授用"理想类型"方法，从性质、目的和内容三个不同角度对通识教育进行系统解释：就性质而言，通识教育是高等教育组成部分，是所有大学生都应该接受的非专业教育；就目的而言通识教育旨在培养积极参与社会生活的、有社会责任感的、全面发展的、社会的人和国家公民；就内容而言，通识教育是一种广泛的、非专业性的、非功利性的基本知识、技能和态度的教育。[2]

（二）强调大学通识教育理论与实践研究

20世纪80年代，通识教育进入我国高等教育界学者的研究视域，高等院校开展文化素质教育试点工作，对大学通识教育理论与实践进行探索。自2002年，大学通识教育成为国内高等教育界的热点话题，各种通识教育研讨会、论坛的举办推动了高等院校通识教育的发展，如2002年举办了海峡两岸大学通识教育暨大学校长知晓理念与风格学术研讨会[3]，2008年举办了"面对时代挑战的大学本科教育改革：大学通识教育论坛"[4]，这一方面促使通识教育理论研究不断深入，涌现出大量的通识教

---

[1]　哈佛委员会：《哈佛通识教育红皮书》，李曼丽译，北京大学出版社2010年版，第50页。

[2]　李曼丽、王永铨：《关于"通识教育"概念内涵的讨论》，《清华大学教育研究》1999年第1期。

[3]　此研讨会是2002年4月在教育部大力支持下在武汉大学举办的，这是海峡两岸首次在内地举行的大规模、高层次通识教育研讨会，来自台湾、香港和内地高校的180多位专家和校长与会。

[4]　本次论坛是由复旦大学、北京大学、中国人民大学、南京大学、浙江大学联合发起的，来自国内53所高校的130名代表就共同关心的大学生通识教育问题，围绕通识教育的实践、中国大学本科教育改革的理想展开充分的研讨、交流和分享。

育成果，如编辑出版通识教育教材及著作①、申报通识教育相关研究项目②、撰写通识教育硕博学位论文③、开辟专栏介绍通识教育④等。另一方面也推动了高校通识教育的实践探索。北京大学于 2000 年开始在全校开设通选课，2001 年开办元培计划实验班，通识教育开始真正进入内地高校，迈出了我国通识教育发展的重要一步。此后，武汉大学于 2003 年全面启动通识课程建设工作。复旦大学于 2005 年成立以推行通识教育为目的的复旦学院，内地大学的通识教育改革全面展开。南京大学于 2006 年成立匡亚明学院；浙江大学于 2007 年将竺可桢实验班升格为竺可桢学院，2008 年成立求是学院；中山大学于 2009 年成立博雅学院。这些学校在本科生培养中使用"通识教育"这一概念，主要有两种做法：一是开设"通识教育选修课"，二是提出建立"通识教育基础上的宽口径专业教育"的人才培养模式。由此可见，大学通识教育的形式各有千秋，但人的全面发展是其不变的内核。

（三）开展有民族院校特色的通识教育

我国的通识教育是随着文化素质教育的开展逐渐走入研究者的视野，是高等教育实践过程中促进人身心和谐、全面发展所必不可少的一部分，其目的不在于单纯为大学生将来从事某种职业作准备，而在于把大学生培养成为一个健全的人和合格的公民；不在于简单地让大学生多学一点专业以外的知识，而在于全面提高大学生的知识文化素养，使其获得一个较为合理的知识结构；不在于机械地给大学生灌输知识，而在于给予大学生某种基本能力的训练，使其获得一个较为合理的能力结构。⑤ 正如有研究指

---

① 教材有北京大学出版的"通识教育十五讲"教材，"古典教育与通识教育丛书"等。著作有张寿松的《大学通识教育课程论稿》、陈向明的《大学通识教育模式探索——以北京大学元培计划为例》、旁海芍的《通识教育：希望与困境》等。

② 如北京大学陈向明教授主持的教育部"十五"重点课题"大学本科生通识教育实践研究"。

③ 如华东师范大学杨颉 2003 年完成的博士学位论文《大学通识教育课程研究》。

④ 学术期刊开辟通识教育专栏介绍研究成果，发表系列文章。如《开放时代》2004 年 11 月以"大学改革与通识教育"为主题举办了首届开放时代论坛，并在次年第 1 期详细报道了论坛上的专家发言；《复旦教育论坛》2006 年第 1 期发表了专门讨论通识教育的文章；《北京大学教育评论》2006 年第 3 期推出了"通识教育与专业教育"专题研究。

⑤ 骆少明、刘淼主编：《2009 中国大学通识教育报告》，暨南大学出版社 2010 年版，第 6 页。

出，通识教育是适合于不同群体的不同需要、不同意图的教育，是一种促使现代人团结起来而非分裂开来的教育，通识教育的科目在共同的人性和公民感上将人们团结起来。① 民族院校通识教育借鉴了普通高等院校通识教育经验，以通识类课程为主要载体，通识类选修课的设置考虑到民族院校的地域性、学科的民族性、培养对象的特殊性等特点，重视开发与政治、经济、法律、文化、语言、民族等学科相关的课程，如北方民族大学为学生开设了西北民歌、西夏美术史、伊斯兰装饰图案、回族民俗与文化、花儿艺术、岩画学新论、阿拉伯文学史概论、阿拉伯语言学入门、阿拉伯文化简史、阿拉伯世界概论、民俗与旅游、藏族历史与文化、世界宗教史、民族经济学、少数民族艺术史、中国传统文化、中国古代宗教与神话、中国少数民族民俗与文化、少数民族体育游戏、民族传统武术等通识类选修课，汲取中华文化精华，并突出学校的地域优势，吸收民族文化营养。民族院校从培养人文素质的视角强化文科和理科之间的渗透和融合，实施有通识意蕴的人文教育，实现以少数民族为主的各民族大学生的全面发展。

民族院校的人文教育要有民族底蕴，为各民族文化发展提供平台，彰显民族元素是民族院校人文教育的前提；民族院校的人文教育要有专业精神，专业教育是全面发展的人不可或缺的重要组成部分，是民族院校人文教育的基础；民族院校的人文教育还要有通识意蕴，通识教育是高等教育的发展趋势，是以人的全面发展为指向的，是民族院校人文教育的发展方向。民族院校的人文教育是凸显人文的教育，这种人文是通过传授人文知识培养人文精神，提升人文素养；是通过人文的濡染与涵化培育人性，使人学会做人，最终落实在以人文知识为基础形成的人文素养中。

第二节　人文素养：民族院校人文教育的落脚点

一　人文素养界说

民族院校人文教育集通识意蕴、专业精神、民族底蕴为一体，它

---

① 哈佛委员会：《哈佛通识教育红皮书》，李曼丽译，北京大学出版社 2010 年版，第 45、28、24 页。

并不是一种简单的教育形式或方式，而是一种教育思想和观念，是用人类的优秀文化和文明陶冶人和教育人，使人学会做人，学会做事，使人能全面和谐发展。① 换言之，人文教育教人成为一个"人"，它可以是特定阶段的"劳动者"或"建设者"，也可以是当前提倡的"公民"，但绝不仅限于"劳动者""建设者"或"公民"，人文教育指向人的全部。从民族院校的产生和发展来看，其人文教育有着为少数民族和民族地区培养全面发展的人这一传统，集中体现在大学生的人文素养之中。

　　素养是指一个人的修养，从广义上讲包括道德品质、外表形象、知识水平与能力等各个方面。在知识经济的今天，人的素养的含义大为扩展，它包括思想政治素养、文化素养、业务素养、身心素养等各个方面，其中最为重要的便是人文素养。人文素养是人区别于动物的一种基本特征，是个人成长和发展的基本前提。目前学术界对人文素养的界定由于研究角度不同，侧重点也有所不同，可归纳为四种观点，分别是修养说、精神说、知识文化说和品质说。持修养说者强调人文知识和行为能力，认为人文素养指的是人的基本修养，是一个人在长期生活、学习中不断获取人文科学知识，逐步形成的人文知识结构，以及在实践有关人文知识内涵的行为能力的综合表现。② 认同精神说强调人文精神，认为人文素养即人文精神，就其核心来说主要是指人的世界观和人生观，内容包括人生的意义、追求、理想、信念、道德、价值等。它是人类文化的灵魂，是做人的基本原则，意义在于它始终不渝地强调"人是目的"这一最高价值判断。人文素养是人类精神家园的宿主，对人类的思维方式、心理机制、情感世界、意志能力、价值取向、审美体验、意识形态和理想模式都具有决定作用。③ 还有研究者强调人文素养的核心应为人文知识和人文精神，认为人文素养从内涵来看，包括人文知识的修养和人文精神的修养。人文知识的修养通过学习文、史、哲和艺术等人文学科来获得，人文精神的修养则是

---

　　① 崔富春、李明主编：《大学人文教育通论》，中国农业大学出版社2005年版，第12页。

　　② 周丽：《高职学生人文素养现状调查及语文对策研究》，湖南师范大学硕士学位论文，2004年，第7页。

　　③ 范志华：《人文素养在当代大学生中的缺失与重建》，《学校党建与思想教育》2005年第12期。

在获得人文知识的过程中形成的人生观、价值观、道德观等。① 除此之外，也有研究者从学识、修养和品质等方面出发，认为人文素养是指学生经过学习人文社会科学知识形成的内在素养和品质。一个人人文素养的高低，在文化品位、审美情趣、理想追求、价值取向、思维方式、行为习惯等方面都能体现出来。② 人文素养是建立在对一定人文知识拥有和内化基础上形成的一定的学识和修养，反映一个人的人格、气质、情感、世界观、人生观、价值观等方面的个性品质。人文素养的内涵包括人文知识、人文精神、人文行为三个方面。③

本书认为，人文素养是人文经由内化变成个体的素质，主要包括人文知识、人文精神和人文行为，是从知识、精神、行为三个层面对人文素养的全面理解与整体把握。从知识层面讲，人文素养是在人文知识的基础上形成的人的修养或品质；从精神层面上讲，人文素养主要指人文精神；从行为层面上讲，人文素养主要指人文行为。随着社会分工的发展，知识内涵不断拓展，人文素养的内涵也发生着变化。

（一）人文知识

人文知识是各民族和全人类的智慧结晶和珍贵遗产，是思想家们苦心孤诣、殚精竭虑所创造的，能够系统、全面、深刻、充分地揭示人生的真谛，亦能启发人们自我反思，其价值在于帮助他们完善自我，臻达自我的人文境界。正如有研究者指出，在人文世界的诸多要素里，最需要的是人文知识，热情和理性需要知识来启蒙，理性和智慧需要知识来培育，甚至一定程度的共识和觉悟也需要知识做基础……④人文知识是与自然知识和社会知识相对应的一种知识类型，是人类总体知识构成的一个重要组成部分，是以语言（符号）的方式对人文世界的把握、体验、解释和表达，是对文学、哲学、史学、艺术学、宗教学、教育学等学科知识内容的总称。人文知识是个人学习发展的基础，是个体知识结构所必需的要素，是培养全面发展的人的必备条件，是人文素养的前提和基础。作为少数民族

---

① 徐捷：《家庭教养方式对小学生人文素养形成的影响及思考》，广西师范大学硕士学位论文，2004 年，第 26 页。

② 龚光军：《当代大学生人文素养的缺失与重构》，《重庆职业技术学院学报》2007 年第 2 期。

③ 汪青松主编：《科学教育与人文教育》，合肥工业大学出版社 2006 年版，第 276 页。

④ 石中英：《人文世界、人文知识与人文教育》，《教育理论与实践》2001 年第 6 期。

和民族地区发展所需要的优秀人才，民族院校大学生不仅需要关乎本民族及其他民族的人文知识，也需要关乎中华民族的人文知识，更需要关乎全人类的人文知识。

（二）人文精神

人文精神是内化了的人文知识，是人文素养的核心，是一种为人处世的基本的"德性""价值观"和"人生哲学"，科学精神、艺术精神和道德精神均包含其中，是　个人修身养性的最高境界。有研究者认为，人文精神是"以人为对象、以人为中心的精神"，其核心内容是对人类生存意义和价值的关怀，它泛指人类体现出的对人的生存意义和价值的关怀，是一种以人为对象、以人为中心的思想，主要包括人的信念、理想、人格和道德等。[①] 人文精神的主要内容包括：崇高的理想与信念；良好的道德修养；正确的世界观、人生观、价值观；健全和谐的人格。人文精神推崇人的感性和情感，体现的是一种以人为中心，寻求人的自由发展与完善，追求人生和社会的美好境界，看重人的想象性和生活的多样化，强调人的价值与尊严，对人类的生存意义与生存价值及人类命运和前途的终极关怀与追求的胸襟。民族院校大学生要有道德、有人格；要有社会责任感；要有同情心有宽容精神，各美其美，美人之美，肯定多样性的同时包容乃至发展多样性。

（三）人文行为

一个人通过人文知识的学习和体悟，唤起对人的生命本身带有终极性质的追问，养成"高风亮节"和"超然物外"的价值追求和精神品格，这种内在的价值追求和精神品格体现在外在的行为上即是人文行为。[②] 人文行为体现了"素养"一词所含的"技巧""能力"之意，主要内容包括如何处理人与人、人与社会、人与自然之间的关系等。人文行为是人文素养的外在表现形式和最终目的，通过个体的具体行动和实践得以体现，有人这样描述：他的生活一定是节制的，行为是勇敢的，随时准备为正义和真理而献身，懂得如何善待他人、善待自然和我们赖以生存的地球。

二　民族院校大学生人文素养的主要内容

有研究者指出，大学教育区别于职业培训的地方就在于它的教育影响

---

① 汪青松主编：《科学教育与人文教育》，合肥工业大学出版社 2006 年版，第 277 页。
② 同上。

应该具有全面性，即全面地观照人的成长与发展，因此，大学生应具备以下人文素养①：

★对于古典文化有相当的积累，理解传统，并具有历史意识，能够"守经答变，返本开新"；

★对于人的命运、人存在的意义、价值和尊严、人的自由与解放、人的发展与幸福有着深切的关注；

★珍视人的完整性，反对对人的生命和心灵的肢解与割裂；承认并自觉守护人的精神的神秘性和不可言说性，拒斥对人的物化与兽化，否弃将人简单化、机械化；

★尊重个人的价值，追求自我实现，重视人的超越性向度；崇尚"自由意志和独立人格"，并对个体与人类之间的关联有相当的体认，从而形成人类意识；

★对于人的心灵、需要、渴望与梦想、直觉与灵性给予深切的关注；内心感受敏感、丰富、细腻与独特，并能以个性化的方式表达出来；

★重视德行修养，具有叩问心灵、反身而诚的自我反思的意识和能力；

★具有超功利的价值取向，乐于用审美的眼光看待事物；

★具有理想主义的倾向，追求完美；

★具有终极关切和宗教情怀，能对于"我是谁，我们从哪里来，又要到哪里去"一类的问题作严肃的追问；

★承认并尊重文化的多样性，对于差异、不同、另类，甚至异端，能够抱以宽容的态度；

★能够自觉地守护和践履社会的核心价值，诸如公平与正义。

民族院校大学生人文素养亦应具有以上含义，它集人文知识、人文精神、人文行为于一体，需涵盖人的哲学素养、史学素养、文学素养、艺术素养、科学素养等多个方面，并集中体现人的总体素质。

（一）以政治素质为核心的国家意识

国家意识是公民对国家的认同、认知意识，是社会个体基于对自己祖

① 肖川：《教育必须关注完整的人的发展》，《清华大学教育研究》2001年第3期。

国的历史、文化、国情等的认识和理解，逐渐积淀而成的一种国家主人翁责任感、自豪感和归属感。它是一种政治意识，同时也是一种文化意识，胡锦涛同志曾指出："大学生是国家宝贵的人才资源，是民族的希望、祖国的未来。要使大学生成长为中国特色社会主义事业的合格建设者和可靠接班人，不仅要大力提高他们的科学文化素质，更要大力提高他们的思想政治素质。"① 民族院校自建校之初就重视大学生政治素质的培养，为完成培养少数民族干部，做好民族团结工作任务的关键在于要有坚定的政治立场，政治素质过硬，能够始终坚持中国共产党的领导，坚持走社会主义道路，为社会主义建设事业做贡献。随着社会发展，民族院校除了培养少数民族干部，做好民族团结工作以外，还要肩负起为少数民族和民族地区培养各类专业技术人才的重任，概括地说，团结和发展就是民族院校的任务。民族院校从最初的政治教育到当前的思想政治教育、爱国主义教育、民族团结教育等，充分说明民族院校大学生应具备国家意识，唯有加强民族院校大学生对祖国的历史、文化、国情等的认知和理解，激发其作为国家主人的责任感、自豪感和归属感，方能抵御市场经济、外来文化、民族主义、现代科技等的负面影响，也能在很大程度上激发公民的责任心和义务感，有利于民族团结、稳定、发展以及国家的昌盛和民族的强大。

（二）民族共同心理素质

民族是一个可以凭借自己方式来表达自己感情的共同体，民族共同心理素质指各民族在形成和发展过程中凝结起来的表现在民族文化特点上的心理状态，它是在民族共同地域、民族共同经济生活及历史发展特点的基础上形成的，有的还与宗教信仰有密切关系。民族共同心理素质也称民族意识，主要由两部分内容构成，一是民族认同意识和自我意识，它产生的基础是人们共同体的主流历史、传统文化、血缘关系的趋同认识及由此形成的民族的特征和特点；二是民族分界意识，也就是在民族认同和自我意识的作用下所产生的本民族与其他民族的区别意识。② 民族意识往往与民族的历史遭遇和所处地位有密切关系，随着各民族的物质生活条件和社会环境的变化发生变化。当前，民族院校大学生的民族意识较强，从积极方

---

① 胡锦涛：《在全国加强和改进大学生思想政治教育工作会议上的讲话》，《光明日报》2005 年 1 月 19 日首页。

② 都永浩：《民族认同与公民、国家认同》，《黑龙江民族丛刊》2009 年第 6 期。

面来看，各民族通过交往，加强彼此的了解，增强了团结意识与竞争进取意识；从消极方面来看，各民族更加关注本民族的感受，更愿意从本民族利益出发来衡量与其他民族和国家的关系，且在某种程度上会弱化国家意识，进而会对多民族国家的凝聚力构成腐蚀作用。①

（三）宗教意识

宗教是人类社会发展到一定历史阶段，人类思维能力发展到一定水平出现的一种社会现象，宗教意识是人在宗教活动中形成的宗教观念、宗教情感、宗教信仰等的总称。我国有很多少数民族是有宗教信仰的，甚至有些民族全民族信教，宗教活动渗透在少数民族社会生活的各个领域，而宗教观念有时会影响少数民族的政治参与行为，如有研究者对西北少数民族政治参与状况调查显示：在提问到"你认为参加选举和参加宗教仪式哪个更重要"时，许多人的回答是"参加宗教仪式更重要"，只有个别人的回答是"两者都重要"。这个例子说明少数民族在公民意识与宗教意识冲突时的身份的抉择。② 民族院校大学生在面临宗教意识与公民参与意识产生冲突时，宗教信仰较强的大学生倾向于宗教意识。民族院校中的少数民族大学生对宗教有着深厚的情感，但相当一部分缺乏宗教知识和正确的引导，面对民族意识、国家意识、宗教意识、公民意识等的冲突，他们会陷入身份抉择的困境。

（四）道德素质

道德是人类理性所能感知的最高层面，它服从于人的良知。道德素质是指人们从一定的道德准则和规范出发，在处理个人与他人、与社会的关系中，所表现出来的稳定的特征和倾向，是人们道德意识和道德行为的统一，它主要反映在人的世界观、人生观、价值观、政治观、道德观、法制观等方面。③ 可以说，道德素质就是做人的准则和标准，是人的立身素质，它是看不见摸不着的，存在于每个人自身内部，是通过一系列行为表现出来的一种心理状态。正如黑格尔所说："一个人做了这样或那样一件合乎伦理的事，还不能就说他是有德的；只有当这种行为方式成为他性格

---

① 左岫仙：《论少数民族成员公民意识的提升》，《黑龙江民族丛刊》2010 年第 6 期。

② 马克林、李裕平、周艳、张毓黴：《西北少数民族女性政治权益保障问题探析》，《西北民族大学学报》（哲学社会科学版）2009 年第 4 期。

③ 崔海涛：《论社会主义核心价值体系与大学生道德素质》，《吉林师范大学学报》（人文社会科学版）2009 年第 2 期。

中的固定要素时，他才可以说是有德的。"① 也就是说，道德素质是一个人在长期的、一系列的行为中所表现出来的稳定的、恒久的、整体的心理状态，作为一种心理活动，大学生的道德素质是由道德认识、道德情感、道德意志三者构成的。② 对于民族院校大学生来说，民族、宗教信仰、居住地域、家庭氛围、学校教育、社会环境等影响着其做人的准则与标准的形成，民族院校首先要让学生学会做人，注重大学生道德素质的培养，提高其做人的标准和做事的能力，方能为少数民族和民族地区培养高素质人才。

（五）科学素养

科学素养（scientific literacy）最早是由美国学者赫德（Paul Hurd）在 1958 年提出的，表示个人所具备的对科学的基本理解。③ 从词源上讲，科学素养一词是由英文 science literacy 翻译而来的。英语中，literacy 有两层不同的意思：一是指有学识、有文化，与学者相关；另一个是指能够阅读、书写，针对一般公众。④ 依据国际上科学教育界的普遍观点，公众科学素养主要由三个部分组成：一是对科学知识的基本了解程度；二是对科学方法的基本了解程度；三是对于科学技术对社会和个人所产生的影响的基本了解程度。对于接受高等教育的大学生来说，其科学素养应超越一般公众的阅读书写层次。如郭平从科学素养的内涵出发，引申出大学生科学素养发展的要求：理解科学本质、培养科学精神、学习科学理论、掌握科学方法、实践科学知识。⑤ 林玉华认为大学生科学素养可以被划分为"认知领域"和"情意领域"，前者包括科学知识、科学技能的掌握、对科学过程的理解、科学方法的认同和运用等，后者包括科学的价值观、对科学与社会两者相关联的认识、创新的精神和态度等。⑥ 结合民族院校大学生的特点，我们认为其科学素养是指对科学知识、科学技术与社会之间的关

---

① 周辅成：《西方伦理学名著选辑》（下卷），商务印书馆 1987 年版，第 428 页。

② 孙英：《论大学生道德素质构成》，《思想战线》2004 年第 6 期。

③ Paul Hurd, "Science Literacy: Its meaning for American schools", *Educational Leadership*, Vol, 16, 1958.

④ 张喆、韩斌、徐畅：《大学生科学素养与通识教育关系的实证分析》，《复旦学报》（自然科学版）2012 年第 4 期。

⑤ 郭平：《大学生科学素质的培养》，《中国青年研究》2006 年第 4 期。

⑥ 林玉华：《试论大学生科学素养教育在我国可能存在的问题》，《科学决策》2008 年第 12 期。

系的理解以及对科学精神的认识，其科学素养的高低直接影响着民族地区大众的科学素养水平。研究指出，受客观条件的约束、自身思想的保守性、教育体制的制约以及家庭教育的缺陷等因素的影响，民族院校少数民族大学生的科学素养偏低。① 因此，民族院校必须采取相应对策来提高少数民族大学生的科学素养，带动少数民族和民族地区国民素质、大众科学素养水平的提升。

（六）公民意识

公民是具有一国国籍并根据该国法律规定享有权利并承担义务的人，是民主社会个体获得的首要身份，它包括公民身份以及达成公民身份的条件。虽然公民身份会因国籍的获得而自然生成，但作为一种现代社会意识的公民意识却不能因此而自然生成，它与整个社会的经济发展水平、政治法律水准和文化发展程度有着十分紧密的联系，是衡量一个国家整体公民素质高低的重要指标之一，集中体现着民主社会个体的人文素养，是现代化过程中各国教育共同关心的课题。民族院校大学生的公民意识包括对公民身份的认知以及公民资格的实践两方面。就公民身份来说，虽然当前国籍成为公民身份的唯一条件，但民族院校大学生的公民身份意识是建立在其民族意识、国家意识、宗教意识等基础之上的，在面对民族宗教意识的交织及与国家意识的冲突时，少数民族大学生只有认识到自己首先是国家的公民，才能避免把宗教意识置于公民意识之上，只有认识到具有不同民族意识的各个民族可以共持相同的国家意识，把民族意识融汇在更高层次的国家意识中，这种国家意识高于民族意识的排序才能捍卫国家的独立和民族的尊严。② 与此同时，公民意识一体化与民族意识多元化的和谐一致有利于国家统一和各民族的共同繁荣，也有利于民族院校大学生形成正确的公民身份意识，并能引导其公民资格的实践。

苏霍姆林斯基指出，教育是让每一位学生真正地"成人""为人"，让学生成为全面的公民和幸福的人。民族院校有通识意蕴、专业精神、民族底蕴的人文教育是为学生"成人""为人"服务，是以培养全面的公民和幸福的人为目标的。民族院校大学生既是普通的公民，又是具有较高科

---

① 吴晟志、黄国亮：《广西少数民族大学生科学素养的调查——以广西民族大学为例》，《广西民族大学学报》（自然科学版）2007 年第 4 期。

② 丁守庆：《公民意识与民族宗教意识——兼析法治观念在处理民族宗教问题中的作用》，《实事求是》2002 年第 2 期。

学文化素质和思想道德素质的特殊群体，其言谈举止在一定程度上反映了一个国家、一个地区、一个民族的文明发展程度、精神文化风貌、优良传统及美德；其公民意识在一定程度上体现了少数民族、民族地区乃至整个国家的现代化程度。如果民族院校大学生普遍缺乏较高的、科学的、系统的公民意识，将不利于我国少数民族和民族地区民主政治与法治制度的建设，将不利于社会主义和谐社会的构建，将不利于社会主义事业的发展。因此，民族院校大学生公民意识是人文素养的核心，在人文知识、人文精神、人文行为中得以体现，在人文教育中形成与发展。

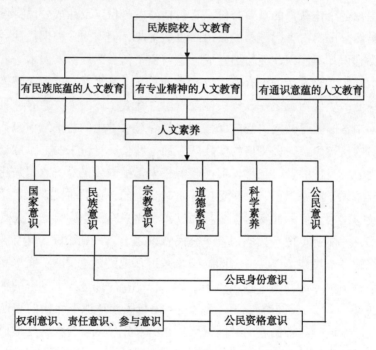

图 3-1　民族院校人文教育和公民意识的关系

第三节　公民意识：民族院校大学生人文素养的内核

一　公民意识的概念与内涵

公民一词最早产生于古希腊城邦时期，源自"城邦"（polis）一词，意为"属于城邦的人"。柏拉图（Plato，公元前427—前347年）最早对公民进行了论述，他认为，公民作为履行国家职责的自由人，应该具备节制、勇敢、大度、高尚等美德，护卫者是最好的公民。① 其后，亚里士多德（Aristotle，公元前 384—前 322 年）指出："一个正式的公民应该不是由他的住所所在，因而成为当地的公民；侨民和奴隶跟他住处相同（但他们都不得称为公民）。仅仅有诉讼和请求法律保护这项权利的人也不算是公民；在订有条约的城邦间，外侨也享有这项法权……全称的公民是'凡得参加司法事务和法权机构的人们'。"② "人们如果一旦参加城邦政体，就享有了政治权利，他们就的确是公民了。"③ 在亚氏看来，公民是有权参加城邦议事和审判职能的人，应该具有正义、公平、自由的观念及公共的意识和美德，个人只有成为公民才能够不断完善和提升自己以实现真正的自由。因此，公民一词最初就是政治意义上的一种身份象征，仅仅指在法律上有特权的一小部分自由民，如雅典在公元前 451 年通过的一项法律规定，只有父母都是雅典公民的男子才可成为雅典公民。④ 此后，随着民主共和形式的消失，人们不再使用公民概念。公民概念在西方资产阶级革命胜利以后重新被提出，并被广泛应用在法律上。在现代英语中，对 citizen（公民）一词有四种解释⑤：A person owing loyalty to and entitled by birth or naturalization to the protection of a state or nation. 本国籍的或加入本国籍的效忠于国家并有权得到国家保护的人；A resident of a city or town, especially one entitled to vote and enjoy other privileges there. 城市或城镇的居民，尤指在城镇里有权投票并享有其他权利的人；A civilian. 平民；A native, inhabitant, or denizen of a particular place. 一个特定地方的本地出生者、居住者或入籍者。

我国古代无公民概念，现代意义上的公民通常指代国籍身份，如《现代汉语词典》中对"公民"的定义是："公民通常指具有或取得某国国籍，并根据该国法律规定享有权利和承担义务的人。"⑥ 1952 年 2 月 11

---

① 秦树理：《公民学》，郑州大学出版社 2009 年版，第 23 页。

② ［古希腊］亚里士多德：《政治学》，吴寿彭译，商务印书馆 1965 年版，第 113—114 页。

③ 同上书，第 118 页。

④ 程辑雅：《公民意识历史考察和基本内涵》，《上海社会科学院学术季刊》1987 年第 2 期。

⑤ 蓝维等：《公民教育：理论、历史与实践探索》，人民出版社 2007 年版，第 6 页。

⑥ 中国社会科学院语言研究所词典编辑室编：《现代汉语词典》（2002 年增补本），商务印书馆 2002 年版，第 435 页。

日，中华人民政府委员会第二十二次会议通过的《中华人民共和国全国人民代表大会及地方各级人民代表大会选举法》中正式使用公民概念，并在1954年宪法及其后的法律文件中统一使用了公民概念。从汉语词义上讲，公民是从事或参与公共事务的社会成员。① 但在不同研究领域，公民概念所强调的侧重点不同，作为一个政治概念，公民是和民主政治紧密相连的；作为一个法律概念，公民是和权利义务紧密相连的；作为一个社会学概念，公民是和伦理道德紧密相连的；作为一个教育学概念，公民是和个人发展紧密相连的，是在人文而化之的过程中逐渐形成的，具有公民意识才是真正意义上的公民。

现代意义上的公民概念无论在内涵还是外延上，都超越了最初的含义。现代公民在规范意义上应包括三个方面：一是作为政治共同体成员的公民，应有权利意识、行使权利和履行义务的能力和应具备的理性；二是作为文化共同体成员的公民，应有对民族文化的认同、对民族的共同命运感和成员之间的相互责任感；三是作为经济主体的公民，应具备企业家的理性和行为习惯。② 当前，对公民概念较普遍的表述是"公民是指具有一个国家的国籍，根据该国的法律规范享有权利和承担义务的自然人"。我国《宪法》第三十三条规定："凡具有中华人民共和国国籍的人都是中华人民共和国公民。中华人民共和国公民在法律面前一律平等。国家尊重和保障人权。任何公民享有宪法和法律规定的权利，同时必须履行宪法和法律规定的义务。"这反映出公民作为一个法律概念，以一个国家成员的身份参与社会活动、享受权利和承担义务，应由国家法律加以规定，但当国籍成为公民资格的唯一条件时，公民身份已经被赋予全体社会成员。除此以外，对公民的理解还存在一种道德或伦理学意义上的界定，即什么是合格的现代公民，或曰合格公民的条件，它涵盖公民的自然属性和社会属性两方面，前者反映了公民是基于自然生理规律出生和存在的生命体，后者反映了公民是在参与社会生活中实践其资格的。

公民概念是伴随着城邦的出现而产生的，公民意识作为一种社会意识，伴随着"公民""城邦""政治现象"等社会现象的产生而产生，是在人类劳动、思维能力和社会关系发展到一定阶段时才出现的。随着时代

① 蓝维等：《公民教育：理论、历史与实践探索》，人民出版社2007年版，第8—9页。
② 唐克军：《比较公民教育》，中国社会科学出版社2008年版，第32页。

的发展，公民概念和内涵不断丰富，现代公民意识既是一种身份意识，又隐含着对获得公民身份条件的认识，然而在现代法律体系中，当"国籍"成为界定"公民"的唯一条件时，导致公民身份与公民资格两个概念在很大程度上被当作同义语来使用，造成人们在生活中对公民的理解仅限于法律身份，缺乏对获得公民身份条件的认识。本书认为，公民意识是一种理性的自我意识，是公民对自身身份的认知以及资格的实践，民族院校大学生人文素养的核心是公民意识。

二　民族院校大学生公民意识的维度

美国学者史珂拉曾说："没有什么概念像'公民身份'那样居于政治的核心地位，也没有哪个概念像'公民资质'概念那样在历史上那么富于变化、在理论上那么充满争议。"[①] 这表明，成为公民需要同时满足获取公民身份和符合公民资格两个前提，前者强调公民身份的获得，后者则强调获得公民身份的条件。基于此，对公民意识的分析也可相应地从公民身份意识和公民资格意识两个维度进行，前者强调个体公民身份的获得和认知，侧重于知的层面；后者则强调个体对公民资格的认知和实践，侧重于行的层面。如下将从公民身份意识和公民资格意识两个维度对民族院校大学生公民意识的内涵及形成进行阐释。

（一）公民身份意识

意识随着人类社会的产生而产生，并随着人类社会的发展而发展。正如马克思所说："意识一开始就是社会的产物，而且只要人们存在着，它就仍然是这种产物。"[②] 从本质上来说，意识就是物质世界在人脑中的主观映像，它具有主观能动性。公民身份意识是个体对其公民身份的认知。公民身份是公民的本质，只有具有公民身份的人才是完全的和真正意义上的公民。基于此，民族院校大学生公民身份意识可被视为以其国家身份、民族身份、宗教身份等多重身份为基础形成的公民身份认知。

1. 公民身份及其认知

人类社会持续不断地需要公民身份。从古希腊城邦的出现到现代民

---

① ［英］T. H. 马歇尔：《公民身份与社会阶级》，郭忠华、刘训练编，江苏人民出版社2007年版，第7页。

② 《马克思恩格斯选集》（第1卷），人民出版社1995年版，第81页。

族—国家的巩固，公民身份这个概念在古希腊城邦、罗马共和国和帝国、中世纪和文艺复兴、民族国家、世界主义理想五种不同的背景下一直得以创造、界定、再创造、再界定。① 公民身份的探讨基于几种不同的公民理论——马歇尔以国家为核心的公民理论、托克维乐/涂尔干以社会为核心的公民道德理论以及葛兰西/马克思有关改造文明社会的理论。从公民概念和内涵的发展来看，公民身份的范围经历了由城邦、城市、民族国家到全世界，呈现逐步扩大的趋势。如果从公民概念最初的"属于城邦的人"的内涵来看，当前的公民概念则与民族国家紧密相连，当国家这个非人格的概念成为最重要的政治观念时，这个命题和公民身份才有着真实的意义和活力。② 从社会科学角度可将公民身份定义为"个人在一民族国家中，在特定平等水平上，具有一定的普遍性权利与义务的被动及主动的成员身份"，包括公民身份确定为一民族国家的成员身份、公民身份包含着主动的和被动的权利与义务、公民权利是已载入法律而且供所有公民行使的普遍的权利、公民身份是平等的表述、其权利与义务在一定限度内保持平衡四方面内容。③

我国目前对公民身份的界定以国籍为唯一界限，出生即获得了公民身份，这种给予性的身份多在法学和政治学领域中被使用。在教育领域，有代表性的观点如南京师范大学冯建军教授认为，公民不是一个固定的概念，而是一个形成中的概念，公民身份的形成是时代的要求。当代社会的公民具有四重身份，即公民不是臣民，在于个人的独立，但公民又不是私民，在于公共生活；公民身份的核心在于个人生活与公共生活之间的和谐统一；公民不能没有个人的权利和利益，但公民还必须有公共生活；公共生活中既要保持每个人、每个群体平等的利益，又要保证整个群体的共同利益、公共利益。④ 蓝维等也认为，一个人如果获得公民身份，对于他就隐喻着多重含义。首先，表明了他与其他公民一道，认可国家及其公共职

---

① ［英］德里克·希特：《公民身份：世界史、政治学与教育学中的公民理想》，郭台辉、余慧元译，吉林出版集团有限责任公司2010年版，第227页。

② 同上书，第251页。

③ ［美］托马斯·雅诺斯基：《公民与文明社会》，柯雄译，辽宁教育出版社2000年版，第11—13页。

④ 崔春华：《公民意识教育：规划与实施——2010'中国德育论坛暨浦东教育论坛综述》，《中国德育》2011年第2期。

位或公共权威的存在；其次，表明了他是一个政治共同体中完全并且平等的成员，他有能力行使权利和履行义务；再次，公民身份具有排他的性质，成为某国公民，表明自己不是其他国家的成员和排除了不是这一国家公民的其他人。① 这里主要强调公共生活以及平等对于公民身份的重要性，公共生活中人与人之间是平等的，个人是独立的个体，有自己的权利，同时又要保证公共利益，公民身份实现了个人生活与公共生活的和谐统一。

民族院校大学生对公民身份的认识建立在各民族平等的观念上，这就要求他们正确认识各民族之间以及与中华民族之间的关系，理性对待本民族与他民族文化，唯有真正立足于民族平等方能实现民族团结，将不同民族的民族意识融汇成国家意识，并以国家意识、民族意识、宗教意识为基础形成公民意识。值得注意的是，民族院校大学生的公民意识既是在国家意识等的基础上形成的，又与它们共同构成大学生的人文素养。

2. 公民身份意识的形成基础

民族院校大学生的公民身份意识主要在其国家意识、民族意识、宗教意识的基础上形成。

（1）国家意识

国家是政治联合体的基本历史形式，是掌握权力的政治阶级，或者是民主国家大部分人的文化、观念和利益的结合。同时，国家也是影响、规范国民的文化——价值、制度以及政治行为——的一个强大的政治工具。② 国家的原型可以追溯到古希腊的城邦（polis），正如亚里士多德所言，城邦的一般含义就是为了要维持自给生活而具有足够人数的一个公民集团③，一个人的公民身份就意味着他是城邦的主人，因此，公民的城邦意识较强，他的归属感就较强，公民对自己城邦有自觉的认同。欧洲中世纪晚期出现了民族国家（nation state），并在资产阶级革命时代发展成为"典型的正常的国家形式"④。民族国家是以民族为载体，以人文传统为纽带形成的享有独立主权的政治共同体，通常有 5 个共同特征：完全自主和

---

① 蓝维等：《公民教育：理论、历史与实践探索》，人民出版社 2007 年版，第 10 页。

② ［美］菲利克斯·格罗斯：《公民与国家——民族、部族和族属身份》，王建娥、魏强译，新华出版社 2003 年版，第 5—6 页。

③ ［古希腊］亚里士多德：《政治学》，吴寿彭译，商务印书馆 2011 年版，第 117 页。

④ 宁骚：《民族与国家》，北京大学出版社 1995 年版，第 265 页。

领土统一、中央集权制、主权人民化、国民文化的同质性和具有统一的民族市场。① 作为多民族国家，我国符合上述五个方面的特征。

在国家产生的过程中，公民逐渐形成对国家的归属与认同。作为一种深植和成长于这种归属与认同的思想意识形态，国家意识是对某一特定的民族国家及其传统、制度、文化的归属，并由此而分享一种共同的历史、共同的情感、共同的信念和共同的生活方式。② 国家意识是现代国家的"软实力"，它内聚群力，外御故侮。民族院校大学生的国家意识主要表现在对国家的认同、归属以及热爱上，也可以归纳为中华民族意识和爱国意识。

中华民族意识集中表现为对祖国的情感，也可以称为民族国家意识，指公民在了解中华民族历史文化传统的过程中，感受共同的目标，凝聚中华民族精神，获得文化意义上的公民身份。中华民族是梁启超在 1902 年《中国学术思想之变迁之大势》中提出的概念，费孝通先生指出："中华民族作为一个自觉的民族实体，是在近百年来中国和西方列强对抗中出现的，但作为一个自在的民族实体则是几千年的历史过程所形成的。"③ 中华民族意识是长期劳动、生息、繁衍于中国国土之上的各个民族的人们对自己故乡的眷恋，对自己出生于并受其养育的中国的土地、山水直到历史、文化所产生的情感、精神依托以及自尊心和自豪感。④ 中华民族意识的产生是一个长期的过程，有一个"从自在到自觉"的过程。

爱国意识是一种政治意识，指对国家的热爱与忠诚，集中表现为爱国主义。爱国主义是精神的热爱与慷慨，在战争年代，它可以在祖国处于危难之时激起热忱与勇气，可以让人们能够有勇气面对枪口，使得古典的公民美德转化成现代的爱国主义形式。在和平时代，爱国主义表现为个人对他的国家取得的成就产生的自豪感，是作为国家公民值得被赞赏的一种情感。它巩固了社会认同感并且鼓励新生代去效法他们的先辈。⑤ 爱国主义

---

① 谭志松：《大学的民族性格》，《民族教育研究》2008 年第 6 期。

② 于海：《民族精神意涵：国家意识、文化认同、公民人格》，《思想理论教育》2004 年第 12 期。

③ 费孝通：《论文化与文化自觉》，群言出版社 2005 年版，第 61 页。

④ 熊锡元：《民族心理与民族意识》，云南大学出版社 1994 年版，第 126 页。

⑤ ［英］德里克·希特：《公民身份：世界史、政治学与教育学中的公民理想》，郭台辉、余慧元译，吉林出版集团有限责任公司 2010 年版，第 277—278 页。

在不同时期的内涵会发生变化，我国"在长期的革命和建设过程中，已经结成由中国共产党领导的，有各民族党派和各人民团体参加的，包括全体社会主义劳动者、社会主义事业的建设者、拥护社会主义的爱国者和拥护祖国统一的爱国者的广泛的爱国统一战线，这个统一战线将继续巩固和发展"。这是新时期对爱国主义内涵的概括，指导着民族院校大学生爱国意识的形成。

民族院校大学生公民身份认知的关键在于国家意识，尤其是对民族国家的忠诚和统一的民族精神，这样的一种情感因素是公民必备的品质。目前来看，中华民族精神是由56个民族的民族精神凝聚而成，因此，民族院校的人文教育需要处理好国家意识与民族意识之间的关系，并在此基础上形成公民身份意识。

（2）民族意识

民族意识是民族存在的反映，真实的民族意识必须是民族本质的反映。民族是在一定的历史发展阶段形成的稳定的人们共同体。一般来说，民族在历史渊源、生产方式、语言、文化、风俗习惯以及心理认同等方面具有共同的特征。"民族"一词最早出现在古希腊的《荷马史诗》当中。[①] 但较多使用该词的当属古希腊历史学家希罗多德，他在《历史》一书中共有两百多处使用了"民族"一词。到了近代西方，"民族"一词已时常见诸各种著述当中，其中以德裔瑞士政治家布伦奇里对民族概念的概括最为具体，他将民族最重要的特质归结为八个方面。[②] 美国著名学者吉登斯认为，民族"是指居于拥有明确边界的领土上的集体，此集体隶属于统一的行政机构"。[③] 而本尼迪克特·安德森（Benedict R. Anderson）把民族和民族主义都视为一种"特殊的文化的人造物（artifact）"，因而

---

① 在《伊利亚特》第一节中就有"山居民族""整个民族"的说法。

② 梁启超第一次把布伦奇里的民族概念介绍到中国。他介绍说："民族者，民俗沿革所生之结果也。民族最要之特质有八。（一）其始也同居于一地（非同居不能同族也，后此则或同一民族而分居各地或异地而杂处一地。此言其朔耳）。（二）其始也是同一血统（久之则吸纳他族互相同化，则不同血统而同一民族者有之）。（三）同其肢体形状。（四）同其语言。（五）同其文字。（六）同其宗教。（七）同其风俗。（八）同其生计。有此八者，则不识不知之间，自与他族日相隔阂，造成一特别之团体，固有之性质，以传其诸子孙，是之谓民族。"转引自梁启超《饮冰室文集》卷五说二。

③ ［美］安东尼·吉登斯：《民族——国家与暴力》，胡宗泽等译，生活·读书·新知三联书店1998年版，第141页。

民族不过是"一种想象的政治共同体"①。法国学者南希（Jean-Luc Nan-cy）则认为，民族是一种"松散的共同体"（La Communauté désoeuvrée）。与安德森呼应配合的西方学者还有埃里克·霍布斯鲍姆，他认为"'民族'乃是通过民族主义想象得来的产物。因此，我们可以借着民族主义来预想'民族'存在的各种情况。……真实的民族却只能视为既定的后设产物，难以讨论"。"不是民族创造了国家和民族主义，而是国家和民族主义创造了民族。"② 英国学者盖尔纳（Ernest Gellner）也断言："正是民族主义造就了民族本身，而不是相反。"③ 沃勒斯坦（Wallerstein）更是认为世界资本主义体系本身建构出民族主义的神话，而后者则建构出种族、民族和族群。④ 在我国，斯大林对民族所做的界定是使用最为频繁的，他认为"民族是人们在历史上形成的一个有共同语言、共同地域、共同经济生活以及表现在共同文化上的共同的心理素质的稳定的共同体"⑤。当然，也有学者指出，斯大林的民族定义在当时是进步的，但并非完美无缺，它没有顾及民族产生和发展过程的复杂性，没有给多种类型的民族的历史过程留有余地，远没有充分反映民族的社会内容和社会结构。⑥

　　正确认识、科学阐述民族的深刻内涵，是正确认识和解决民族问题的前提条件。中央民族工作会议中指出，"民族是在一定的历史发展阶段形成的稳定的人们共同体。一般来说，民族在历史渊源、生产方式、语言、文化、风俗习惯以及心理认同等方面具有共同特征。有的民族在形成和发展过程中，宗教起着重要作用"。我们常说的中华民族并不是单纯的民族、种族、公民的人群分类概念，而是一个政治概念及国族概念，所以，中华民族意识的核心是中华民族精神，属于国家意识范畴。本书中，民族是指有共同血缘、共同历史、共同宗教信仰和民族特征的人们共同体，即

---

① ［美］本尼迪克特·安德森：《想象的共同体》，吴叡人译，上海人民出版社 2005 年版，第 4—6 页。

② 转引自关凯《族群政治》，中央民族大学出版社 2007 年版，第 43 页。

③ ［英］厄内斯特·盖尔纳：《民族与民族主义》，韩红译，中央编译出版社 2002 年版，第 73 页。

④ 转引自关凯《族群政治》，中央民族大学出版社 2007 年版，第 43 页。

⑤ ［苏联］斯大林：《斯大林选集》（上卷），人民出版社 1979 年版，第 64 页。

⑥ 华辛芝：《斯大林民族理论评析》，《世界民族》1996 年第 4 期。

56 个民族，民族意识即 56 个民族的民族意识，首先表现为人们对自己归属于某个民族共同体的意识，亦即认同，其次是在国家生活中，在与不同民族交往的关系中，人们对本民族生存发展、兴衰荣辱、权利与得失、利害与安危等的认识、关切和维护。① 我国 56 个民族的民族意识都与"中华民族""中国人"这个更大的群体意识相结合，两者是和谐一致、相辅相成的。

民族院校大学生来自不同的民族，在他们对本民族的认同、对本民族历史文化的了解、对其他民族及其文化的包容的过程中，引导消极的民族意识并促进积极民族意识的培育，协调民族意识与国家意识，最终形成他们的公民身份意识。

（3）宗教意识

一般认为"宗教"一词源于拉丁词"religo"。然而，史密斯·（Wilfred C. Smith）用大量的证据表明："religo"起初并不意指"宗教"，诸如"一种宗教"（a religion）、"多种宗教"（religions）和"宗教"（religion），以及各种宗教传统的现有名称（基督教、印度教、佛教等），均是 17 世纪以来西方观念的产物。② 也有研究者认为，宗教（religion）在西方词源学上有沟通和交往的含义，指人和神或诸神的沟通，通过这种借助神启和体悟的沟通，人逐渐意识到圣俗之间的区隔，意识到自身的有限性、偶在性和凡俗性，以及神和有关神的品质特性的无限性、超验性和神圣性，由此产生崇拜和信仰之心。③ "宗教"术语的现行用法主要有四种：一是指"个人的虔诚"（a personal piety）；二是指"一种理念体系"（an ideal system）；三是指"一种经验现象"（an empirical phenomenon）；四是表示"一般意义上的宗教"（religion in general）。④ 美国资深的宗教哲学家阿尔斯顿曾为麦克米兰版《哲学百科全书》撰写《宗教》条目，他总结了十几位著名学者的研究成果，将宗教构成特征（religion-making characteristics）概括为：①信念，即相信"超自然的存在物"（诸神）；②神

---

① 熊锡元：《民族心理与民族意识》，云南大学出版社 1994 年版，第 125 页。

② 张志刚：《宗教是什么——关于"宗教概念"的方法论反思》，《北京大学学报》（哲学社会科学版）2006 年第 4 期。

③ 方文：《学科制度和社会认同》，中国人民大学出版社 2008 年版，第 122 页。

④ 张志刚：《宗教是什么——关于"宗教概念"的方法论反思》，《北京大学学报》（哲学社会科学版）2006 年第 4 期。

圣与世俗，即把神圣的对象与世俗的对象区分开来；③仪式，即围绕神圣的对象所进行的仪式活动；④道德律令，相信这些律令是神所规定的；⑤宗教情感，像敬畏感、神秘感、负罪感、崇拜感等，这些特有的情感往往是由神圣对象的显现、宗教仪式等所唤起的；⑥人神交往，即祈祷和其他与神交往的形式；⑦世界观，或关于整个世界、个人命运等的通盘描绘；⑧人生观，即根据上述世界观来安排整个人生；⑨社群，即由上述诸方面所维系的宗教社团。①

我国是一个多宗教的国家，各种宗教历史悠久，派系庞杂，信徒众多。"有些民族是全民族或民族绝大多数成员信仰一种宗教，宗教的影响深入这些民族的政治、经济、文化和社会生活方方面面，甚至成为民族共同心理素质的重要内容，成为这些民族历史、文化中难以分割的一个重要部分。由于宗教的这种影响，宗教问题往往又和民族问题错综复杂地交织在一起。不同民族之间发生宗教矛盾就很容易酿成民族之间的矛盾，宗教关系和民族关系密切联系。"② 我国少数民族大多数信仰宗教且信教群众较多，特别是一些少数民族基本上是全民族信教，宗教的影响已渗透到信教少数民族的生活习惯、文化艺术、道德规范等各个方面。从而形成了一套程序，把信仰和愿望联系在一起，以仪式作为联系信心和行动桥梁的宗教意识。③ 树立正确的宗教意识对于维护社会稳定和民族团结，保障各民族群众的切身利益，构建民族地区及和谐社会都有着极其重大的意义。

民族院校大学生在民族构成上是多元的，这就决定了学校只有通过民族平等、尊重、发展各民族文化等措施才能实现内部的民族整合。一般情况下，民族院校各民族大学生的民族身份、宗教身份与国家公民身份是保持一致的，但有时也会产生冲突。正如菲利克斯·格罗斯所言："国家在过去不曾、在现代即 20 世纪也不可能强加给社会一种单一的哲学或意识形态取向。民族文化具有一定的凝聚力，这种凝聚力我们很难加以描述，但却根深蒂固地存在于民族的价值观和传统习俗中。"④ 所以，民族院校

① 转引自张志刚《宗教与国际热点问题——宗教因素对冷战后国际热点问题和重大冲突的深层影响》，《北京大学学报》（哲学社会科学版）2008 年第 4 期。

② 金炳镐：《民族理论通论》，中央民族大学出版社 1994 年版，第 506 页。

③ ［英］雷蒙德·弗思：《人文类型》，费孝通译，华夏出版社 2002 年版，第 154 页。

④ ［美］菲利克斯·格罗斯：《公民与国家——民族、部族和族属身份》，王建娥、魏强译，新华出版社 2003 年版，第 197 页。

大学生对公民身份的认同要协调好集宗教和民族于一体的民族身份，并协调好与国家身份间的关系，在民族认同的基础上形成国家认同，在多元身份认同基础上形成公民身份认同。民族院校大学生公民身份的特点就在于它包括一种类似于宗教那样的实质性的道德和情感因素，正如卢梭认为的"一个社会情感的团体，没有这一点，任何人不可能是好公民，也不可能是有信念的臣民"①。只有处理好互不相容的不同认同感、不同忠诚之间的冲突，才能让一名伊斯兰教徒在国家、民族、宗教信仰的基础上认同公民身份。这不仅是民族院校需要解决的问题，也是多民族国家需要解决的问题，并成为民族政治发展的重要课题。

（二）公民资格意识

1. 公民资格

公民资格是指取得公民身份的资格条件。在现代政治体系内，它意味着个人与国家之间存在着某种固定的法律关系。与其他成员资格相比较，公民资格最主要的特征是平等原则，在一个民族国家中所有合资格的成员都是平等的。② 随着时代的发展以及公民身份范围的变化，公民资格的内容也在不断扩展，同时，人们对公民资格的理解，在不同的国家或国家发展的不同阶段，侧重点是不同的。在一些条件下强调公民的政治意义，在另一些条件下则更多地转向道德意义。

西方公民意识最初的形态是成员资格意识，它是随着工商业城市的发展而产生的。在古希腊时期，公民资格的内容主要是政治事务中的成员资格，以义务为基础，是政治意义上的概念和身份。到了古罗马帝国时期，公民资格对古罗马人而言意味着司法保护，公民资格演变为一种法律身份，其实质在于获得权利。此后的几个世纪里公民资格成为法律、政治意义上的概念和身份。到了现代，英国在 1942 年贝弗里奇报告和 1948 年工党首相艾德礼宣布建立第一个福利国家的基础上，形成了公民资格理论。在这个背景下，马歇尔（T. H. Marshall）于 1949 年在《公民资格与公民阶级》中首次提出了"公民资格"，他指出，公民资格的本质就是保证人人都能作为完整的和平等的社会成员受到对待，要确保这种成员资格感，

---

① Rousseau, *Social Contract*，转引自［英］德里克·希特《公民身份：世界史、政治学与教育学中的公民理想》，郭台辉、余慧元译，吉林出版集团有限责任公司 2010 年版，第 241 页。

② 蓝维等：《公民教育：理论、历史与实践探索》，人民出版社 2007 年版，第 11 页。

就要把日益增长的公民资格权（citizenship rights）赋予人们。马歇尔将公民资格按照历史的分析划分为三个部分：公民的要素、政治的要素、社会的要素，并在 1949 年的演讲稿中论述为：

> 公民的要素（civil element）由个人自由所必需的权利组成：包括人身自由，言论、思想和信仰自由，拥有财产和订立有效企业的权利以及司法权利（right to justice）。政治的要素（political element），我指的是公民作为政治权力实体的成员或这个实体的选举者，参与行使政治权力的权利。与其相对应的机构是国会和地方议会。社会的要素（social element），我指的是从某种程度的经济福利与安全到充分享有社会遗产并依据社会通行标准享受文明生活的权利等一系列权利。与这一要素紧密相连的机构是教育体制和社会公共服务体系。

马歇尔指出，以权利为核心的公民资格包括公民权利、政治权利和社会权利三种，并认为这些权利大致划分于三个时期——"公民权利归于 18 世纪，政治权利归于 19 世纪，社会权利则归于 20 世纪。当然，这些阶段的划分肯定存在着合理的伸缩性，它们之间存在着明显的重叠，尤其是后两个阶段之间"[①]。公民一旦拥有了后两个与其紧密相关的权利，出于权利发展的持续性和延续性，就必然会持续存在甚至发生重叠。马歇尔的公民资格理论为其后的研究奠定了坚实基础，但近年来却受到越来越多的质疑和抨击，为弥补这一公民资格理论的不足，Habermas（1992）、Galston（1991）等学者强调更多地重视公民品德和公民的积极政治参与来弥补权利的不足，Fraster（1998，2000）、Hardin（1995）等学者则强调文化多元化和群体差异的权利与共同权利的互补。[②]

2. 公民资格意识

公民资格意识是对实践公民身份需要哪些条件，或者说达成公民身份的条件的认识，其核心是权利，它包括公民自身享有的以及参与政治、社会活动的权利。除了权利意识以外，公民资格的实践还应包括参与意识和

---

① ［英］T. H. 马歇尔：《公民身份与社会阶级》，郭忠华、刘训练编，江苏人民出版社 2007 年版，第 9 页。

② 姚笛：《东北大学本科生公民意识状况的实证研究》，东北大学硕士学位论文，2008 年，第 5 页。

责任意识。因此，结合公民资格意识的理论和实践论述，本书认为民族院校大学生公民资格意识主要由权利意识、责任意识和参与意识构成，包含对权利意识、责任意识、参与意识的了解和实践，侧重从行的层面分析。

（1）权利意识

权利首先是一种资格，拥有某种权利，即具备某种资格，"这种资格是具有特定力量的要求（claim）的基础"，它能帮助我们在权利的拥有者和责任的承担者之间建立特定的联系，从而使我们（作为权利的拥有者）能够向国家、社会、集体或其他任何的责任承担者提出权利的要求。因此，"拥有权利就被赋予力量来坚持权利要求，这种要求通常比功利、社会政策以及人的活动的其他道德或者政治基础更加重要"①。作为现代社会的基本政治观念，公民权利是指在一个政治性地组织起来的社会或民族国家中，公民被赋予正当的理由要求社会或国家对他承担责任，即要求得到某种能够保证自己和其他人一样的地位和待遇，能够获得一种自由与合法支配某些社会资源的权利。与此同时，国家要承担起保证公民有充分自由进行他作为一个公民所需要进行的正常活动的责任。可以说，公民权利是个人和社会或国家之间关系的反映，公民身份创造了一个以公民权利为中心的权利关系领域——一个支配与被支配的互动领域，而公民权利则是从权利拥有者出发，指向权利的对象，即被该权利赋予义务或责任的那些人或体系。②

一般说来，权利是在一定社会的经济基础上产生的，公民权利是特定的社会成员按照正义原则和法律享有的利益和自由。公民权利具有对象性、个体性（或私人性）、具体性和有限性的特点。③ 权利意识是指人们对于一切权利的认识、理解和态度，是人们对于实现其权利方式的选择，以及当其权利受到损害时，以何种手段予以补救的一种心理反映，它构成了公民意识和宪法精神的核心。④

---

① ［美］杰克·唐纳利：《普遍人权的理论与实践》，王浦劬译，中国社会科学出版社2001年版，第3页。

② 钱宁：《从人道主义到公民权利——现代社会福利政治道德观念的历史演变》，社会学研究2004年第1期。

③ 辛世俊：《试论公共权力与公民权利》，《公民教育理论与实践——第一届国际学术研讨会论文》，2004年10月，第55—66页。

④ 辛世俊：《公民权利意识研究》，郑州大学出版社2006年版，第102页。

　　马歇尔从英国现代政治发展的情况出发，按照发展的先后顺序，将公民权利分为法律权利、政治权利和社会权利三类，并且将它们与纳税、服兵役以及对国家的其他服务等公民义务相平衡。雅诺斯基在此基础上将公民权利分为四类——法律权利（包括程序权利、表达权利、身体控制权利、财产和服务权利、组织权利），政治权利（包括个人权利、组织权利、归划权利、反对权），社会权利（包括具备能力和预防性权利、机会权利、分配权利、补偿权利）和参与权利（包括劳动力市场干预权利、企业和行政机构权利、资本监控权）。① 我国有研究者认为，权利首先是一种做人的资格，公民的权利大体分为民事权利、社会权利和政治权利三类。② 也有将公民的权利细分为基本权利、政治权利和自由、人身自由、社会经济权利、获得救济的权利、社会生活权利以及公民的平等权利。③ 公民权利意识就是公民对满足其生存和发展的需要而应当享有的权利的认识，是公民资格意识的核心。

　　民族院校大学生公民权利意识的考察主要涉及法律权利（指基本人权）、政治权利（指公民参与政治生活的基本权利）和社会权利（指公民维持其社会生活的基本权利）三个方面，认知和实践两个层面，具体包括对权利的认识和理解、运用和维护。

　　（2）责任意识

　　出于国家治理和全球治理的诉求，当代西方公民资格观呈现出一个共同的品质，即关注"责任"，注重"责任公民"的培养。随着由作为权利的公民资格观到作为责任的公民资格观的演进，培养"责任公民"成了当代西方各国公民教育的共同旨趣。

　　现代汉语中的责任是从古代汉语中的"责"发展而来的。"责"在古代汉语中是一个多义的概念，至少有六种含义：一是求、索取；二是诘斥、非难、谴责；三是要求、督促；四是处罚、处理；五是义务、责任、负责；六是债。④ 责任在《汉语大词典》中有三个基本含义：一是担当起某种特定的职务和职责；二是分内应做的事；三是没有做好分内应做的事

---

① ［美］托马斯·雅诺斯基：《公民与文明社会》，柯雄译，辽宁教育出版社2000年版，第40页。

② 辛世俊：《公民权利意识研究》，郑州大学出版社2006年版，第90页。

③ 百度百科"公民基本权利"词条，http：//baike．baidu．com/view/46498．htm。

④ 王成栋：《政府责任论》，中国政法大学出版社1999年版，第2—3页。

而应当承担的过失。① 有人认为，责任包括三个有机组成部分，即责任主体的分内之事；责任主体没有做好分内之事时应受的谴责和制裁；对责任主体行为的评价。② 责任是特定社会结构对个人的角色期待，是个人所在社会结构如家庭、国家、民族以及工作场所所给予自己的规范和要求。责任概念具有历史性与道德伦理意义，是传统"义务"概念的补充和拓展，不同时代的人们都在认识、体验和践行这一价值，由于每个时代的社会结构的性质不同，因而责任具有不同的社会历史含义。③ 可以说，责任由个人的资格和能力所赋予，并与此相适应地做好分内之事以及承担未做好分内事而造成的相应后果的法律的和道德的要求，主要包括法律责任（侧重承担后果）和道德责任（侧重分内之事）两部分。

公民的责任意识是一种自觉意识，指公民对自己在社会公共生活中承担责任的合理认识与评价，并体现在行为和情感中的个性心理品质，包括两方面的内容，一方面是对自身作为公民应承担的责任是什么的明确认知和判断，另一方面是对自身作为责任主体的必然性和合理性根据的深刻体认。④ 作为一名有责任意识的公民，首先要清楚明了地知道什么是责任，其次要自觉、认真地履行社会职责，此外，还要在参加社会活动过程中把责任转化到行动中去。公民的责任意识强调公民权利与义务的统一，是公民意识的理性化体现，以国家与社会在运行过程中的权力与利益冲突的客观现实为基础，目的在于保证社会的秩序状态。

民族院校大学生公民责任意识主要包括对自我的责任、对家庭的责任、对社会的责任等内容，具体从对责任的认知和履行两方面来考察。

（3）参与意识

参与意识是公民意识的重要组成部分，是人们关于参与的知识、态度、评价和心理等的总称。大学生的参与意识是指大学生参与集体、国家

---

① 中国社会科学院语言研究所词典编辑室编：《现代汉语词典》，商务印书馆 1992 年版，第 91 页。

② 孙君恒、许玲：《责任的伦理意蕴》，《哲学动态》2004 年第 9 期。

③ 郑富兴：《责任与对话——学校道德教育的现代性思考》，中国社会科学出版社 2011 年版，第 179—182 页。

④ 秦文臻：《当前我国公民责任意识研究》，西南交通大学硕士学位论文，2010 年，第 13 页。

以及社会各项活动的知识、态度、评价和心理等的总称。① 民族院校大学生参与意识主要是在政治活动、社会活动、学校教育教学活动等过程中实现的。在这一过程中，大学生通过教育和实践活动获得参与知识，它是参与意识形成的基础，对所参与的活动有自己的意愿和看法，并形成有关参与的心理反映。民族院校大学生的参与意识主要通过对参与政治活动、其他社会事务、学校活动的认识和积极程度得以体现。

民族院校大学生是社会主义民主政治建设的积极参与者和推动者，应该对社会主义现代化建设有高度的责任感和强烈的政治参与意识，了解人民代表大会制度、立法听证、基层民主自治、民族区域自治制度等，关心国家大事和党的方针政策，积极投身于现代化建设和国家建设。大学生不仅要了解政治参与的知识，积极参与，并在参与过程中依法行使权利，履行义务。作为社会的一分子，对其他社会事务的关心和参与不仅有助于拓展参与的范围，也有助于增加大学生的社会责任感。除此以外，学校是大学生活动的主要场域，积极参与学校、学院、班级、社团组织的各类活动，在参与过程中提升公民的人文素养。

参与意识是合格公民的必备素质，培养大学生的参与意识是提高大学生参与素养，使其成长为合格公民的需要。大学生参与意识的状况影响其选择参与行为的内容和方式，制约其参与能力的发展，大学生全面发展的过程也是通过培养参与意识，提高参与能力，从而得以实现。

现代社会，一个好公民不是任人宰割的顺民，而是敢于挺起腰杆向那些漠视你的合法权利者说"不"的人。② 杜威认为："良好公民的训练并不意味着个人的活动屈服于阶级的权威，而是使一个人成为比较满意的合作伙伴，具有明智的判断力及采取各种措施的能力，如制定法律和服从法律时起决定作用的能力。"③ 这表明，好公民是一个有主体性的、自由的人，是一个有权利诉求的人，是一个有责任心且能积极参与公共事务的人。民主的学校教育要为学生营造一个开放的、能够直抒己见的、能够避免偏见的学习环境，以实现培养良好公民的目的。

---

① 王振国、李亚楠：《大学生参与意识的培养途径探析》，《周口师范学院学报》2011 年第 5 期。

② 肖川：《教育的理想与信念》，岳麓书社 2002 年版，第 250 页。

③ 朱晓宏：《公民教育》，教育科学出版社 2003 年版，第 11 页。

第四章　民族院校培养公民意识的
人文教育现状考察

　　民族院校人文教育是在民族语言、国家历史、社会文化的传播过程中宣扬合格公民应具备的价值观念，促进大学生公民意识养成的过程。回顾新中国成立以来民族院校人文教育的发展，我们需要承认，民族院校在培养公民意识方面虽然有所建树，但成果相对并不丰富，这就需要我们进一步对现代民族院校大学生的公民意识如何生成、从何展现等问题进行分析。本书将在理论讨论的基础上，结合公民意识培养，对民族院校富含民族底蕴、专业精神、通识意蕴的人文教育及其大学生公民意识的现状进行调查，并试图呈现当前民族院校人文教育在培养公民意识方面的经验及存在的不足。本次调查主要以问卷和访谈的形式在西北地区 5 所民族院校中展开，之所以选择西北地区是因为该地区具有浓郁的地域和民族特色，也是我国民族院校比较集中的地区。对西北地区民族院校人文教育及其大学生公民意识现状进行的调查，一方面，遵循从特殊到一般的规律，通过对特殊区域民族院校人文教育及其大学生公民意识现状的调查，了解民族院校通过人文教育培养大学生公民意识的现状及问题；另一方面遵循方便原则，作为一名长期生活在西北地区且在民族院校工作的少数民族教育研究者，不仅熟悉西北地区高等教育的特点，也熟悉民族院校及少数民族大学生的特点，容易获得真实的资料。

第一节　民族院校人文教育对大学生公民意识
的培养：做法与经验

　　民族院校人文教育的目标是传授人文知识，提高少数民族大学生的人文素养，培养少数民族大学生的人文精神，使他们正确认识自身，正确认识社会现象和社会发展规律，从而能正确处理个体与社会、他人之间的关系，使身心得到健康发展，更好地适应社会生活，促进少数民族大学生全面和谐发展，为少数民族和民族地区乃至社会主义现代化建设培养有人文精神与科学素养的高素质人才。因此，本书认为民族院校人文教育是富含民族底蕴、专业精神、通识意蕴的人文教育，是培养大学生以公民意识为内核的人文素养的教育，它反映在"为少数民族和民族地区服务"的办学宗旨中，反映在诸如"为少数民族和民族地区培养具备扎实的基本理论、基本知识、基本技能，掌握民族理论和民族政策，具有较强实践能力和创新精神，各民族'共同团结奋斗，共同繁荣发展'的践行者，经济社会发展的建设者，民族优秀文化的弘扬者，边疆稳定、国家统一的捍卫者"[①]的培养目标中，具体体现在民族院校的专业设置、课程教学、科学研究、校园文化等诸多方面。如下就西北地区 5 所民族院校人文教育在大学生公民意识培养实践中的做法与经验做一呈现。

一　在有民族底蕴的人文教育中培养公民意识

公民作为文化民族是族群的一员，代表着国家内部不同族群之间的关系。[②]民族院校是不同民族大学生沟通、交流与发展的场所，不同民族大学生间的团结是以对彼此民族文化的了解为基础的。西北地区是少数民族聚居的地区，有着浓郁的伊斯兰文化以及藏传佛教文化氛围，建立在当地的民族院校招收来自全国各地以少数民族为主的各民族大学生，围绕"民族"挖掘特色与优势，开设民族类专业与课程、开展民族类研究、创设多元文化校园环境，打好"民族"牌，努力完成所承担的传承中华民族文化和各民族文化的任务，这是民族院校人文教育职责所在。而引导大学生在民族宗教意识的基础上形成国家意识，在多重身份认同的基础上形成公民身份意识又是民族院校人文教育的主要内涵。如下主要从专业设置、课程教学、科学研究、校园环境等方面分析西北地区民族院校在办学过程中如何体现其有民族底蕴的人文教育。

---

① 北方民族大学在 2007 年本科教学工作水平评估报告中提出的人才培养目标定位。
② 范微微、赵明玉、饶从满：《多元文化社会中的国家建构与公民教育》，《教育学报》2012 年第 5 期。

（一）办好民族类专业，培养正确的文化价值观、民族观、宗教观，培养民族院校大学生的公民意识

民族院校高度重视民族类学科，打造学科品牌，在全盘考虑学校的办学定位、高等教育的布局、少数民族地区社会经济发展需要、生源动向和就业趋势等基础上进行专业建设，注重专业的内涵建设和外延发展，促进办学规模、结构、质量和效益协调发展。如西北民族大学在民族类专业建设过程中，以重点学科、重点实验室、学位点等为依托，建设了中国少数民族（藏、蒙古）语言文学、历史学、计算机科学与技术、音乐表演、舞蹈学、艺术设计等优势与特色专业，逐渐形成自身的优势与特色（见表4-1）。

表4-1　西北民族大学本科专业依托重点学科和优势、特色学科一览

专业名称	授予学位	依托学科
汉语言文学、汉语言广播电视新闻学、广告学	文学	★▲中国少数民族语言文学▲文艺学▲比较文学与世界文学▲语言学与应用语言学●新闻传播学
中国少数民族（藏、蒙古）语言文学		★▲中国少数民族语言文学▲语言学与应用语言学▲比较文学与世界文学◆藏文信息技术实验室
英语		▲课程与教学论（英语）
音乐表演		▲音乐学▲中国少数民族艺术
绘画、艺术设计		▲美术学▲中国少数民族艺术
历史学	历史学	▲专门史▲中国少数民族史★▲历史文献学
社会学	法学	▲社会学★▲民俗学★◆宗教学
法学		▲宪法学与行政法学▲环境与资源保护法学
国际经济与贸易	经济学	★▲中国少数民族经济
工商管理、会计学、旅游管理	管理学	●企业管理学
体育教育	教育学	▲民族传统体育学
应用心理学	理学/教育学	▲课程与教学论
数学与应用数学信息与计算科学	理学	▲应用数学▲课程与教学论（数学）
物理学		▲电子材料实验室
食品科学与工程、生物工程	工学	▲生物工程与技术重点实验室
计算机科学与技术		★▲计算机应用技术▲计算机软件与理论◆藏文信息技术实验室
电气工程及自动化		★▲计算机应用技术▲计算机软件与理论
环境工程、化学工程与工艺		●应用化学

续表

专业名称	授予学位	依托学科
动物医学、动物科学	农学	▲动物营养与饲料科学▲预防兽医学▲临床兽医学
临床医学	医学	●病理学及病理生理学◆口腔医学重点实验室

注：1. ★为省部级重点学科▲为学位点◆为省部级重点实验室●学校重点扶持学科；

　　2. 此表来自《西北民族大学本科教学工作水平评估自评报告》，2007年，第28页。

在专业教育方面，西北地区民族院校依托中国少数民族语言文学、中国少数民族艺术、中国少数民族经济、民俗学、宗教学、民族传统体育学等学科，以少数民族文化为内核，吸收中华民族文化以及国外文化精华，不仅传承了少数民族优秀文化，形成了民族院校的优势与特色，也有助于大学生正确形成正确的文化价值观、民族观、宗教观，有助于公民意识的培养。在访谈中，有一位大三藏族女生谈到自己所学专业的时候，一改之前的局促和紧张，开心地说："我是藏族，藏语言文学专业的，藏语是我的民族语言，学起来很容易，这三年的学习使我对藏族语言文学有了比较全面的了解，而且学这个专业能为藏族发展贡献自己的力量，我觉得很骄傲。周围有些少数民族同学很羡慕我们，他们有的会说自己民族的语言但不会写，有的不会说也不会写，学校没有他们民族语言的专业，他们觉得很可惜。当然，也有些少数民族同学觉得无所谓，他们说自己都汉化了，把汉语和英语学好，以后考研或找工作的时候都有用。"我们从她的表情和话语中感受到，民族院校少数民族大学生非常热爱本民族语言文化，通过学习民族类专业产生了一种强烈的民族自豪感，这种积极的民族意识有助于公民意识的形成。与此同时，她的话语中也反映出当前有些少数民族的语言文字发展不容乐观，语言文字是民族文化的符号，少数民族大学生在本民族语言文字传承和发展过程中出现的断层现象，影响着他们对待本民族语言文化的态度，弱化了他们的民族意识，滋生了学习过程中的功利态度和实用心理。当大学生以是否有用去衡量专业的价值时，在学习过程中关注的是知识与能力，而忽略了情感与精神的培育，忽略了领悟其内心的柔软与丰富。

西北地区民族院校民族类本科专业以语言文学类为主，生源主要是少数民族大学生，他们熟悉民族语言，热爱民族文化，通过民族类专业的学习，在获得知识的同时文化价值观也发生了变化，能够尊重并欣赏不同民族文化，增强了民族自信心和自豪感，但也存在排外情绪，正如访谈中承担中国少数民族（维吾尔）语言文学专业教学任务的一位教师坦言："班里学生很团结，他们与学校其他学院、班级的维吾尔族同学之间也很团结，但与维吾尔族之外的其他民族同学相处过程中普遍有一定的距离感。"如果不加以引导，部分少数民族大学生可能形成民族文化优越感乃至狭隘的民族主义观念，不能正确处理民族、宗教与国家间的关系。

（二）开展民族类课程教学与研究，传承民族文化，培育民族情怀

教育的重要的功能之一是培养民族的凝聚力和人们的集体意识①，高等教育则通过专业，亦即通过课程来实现这一功能，"我们可以说专业决定了课程，同时，也可以说课程构成了专业，专业是由课程来体现的。……总之，社会发展与科学进步对高等教育的作用是经过专业发生的，然而，在这一作用的过程中，课程发挥基本的功能。或者说，大学归根结底是通过课程来呼应科学技术的发展与社会经济、政治、文化进步和变革的。……课程作为大学的一个最基本的要素，事实上全方位地反映着大学的各种思想"②，民族院校也不例外，也是通过课程来体现专业特色与优势，并进一步体现学校的办学理念，如西北地区民族院校普遍开设民族理论与民族政策、蒙古语、藏语、维吾尔语、民族民间音乐、民族民间舞蹈、民俗学概论、中国民族文化概论等课程，为理工科专业设置双语教学课程，这些课程不仅是为了传递知识，更重要的是传承民族文化，"文化的目标并非要实现世间上的福泽，而是要实现自由和实现真正的自律；此一所谓自由和自律，并不是指人类施于自然之上的技术性驾驭，而是指人类施于其自身的道德驾驭"③。也就是说，民族院校设置民族类专业，开展民族类课程教学，其目标在于挖掘少数民族文化背后的精神底蕴，使学生感受到真善美，增强对本民族和国家的热爱。

北方民族大学未设置中国少数民族语言文学专业，但为了提高学校为民族地区服务的能力，使学生了解各民族历史、文化，不断增强"四个认同"，树立和强化"三个离不开"思想，增强就业优势、提升就业能力，根据民族地区发展需要和国家在民族教育中"大力推进双语教学"

---

① 滕星、张俊豪：《试论民族学校的民族认同与国家认同》，《中南民族学院学报》（哲学社会科学版）1997 年第 4 期。

② 张楚廷：《大学与课程》，《高等教育研究》2003 年第 2 期。

③ ［德］恩斯特·卡西尔：《人文科学的逻辑》，关子尹译，上海译文出版社 2004 年版，第165 页。

的要求，学校自 2010 至 2011 学年春季学期起面向全校非母语学生开设蒙古语、藏语、维吾尔语 3 门少数民族语言选修课程，选修学生分布在各学院各年级，有来自甘肃、青海等西北地区的学生，有来自湖南、江苏等中部地区的学生，也有来自云南、贵州、辽宁等西南地区和东北地区的学生。这一举措的政治意义在于，双语人才更容易做好民族工作，对国家安全、民族团结、社会稳定具有十分重要的意义；从学校角度来看，为民族地区经济社会发展培养急需的双语人才，充分发挥了学校的办学功能；从学生角度来说，通过开设少数民族语言课程，为学生提供了学习民族语言、了解民族文化的平台，增加了他们到民族地区工作的就业优势，这说明，双语教学是一项产生了共赢效果的措施，也是民族院校人文教育的重要手段。

　　选学藏语后，越来越喜欢这门语言，除了上课时间外，我还在课下坚持学习和练习，以后会继续坚持学习下去，毕业后还要到拉萨去当志愿者。(2011 级广告专业的湖南籍汉族学生肖珍在接受《中国民族》杂志专访中的发言)

　　民族语言是民族地区的特色，是自己民族的象征，也能加强对自己民族的了解。如果一个民族不了解自己的民族，怎么会去了解其他民族？我们那边现在实行双语教学，家长回去会给孩子教维语，但是不排斥孩子学汉语写汉字，毕竟以后（对）就业（是）有帮助的。学校为我们开设了维语选修课，我准备选这门课，它是我的民族语言，能增强我的民族自豪感，而且我会学得很快，不过听老乡说想选的人很多，不知道能不能选上。（对一名大一维吾尔族女生的访谈）

民族类课程能够增强少数民族大学生的民族自豪感，引导他们正确对待本民族和其他民族文化，同时也为汉族大学生提供了了解少数民族文化的途径，促进了各民族大学生间的沟通与交流，有助于培养既有少数民族情怀又有民族国家意识，且能关怀人类发展的当代民族院校大学生。此外，西北地区民族院校依托自身优势开展民族教育教学和科学研究，传承和发展民族文化的同时培育民族精神。如西北民族大学在民族学与社会学研究方面已形成本硕博的办学层次；北方民族大学充分利用地区民族文化资源，在岩画学、西夏学、回族学等方面取得了丰硕的研究成果；青海民族大学拥有民族研究所、青海省旅游文化研究所、青海省格萨尔史诗研究所、青海省青藏高原生态环境研究所、青海省语言与民俗研究所、青海省非物质文化遗产保护中心等8个省级科研机构和藏学研究中心等15个校级科研机构，先后承担19项国家社科基金项目、数十项省部级科研项目，出版专著近百部，在民族学研究领域取得了令人瞩目的成绩，尤其在藏族、土族研究方面形成了很强的优势和特色。这些研究中包含着特定社会共同体的态度、观念、认知和信仰系统等内容，在特定的精神环境中通过文化观念和潜在的精神力量产生价值和导向，影响着环境中人的成长和教育。

（三）营造有民族特色的校园文化环境，培育公民文化氛围

校园文化环境具有重要的育人功能，有许多学者把校园文化环境列入隐性课程的范围，这种课程所折射出的大学精神"是难以言说的，但又是具体可触的。它能将具有不同思想、文化、专业背景的知识分子凝聚在同一个目标下，在大学遭遇艰难曲折时升华为一种顽强的亲和力和奋斗力。在这样的大学受过教育的人，会长久地怀念它"①。西北地区民族院校的校园文化环境体现着浓郁的民族特色，如独具民族特色的校门（见图4-1）、古色古香的建筑、彰显民族团结的雕塑、有少数民族特色的馆藏文献阅览室（见图4-2）、少数民族大学生的民族服饰等校园物质文化，校风、学风、班风等精神文化，以少数民族学生为主在长期办学中形成的传统、仪式和规章制度等，无不折射出民族院校的民族特色及蕴含的民族精神，充分反映了民族院校服务于少数民族和民族地区的办学定位，对大学生起着潜移默化的熏陶作用，并逐渐内化为他们的思想认识及行为品质，在帮助学生树立正确的民族观、国家观、价值观的同时，也培养了他们的公民责任感。

民族院校的特点就是少数民族学生比较多，学校建筑有民族特点，为信仰伊斯兰教的同学建有清真食堂，在教学区建了一个雕塑——少数民族和汉族手拉手奔向美好未来，传递给我们民族团结的信息，就像思想政治课的老师讲的"三个离不开"，遇到少数民族节

---

① 徐葆耕：《大学精神与清华精神》，转引自刘琅、桂苓《大学的精神》，中国友谊出版公司2004年版，第190页。

图4-1　西北民族大学校门

图4-2　甘肃民族师范学院图书馆藏经阁

日的时候，学校会搞庆祝活动。（对一名大三回族女生的访谈）

　　为了进一步加强民族沟通融合，提高学生的公民意识，西北地区民族院校还通过开设民族理论课、观看或参加节目、与其他民族同学交流等途径，为大学生营造了浓郁的民族文化氛围，并提供了了解本民族和其他民族的平台。但受各种因素的影响，部分学生对民族文化的了解仅限于习俗等知识层面，对民族文化所蕴含的精神实质领会不多，而一个民族的成员只有在充分了解的基础上才会产生对民族深厚的热爱之情。在调查中，很多来自城镇的少数民族学生受社会及家庭影响，对自己民族的语言、文字、风俗习惯等所知甚少，觉得自己和汉族差不多，已经"汉化"了。

对于这种情况，访谈中一位大四的彝族大学生觉得关键在于学生，他说：
"汉化主要是服饰等方面，但民族的烙印还是有的，最重要的是少数民族
学生自己对民族文化的态度。我大一进校后就去了解其他民族，与其他民
族的同学交谈，了解他们的风俗习惯等。西北地区伊斯兰文化比较浓重，
我对伊斯兰文化有了一些了解。作为彝族大学生，我会关注彝族文化，通
过国家民委网站和有彝族学院的民族院校网站了解彝族文化，曾经想过在
学校成立彝族协会，搭建一个平台去了解和传承少数民族文化，但没有
实现。"

二　在有专业精神的人文教育中培养公民意识

公民意识的形成以知识、技能为基础，在以专业为知识组织形式的民
族院校，专业知识、技能和精神的培养为学生公民意识的培养以及通识教
育的开展奠定了坚实的基础。专业是民族院校人才培养的载体，是推进民
族院校教育教学改革、提高教育教学质量的立足点，其建设水平和绩效决
定着民族院校的人才培养质量和特色。因此，民族院校有专业精神的人文
教育体现了促进各民族大学生全面发展的培养目标，有助于大学生公民意
识的培养，这一诉求在西北地区各民族院校的培养方案、课程设置等方面
均有所体现。

（一）改革人才培养方案，在专业中渗透全面发展理念

培养方案要为专业人才的培养服务，通过培养方案的实施促进专业人
才培养目标的实现。西北地区民族院校在明确专业方向的基础上，准确定
位专业方向，抓住专业训练的核心知识，以增强学生的适应性，构筑学生
扎实的专业知识基础，提升学生的能力结构，培育其专业精神，致力于开
展"始于知识，止于境界"的专业教育，提升大学生的人文素养，实现
全面发展。

1. 夯实专业知识，提升专业能力

长期以来，西北地区民族院校在本科生专业培养方案中，特别强调大
学生应具备的专业知识与能力及其发展所具备的人文素养。如北方民族大
学在培养方案中倡导文理渗透、理工结合、学科交叉，加大公选课比例，
将部分专业任选课作为公共选修课面向全校学生开设；规定文科、理工科
学生必须交叉互选 4 个学分的课程，同时选修 2 个学分的艺术类课程。在
教学实践中，积极推进学分制，构建了以"公选课、辅修专业"为外缘

的知识能力拓展体系，如提出以"大学英语、计算机、信息素养"为三角提升大学生能力（见图 4 – 3），一是实施大学英语分层次教学模式，2003 年根据教育部提出的大学英语教学目标要求，结合学生实际，对学生提出了较高要求、一般要求、基本要求三个层次，采用分层次教学、目标管理和校内分级测试的办法，对学生按照入学成绩分为高、中、低三个层次组织教学；2004 年全面推行基于网络的英语教学，开涌了"新理念人学英语""计算机辅助英语"和"新视野大学英语"三个网上教辅资源，在课上采用"2 + 2 + X"教学模式，课下采用学生网上自主学习模式。二是普及计算机教学，在基础教学部成立了专门负责全校公共计算机基础教学的计算机基础教学部，开设计算机应用类课程，如汉语言文学专业开设《计算机应用》等课程；理工类专业除开设《计算机基础》课程外，还开设相关的计算机应用课程；经济类、管理类专业开设《经济管理软件操作》《数据库及其应用》等课程；艺术类专业开设《现代教育技术》等课程；公共事业管理专业开设《办公自动化》等课程。三是提高学生的信息素养，注重培养学生获取信息、分析使用信息的能力，在校园网内使用计算机查询图书馆书目数据库和各类馆藏数字文献资源；改革《文献检索》课程的教学，增加了计算机、电子文献、网络文献的使用等教学内容，在课程论文（设计、创作）、毕业论文（设计）等实践教学中，着眼于文献的获取、分析与使用能力的培养。此外，为学有余力的学生开设辅修专业，调动了其学习的积极性和主动性，拓宽了其知识面，促进了其个性发展。

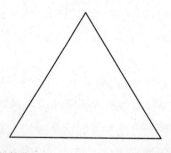

图 4 – 3　北方民族大学以"大学英语、计算机、
信息素养"为三角的能力提升体系

知识与能力是人文素养的基础，在学生应该具备的知识结构与能力结构方面，西北民族大学从培养学生发展所具备的人文素养出发，培养方案按大类构筑基础平台，注重基础知识教育，对学生提出的要求是：

在知识结构方面，要求学生了解大学生教育预备知识，即有关大学的知识，了解学科及专业学习、专业训练的基本目标、内容、方法和要求；了解现代教育、科技、经济与文化的发展及对大学生的要求等预备性知识；掌握民族理论与民族政策知识；具备现代高级专门人才所必需的基础理论知识结构，包括：人文、社会课程基础知识，计算机、外语、自然科学基础知识；专业技术基础理论知识，专业知识及其一定的相关和拓宽知识；择职与就业知识；了解民族地区的实际，掌握相关民族历史、文化知识。

在能力结构方面，要求学生具备较强的获取与运用新知识的能力，具有运用科学的思维方法发现、认识、分析和解决实际问题的能力；初步掌握专业的基本思想、基本方法和基本技能；具有科研实践能力和开拓创新能力；有一定的组织、协调、管理能力；有合作交往能力；具备较强的文字、语言表达能力；具备外语与计算机应用能力；形成良好的学习习惯，具有终生学习的愿望和能力；具备基本的实践能力和创新意识、创新能力；适应民族地区生活和工作的能力；具有学习并利用各民族优秀传统文化、团结各民族共同进行现代化建设的能力。

可以看到，民族院校重视大学生专业知识的学习与专业能力的培养，结合少数民族大学生的发展、民族地区的需要以及专业特点设计培养方案，不仅突出对本专业知识的学习和能力的培养，还注重民族理论与政策知识及相关基础知识的学习；不仅应具备运用所学专业知识的能力，还要有作为一个现代大学生所必备的其他能力以及民族院校大学生所具备的民族素养，以实现"为少数民族和民族地区培养高素质人才"的目标。

2. 改革人才培养模式，拓宽专业视域

自 20 世纪 50 年代至今，尤其是改革开放以来，民族院校顺应时代发展要求，抓住机遇，大力发展专业教育，为少数民族和民族地区培养了一大批具备一定专业知识和技能的人才，为各行各业输送各种专门人才，推动了少数民族和民族地区经济社会发展。但由于没有科学理顺政治、经济等因素与教育之间盘根错节的交叉关系，专业教育仍然停留在原有的轨道上发展，这导致 80 年代中期以来，高等教育培养的专业人才在数量上不断地增长，质量却没有得到应有的提高，[①] 带来了诸如专业人才积累的知识和技能具有"隔行如隔山"的特点，并且在知识、技能的相关学科方面都出现"老死不相往来"的状态。高等教育对专业化的过分追逐还下移到中小学教育之中，直接影响了中小学教育的培养模式，进一步恶化了中学"偏科""重理轻文"等现象。

针对上述情况，近年来，西北地区民族院校尝试拓宽专业口径，搭建学科平台，让专业人才有更广的知识面，将民族和通识的意蕴渗透到专业之中，丰富专业内涵，拓宽专业视域，提高学生素养。如青海民族大学2010 年实行大类招生宽口径分流培养模式，探索"专业 + 方向"的培养方式。为夯实学生专业基础，培养通识型人才，提高毕业生的就业率和就业质量，将一些专业（方向）合并归类进行招生，对大类招生录取的学生实行宽口径分流培养，即大学一、二年级不分专业，按学科大类统一学习规定的基础平台课程，取得学分后依据个人兴趣、特长、志愿选择专业方向，在大三第一学期分流到相应的专业继续学习。这种大类招生宽口径分流培养模式转变了在专业教育基础上开展通识教育的传统做法，为学生提供了更宽的选择面，对考生而言，能够根据自身的个性特长选择专业，避免专业选择时的盲目性和从众心理，也使其竞争意识得到增强；对入校的大学生而言，在大学前两年大类学习中有更充分的时间和精力去了解各专业内涵，合理地选择自己的专业发展方向，有效拓展和夯实专业基础，增强适应能力。这种宽口径的做法意在开展"始于知识，止于境界"的专业教育，避免陷入专业教育模式而带来专业口径狭窄、知识结构单一等问题。以专业为核心但不仅限于专业学习，方能提高大学生的专业素养，培育其专业精神。

（二）课程设置和教学中彰显专业精神

1. 搭建课程平台，提升专业素养

民族院校的课程通常分为基础类、专业类、实践类这三类，通过选修

---

① 李俊英、陈化育：《通识教育与民族院校教育质量的提高》，《西北第二民族学院学报》（哲学社会科学版）2005 年第 4 期。

与必修两种方式为学生专业发展规划留出空间，课程体系体现了专业培养
与素质培养、专业知识能力培养与专业精神培养相结合的理念。如北方民
族大学搭建了面向大学一、二年级学生的学科平台课程体系，在此基础上
实现理论教学与实践教学的有机结合，促使学生进行科学研究，注重知
识、能力和素质的协调发展，以培养学生的能力，尤其以自动获取知识、
信息的能力和创新能力为重点，使学生在思想素质、文化素质、业务素
质、心理与身体素质、审美和劳动素质等方面得到协调发展，培养富有创
新精神、一专多能的复合型专业人才。访谈中教师认为课程平台的搭建有
助于学生的专业发展，拓宽了他们的专业知识，提高了专业能力，形成了
专业素养。一位承担《大学物理》课程教学的教师说："课程平台的搭建
拓宽了学生的专业面，尤其是大学前两年对相关学科知识的积累为专业知
识学习与能力的培养奠定了基础。值得一提的是，近年来学校加大了实践
教学环节力度，对理工科专业实验课单独设课，实验课不仅是学生运用知
识、提升能力的过程，也促使他们形成良好的习惯和品质。"这表明，教
师在课程教学中重视大学生基础知识和能力的培养，而学科知识的积累为
教师开展专业教学和学生进行专业学习奠定了基础，体现了课程平台的优
势。此外，课程教学中的实践环节在大学生专业习惯和品质形成过程中发
挥着重要作用，是大学生专业素养形成的有效途径。

　　以专业为核心进行课程体系构建，要把专业培养与素质培养结合起
来，把传授知识与培养能力结合起来，大力培养和提高学生的学习能力、
实践能力、交流能力、社会适应能力和创新精神。基于此，北方民族大学
在人才培养上，首先，按专业特点划分为非艺术类文科、理科、工科、艺
术4个类别，在大类下根据不同专业性质进行分类指导，提出不同的培养
要求，预设了毕业生应该具备何种知识和技能；其次，从学生的学习兴趣
出发，在公共计算机基础、大学体育课中实施分类分项教学；再次，对大
学英语、高等数学、大学物理等近10门课程实行分级教学；最后，尊重
学生个体差异，对部分专业基础课实行分级教学，使不同民族、不同程
度、不同类型的学生都能成长成才。专业课程设置集中体现在学科平台课
程与专业平台课程中。学科平台课程修读学分约占总学分的20%（其中
本专业必修板块学分约占80%，其他选修板块约占20%）；专业平台课程
修读学分约占总学分的45%（其中专业必修课板块学分约占60%，专业
选修课板块学分约占40%，专业必修课、专业限定选修课、专业任意选

修课的比例约为 6：3：1；专业任意选修课程名称不在教学计划中列出，只提修读学分的要求即可）。

2. 调整课程结构，提升专业精神

从西北地区民族院校"平台＋模块"的课程结构来看，学科、专业平台的学分占专业总学分的比重较大，学生通过学科、专业平台教育，掌握学科基础理论知识，专业基本理论与基本技能，具有分析问题和解决问题的能力，掌握科学方法，富有创新精神，形成完善的知识结构。如北方民族大学以人文、社会学科为主，理学、工学、管理学多学科协调发展，形成基础学科稳步发展、特色学科快速发展、应用学科重点发展且结构合理的学科体系。培养方案采用"平台＋模块"的结构体系，打通和优化专业课程，以专业课平台为核心，通过学时和学分（文科修读学分约占总学分的 30％，理工科修读学分约占总学分的 25％）的保障加强了专业的深度；以学科基础课平台（修读学分约占总学分的 18％）为拓展，探索大类教育，融通专业与通识之隔膜，延伸了"专业"的广度（见表4－2）。

表 4－2　　　　　　　　　北方民族大学专业课程结构一览

课程结构		非艺术类文科专业		理科类专业		工科类专业		艺术类专业	
	专业	学分数	学分比例（％）	学分数	学分比例（％）	学分数	学分比例（％）	学分数	学分比例（％）
学科基础课平台（模块）		30	18.7	30	18.2	30	17.6	30	16.7
专业课平台	必修课模块	21.5	13.4	19.5	11.8	17.5	10.3	31.5	17.5
	选修课模块	29	18.1	23	13.9	26	15.3	29	16.1
备注		1. 学科基础课和专业必修课两个模块可有 10 学分左右的互调 2. 专业选修课模块分限选和任选两部分，设置限选课学分不少于应修学分的 15％；任选课学分不少于 10％								

注：此表根据北方民族大学 2008 年版本科人才培养方案绘制。

民族院校对于课程模块的延展性充分反映了为融通专业与通识所做的尝试和探索。如甘肃民族师范学院在专业课程结构下按照"基础→发展→方向"设置三个课程模块，基础课程模块主要设置学科专业已经比较稳定、成熟的课程；发展课程模块主要根据社会发展及学生学习特点，拓展学生知识，向深度、广度发展设置课程；方向课程模块主要从学生未来从业的要求和个人兴趣、特长设置课程，形成了"基础→发展→提高"

的三维课程目标，实现了学校"有利于学生学习，有利于学生工作，有利于学生发展"的人才培养理念。① 模块化课程体系的构建，既不因课程的灵活性与变化性而动摇基础，也不因强调基础的稳定而限制灵活性与变化性，在搭建刚性必修课程平台的同时为学生设置多门选修课程，夯实了学生的基础知识和基本技能，保证了教学内容的适应性，培养了学生的社会适应能力。

狭窄的专业知识不利于人才的培养，宽维度的知识结构有利于学生的全面发展尤其是创造性人才的养成，且跨学科、跨专业、学科交叉、多学科内容综合已然成为趋势，学科基础课平台、通识教育平台及相关模块的课程结构，都是为了拓宽学生的专业口径，培养集专业和通识于一身的大学生，因此，在宽口径原则的指导下，势必要打破原有学科专业壁垒森严的局面。但在目前的实践中，各民族院校虽然已基本实现了由专业到学科的延伸，但要真正实现学科交叉还比较困难。如一位统计学专业的大三学生说："我们数学类专业间还是相通的。除了数学知识方面的学习，每个学生都有机会参加数学建模，在专业学习和数学建模过程中，增强了专业知识，技能也得到了锻炼。但是文理科之间还是有很大差别，比如（当）学艺术的同学看到我们写的公式或符号时就会问'你们学这些有什么用啊？'学科之间差别还是很大的。"这说明民族院校目前在学科内各专业间的融通取得了一定成效，但文理学科间差别较大，学科交叉很难实现。

民族院校重视大学生专业知识的传授、专业能力的培养以及专业精神的塑造，在培养方案中强调夯实专业基础，拓宽专业口径，打破专业壁垒森严的局面，融通专业与通识，培养全面发展的人。但在教学实践过程中，各民族院校对专业教育应与通识教育交融，使二者共同指向人的全面发展的认识并不深刻，在急于求成的心态下，它们更多地强调要快速实现由专业到通识的转变，致使学生专业不精通，通识不达标。如访谈中有教师说："培养方案提倡通识教育，但在实施过程中强调'两课'等基础课程，这类课程是必修的，学生可以自由选择的选修课比重小，课程由开课教师申请审批后设置，没有形成课程体系，单打独斗的局面难以实现通识目标。而弱化专业、压缩专业课教学时数的主张导致学生专业基础不扎

---

① 王莛、张俊宗：《民族高等师范院校多样化人才培养模式探索》，《新疆职业大学学报》2011 年第 1 期。

实，很多专业知识由于时间有限就一压再压，老师赶进度，学生忙考试。结果是专业基础不牢，通识目标也没达到。"这暴露出民族院校培养方案在实施过程中面临诸多问题，实现通识教育目标需要建立完善的课程体系，逐步推进。

三　在有通识意蕴的人文教育中培养公民意识

民族院校人文教育以各民族大学生的全面发展为目标，这就必然要从学生的实际出发，因材施教，在民族底蕴基础上将专业与通识结合起来，为少数民族和民族地区培养各类高素质人才。就民族院校目前实际来看，通识教育是在专业教育基础上开展的，这种做法产生了指向内涵多元文化、内在于"专业教育"本身的"通识教育"，而非置身于"专业教育"之外、在形式上单独设课的"通识教育"。在此基础上，民族院校尝试通过"宽口径""大意蕴"的人文教育模式来实现人才培养目标。

（一）通过开设通识类课程，提高大学生的人文素养

通识类课程为大学生提供了多种选择，充分体现了以人为本的教育思想，如香港通识课的目的是让学生有机会加深对社会、国家、世界和环境的触觉，培养正面的价值观（Awareness）；扩展学生的知识基础与看事物的角度（Broadening）；联系不同学科的知识和提升批判性思考能力（Connection skills & Critical thinking）。[①] 西北地区民族院校设置通识类课程也坚持以人为本的教育理念，在人才培养方案和课程体系中也有所体现。如西北民族大学在修订培养方案时，以"专业基础扎实、综合素质优良、具有实践能力和创新意识的德、智、体、美全面发展的各类专门人才"为培养目标，以"知识、能力、素质协调发展，优化课程体系和教学内容，通识教育和专业教育相结合，拓宽和加强实践教学，突出创新意识和能力培养，坚持以人为本的教育理念，体现个性化教育"为基本原则进行全面修订。在培养方案中，按照"平台＋板块＋模块"的结构形式设置课内课程体系（见图4－4），课程体系按照必修课学分约占70%、选修课学分约占30%的标准设置，其中，必修课、限定选修课、任意选修课的比例为7：2：1。课外指导课程体系包括专业概论、思想道德修养、形势与政策、国防教育和军事训练、学术报告、素质教育讲座、心理健康

---

① 《香港通识课是什么》，http://zhidao.baidu.com/question/113324364.html。

教育、就业指导、文献检索等课程，是对学生进行思想品德素质教育、文化素质教育、身心素质教育、人生观教育、马克思主义民族观和宗教观教育、形势与政策教育及培养良好学分、教风、校风的重要手段，是提高学生综合素质的第二课堂，也是校园文化的重要体现。

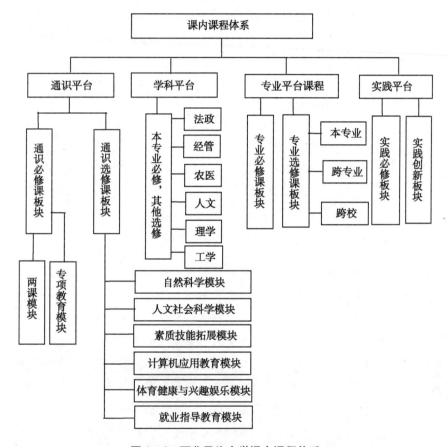

图 4 - 4　西北民族大学课内课程体系

注：此图源自《西北民族大学关于本科培养方案修订的指导性意见（2006 年修订稿）》。

民族院校开设通识类课程是深入实施和具体落实素质教育的表现。如北方民族大学设置了"通识（公共）基础课程""专业基础课程""专业课程""实践课程"四类课程，并按照专业规范设置课程；加强课程与课程体系间的联系与综合，对各教学环节进行合理安排和整体优化；设置柔性的专业方向或选修模块，充分发挥学校多学科的优势，扩大选修课比例，为学生个性发展提供空间；以国家级、自治区级精品课程建设为核心，进一步推进课程体系的优化。在法学、英语、汉语言文学、金融学、会计学、艺术设计等专业实行"专业＋方向"的培养方式，将各专业课程按公共基础课、专业基础课、专业课、实践课以必修课和选修课两种类型来划分，构建基础课平台，对学生进行两年到两年半"厚基础"的通识教育后，再进行"宽口径"的专业教育。为适应社会需求和满足学生成才需要，在宽口径专业内设置柔性的专业方向或选修课程模块进行培养（见表4-3）。

表4-3　　北方民族大学各类专业公共及通识课平台课程结构一览

课程结构＼专业	非艺术类文科专业		理科类专业		工科类专业		艺术类专业	
	学分数	学分比例（％）	学分数	学分比例（％）	学分数	学分比例（％）	学分数	学分比例（％）
公共基础课模块	43.5	27.2	43.5	26.4	43.5	25.6	43.5	24.1
通识类选修课模块	10	6.3	10	6.1	10	5.9	10	5.6
备注	非艺术类文科专业和艺术类专业通识类选修课模块必须选修4个学分的理工类课程；理科类专业和工科类专业必须选修4个学分的文科类课程							

注：此表根据北方民族大学2008年版本科人才培养方案绘制。

为少数民族和民族地区服务是民族院校的办学宗旨，因此，通识类课程的设置也要以少数民族和民族地区经济社会发展所需要的合格人才为出发点。如青海民族大学在本科人才培养方面，立足青藏高原，面向民族地区，以"培养综合素质高、适应能力强、基础知识扎实，具有创新精神、奉献精神和全面发展的各民族人才"为目标，改革培养模式，重视通识教育。学校开设全校性和专业大类两个系列平台课，加强基础教育，拓宽大专业口径，重视学生基本素质的提高；逐步创造条件，构筑按专业大类招生、前2—3年按大专业培养、后1—2年再分专业方向的培养模式，扩大学生选择专业的自主权，缩短学生选择专业与人才市场的时间距离。[①]基于此，青海民族大学逐步减少必修课比重，增加选修课数量，提高选修课比重，为学生提供自主选课的空间。又如西藏民族学院，坚持为西藏培养"靠得住、用得上、下得去、留得住"的合格人才的培养目标，按照"淡化专业、拓宽口径、夯实基础、强化素质、体现特色"的人才培养模式，完善专业培养方案，提高学生的人文素质和科学素质，加强创新精神

---

① 教务处：《落实教学工作中心地位　实现学校又好又快发展——1999—2009年青海民族大学教学工作回顾》，《青海民族学院学报》（社会科学版）2009年第4期。

和实践能力的培养。培养方案从高等教育规律和学校办学理念出发，提出搭建三大教育平台：以思想政治理论课、外语以及计算机基础等公共课为主，搭建通识教育平台；以学科基础课为主，构建学科基础平台；以专业基础课和专业课为主，构建专业教育平台，为分层次分类型教学创造条件。为适应教育平台的搭建，培养学生的应用能力，适当压缩理论课学时，增加实践教学学时，加大选修课比例。在文科专业中开设"自然科学基础"、在理工科专业开设"大学语文"，加强文理渗透，提高学生综合素质。在各专业开设"藏语文"和"民族理论与政策"等课程，提高学生藏语水平和民族理论水平，为今后进藏工作奠定基础。

　　民族院校以稳定、团结、发展为己任，需充分考虑少数民族语言文化在维护民族地区稳定和发展中的作用，通识类课程设置要充分挖掘相关资源。如甘肃民族师范学院是甘肃省甘南藏族自治州的一所新建本科院校，学校以教师教育为主体，民族学科为特色，根据所服务地区"少批量、多样性"的人才需求特点，因地制宜构建了"结构＋模块"的课程体系，将课程体系分为通识课程、专业课程、职业课程三大类型，按照不同类型的课程特点和规律分类建设。通识课程以强化学生国家观、民族观、主体文化观和现代社会生活观等"四观"为目标来建设，面向全体学生设置了文学与艺术、社会与艺术、数学与科学、政治与经济、地方文化等五个模块的课程，在树立学生社会主义核心价值观和共产主义理想信念、增强国家认同和主体文化认同、学习现代科学知识以及提高民族认同感等方面起到了重要作用，在尊重民族文化多样性的基础上增强了民族自豪感和自信心，促进了学生的全面发展。

　　（二）实行学分制，探索实施分层、分类教学模式

　　学分制是一种教学管理制度，是以学分为计算学生学习数量的单位，根据某个专业的各门课程，每学期的每周授课课时数、实验时数等给予一定的学分，学生修完规定的总学分方能取得毕业证书，其基本特点是学生根据专业培养计划和自身兴趣来选择必修和选修类的课程。此外，课外素质拓展、各种竞赛、比赛、论文发表等都有相应的奖励学分，学分制不仅在课程中而且在实践中渗透着通识意蕴，消解了将通识教育仅仅看作几门附加课程的肤浅认识，体现了通识教育和专业教育的结合，有利于充分提高民族院校大学生的综合素质，培养具有创新精神和实践能力的高素质人才。访谈中学生也表示认同学分制这种管理方式。

　　　　我刚考上这所学校的时候一下子觉得很无聊，不知道怎么安排自己的学习和生活。经过和同学、老乡、老师的交往，我知道该怎么安排自己的大学生活，学分制就像一张学业规划图，在专业必修的课程之外，我为自己选择了一些和专业相关的课程。比如选择和民族理论课比较相关的少数民族语言文字类课程，不仅能了解少数民族的习俗和文化，也有助于拓宽我的专业范围。汉语言文学专业有很多实践的机会，学院和学校都有报纸、各种竞赛，只要想参加就有机会，很锻炼人的。不过必须选4个学分的理科课程对我来说有些吃力，可能是以前理科基础不好。（对一名大三土族女生的访谈）

　　学分制体现了以人为本的教育理念，从制度上为学生发挥自主性提供了保障。在学分制实践过程中，民族院校结合自身实际创造性地实施学制改革。如青海民族大学为了适应高等教育发展的趋势，考虑到学校生源结构多样化的实际和培养复合型人才的需要，按照"拓宽专业口径，加强素质教育，注重个性培养，体现学校特色"的要求，实施浮动学制、弹性学制和双学位制相结合的学分制改革。基于社会发展对高学历人才的需要，学校通过实施浮动学制为专科生提升学历提供机会，采取学习成绩优秀的专科学生直接升入本科段学习的方式。对所有本科专业和三年制专科专业实行弹性学制，一是对本科生实行3—6年的弹性学制，对专科生实行2—4年的弹性学制；二是扩大学生免听、免修的范围，为学生提前毕业提供可能；三是完善选课制。本科辅修及双学位制在弥补学生不能任意转专业缺陷的同时为学有余力的学生提供更多的学习机会，以提高学生的综合素质，实现学校培养复合型人才的目标。[①] 青海民族大学在推行学分制的过程中，充分考虑学生的基础和能力差异，为他们提供了更多的机会，使其自主学习能力得到提高，同时也激发了教师教学工作的活力，使学校教育教学管理模式向注重素质修养、加强通识教育、优化课程体系、培养复合型人才的方向发展。

　　民族院校在创新教学管理制度的同时对教学模式进行改革，突出少数民族语言教学的优势，积极开展双语教育及分级教学改革，更新教学方法，提高教学效果。考虑到区内外学生文化课基础参差不齐的现状，西藏

---

　　① 有关青海民族大学学分制的内容来自该校2004年教学科研工作会议系列材料。

民族学院自 2004 年起，先后在 6 个专业 21 个班进行分层次分类型学分制试点改革，如在《大学英语》和《高等数学》课程教学中，从学生文化课基础水平出发重新组班，实施分层次教学（见表 4-4）。2005 年开始在全校本科班推广《大学英语》和《高等数学》课程分层次教学，并出台《西藏民族学院公共选修课学分制管理试行办法》，对教学管理事务、教学计划执行、教师课堂教学、期末考试等环节做出具体规定，提出明确要求。学校从服务地区以及生源实际出发，为更好地实施因材施教，对人才培养方案和教学计划进行了修订，在部分专业和课程实行分级教学改革并进行英汉双语和藏汉双语教学，设立了藏、英、汉三语教学特色班，开展藏语言文学专业"双文四语"（藏文、汉文、汉语、安多语、康巴语、拉萨语）培训，并突出实践教学的重要地位，加大教学实践环节的课时比例，注重学生能力的培养，逐渐形成"宽口径、厚基础、分层培养"的人才培养模式。

表 4-4　　　　　　　西藏民族学院大学英语分层次教学模式一览

分层内涵	实施方法
按学生英语水平的高低分层分班	以学生高考英语成绩为依据，将学生分为初级班、慢班、中班及快班，按不同的教学方法和教学内容分类施教
教学目标分层	根据教材、大纲的要求和各层次学生的实际情况，制定出分层次的教学目标。在实践中，根据班级的实际，做到"下要保底，上不封顶"
滚动机制	在第一学年中每学期主要以期末考试成绩为依据，在各水平等级间实行竞争性的滚动机制。如果期末考试成绩在 90 分以上，学生可申请转班，例如从初级班转到慢班
系统支持工程	英语学习倡导师生互动、学生自学及教师指导、学院及教务处指导三个层次的系统支持。学生除了上英语课，做英语作业之外，学校还给全校师生提供了两个免费学习英语的软件系统，学生可以在上面练习英语听力口语等，并可以学习其他相关的文化知识

　　注：此表在西藏民族学院大学英语分层次教学相关文件基础上绘制而成。

　　民族院校结合自身实际积极探索与实践多样化的教学模式。甘肃民族师范学院在分层、分级的基础上，结合藏语类专业特点，形成了"三分"教学模式（见图 4-5）①，即依据学生不同的语言环境所构成的生源区实行不同教学模式，针对藏语类专业实行分类教学模式；为调动学生的积极性，针对大学英语课程实行分层教学模式，把学生的最近发展区转化为实

---

　　① 有关"三分"教学模式的内容是对甘肃民族师范学院教务处相关领导访谈内容的整理。

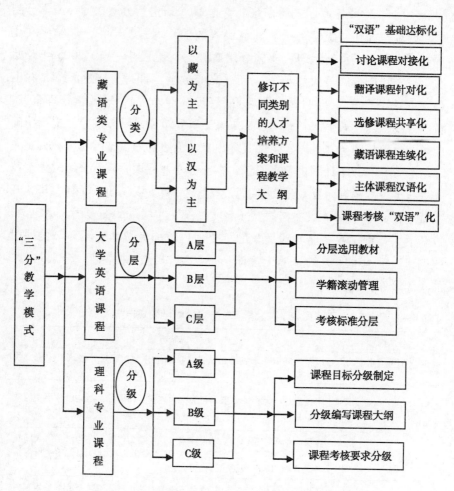

图 4 - 5　甘肃民族师范学院"三分"教学模式

际发展水平；由于生源地的基础教育发展不平衡，少数民族文化知识体系
中人文知识占大部分，造成学校理科专业学生的兴趣爱好以及对理科知识
的接受能力差异明显，针对理科专业课程实行分级教学模式。在课程实施
方面，进行藏汉双语课程"七化"建设：一是"双语"基础达标化，各
相关专业学生通过强化汉语、藏语课程学习，使学生在阅读、书写、交
流、翻译方面达到基本要求；二是主体课程汉语化，除中国少数民族语言
文学（藏语）专业外，其他相关专业的专业基础课程、专业发展课程采
用以汉语授课为主；三是藏语课程连续化，相关专业保证每学期至少开设
一门藏语授课课程，强化藏语语言类课程，加强藏语类翻译课程，根据专

业特点，积极开发藏语类人文科学素养课程；四是选修课程共享化，在开发人文科学素养课程和专业选修课程时，努力建设一批适应性较强的双语类选修课程，实现各藏语类专业选修课程资源共享；五是翻译课程针对化，各藏语类专业在设置汉藏双语翻译课程时，除设置的汉藏翻译基本理论外，还针对专业特点开设汉藏翻译课程，在课程作业、毕业论文等的撰写中强调使用汉藏双语；六是讨论课程对接化，教师在安排课程讨论时，每门课程每学期有针对性地设计 2—3 个汉藏双语讨论题目，要求学生查阅双语资料，使用汉藏双语讨论发言；七是课程考核"双语"化，双语类各专业每学年至少确定两门课程为口试课程，其中 1 门为藏语，1 门为汉语，笔试课程实现"双语"考核，要求命题、答题时使用汉藏双语。

（三）校园文化建设凸显通识意蕴

作为我国高等教育的重要组成部分，民族院校与其他高等院校共同承担起传播真理、弘扬民族文化、引导社会文化发展和培养人才的重任。因此，民族院校要不断提高自身教育质量，除不断完善现有课程教学制度外，还应推进校园文化建设，这也是实施通识教育不可缺少的内容和环节。西北地区民族院校积极开展校园文化、社会实践和科技创新等活动，为学生的思想道德素质、心理素质、身体素质和体育、文艺等多方面非知识能力的发展创造了良好的校园文化环境。群众性学生团体活动的广泛开展为广大学生锻炼自我、提高自我、展示自我提供了广阔的舞台，使学生在学好专业的基础上，培养并发展多方面的爱好和技能，促进了学生的全面发展。

> 我去过很多学校，如西安交通大学、合肥工业大学等，与他们相比，民族院校有各种不同的面孔，不同的文化，前段时间学校有锅庄晚会，在校园里看到穿少数民族服饰的同学，通过这类活动对少数民族和他们的文化有了一定的了解。学院有数学建模，同学都有参加的机会，还有学生会、学生社团、各种竞赛，很锻炼人。（对一名大二汉族男生的访谈）

西北地区民族院校有通识意蕴的人文教育在实施过程中，借鉴普通高等院校通识教育经验，将通识教育理念渗透到人才培养方案、教学活动以及校园文化建设等过程中，但有关民族院校通识教育理念、目标、模式、实施、保障等缺乏系统的梳理，仅有少量研究聚焦在民族院校开展通识教育的意义、通识教育与专业教育的关系以及如何开展通识教育等方面，因此，在实施过程中更多地将通识教育定格在通识课程的开设上。"如果我们……认为通识教育就是选一门又一门的课程，如果我们将通识教育看作某种消极的东西，即认为通识教育就是对专修领域之外的课程的学习……"① 这其实是对通识教育的误读。正如我们把专修课程看做是互相之间有确定的关系一样，通识教育也应该被看作一个有机的整体，它的每一部分都在讲述同一个主导思想，并为同一个目的，即人的成长发展服务。② 从通识类课程的教学效果来看，其中的公共必修课或公共基础课，一般具有较强的理论性和系统性，要求学生提高分析与概括的能力，授课方式上普遍采用大班授课，难以照顾到学生差异，很多学生觉得枯燥乏味，人在课堂内心在教学外，教学效果并不理想。对于通识类选修课，学生认为这类课程有助于自身综合素质的提高，如一名大二苗族男生说："我觉得学校有选修课比较好，可以自己选择喜欢的课程，虽然有时候因为选课的人比较多不一定想选就能选上（能选上想选的课），但通过选修一些文科的课程，本来学理科的我对中国传统文化和少数民族文化有了一定的了解，和学文科的同学或老乡在一起有更多可谈论的话题。选修文科课程对理科生来说是有益的补充。"但这类课程设置往往以教师专业特长和兴趣为主，实施过程中，同属于某学科领域开课的任课教师间缺乏交流，且授课时间一般安排在下午或晚上，学生重视程度不够，选课通常以考试是否容易通过为标准，一定程度上影响了教学效果。

第二节　民族院校大学生的公民意识：现状与问题

公民意识是大学生人文素养的核心，民族院校通过有民族底蕴、专业精神、通识意蕴的人文教育来培养大学生公民意识。下文将从公民身份意识和公民资格意识两个维度出发，基于问卷及访谈材料呈现西北地区民族院校大学生公民意识状况。民族院校大学生对公民身份的认知以其在社会

① 哈佛委员会：《哈佛通识教育红皮书》，李曼丽译，北京大学出版社 2010 年版，第 44 页。

② 同上。

中各种身份与角色为基础，公民身份意识是在国家意识、民族意识、宗教意识等基础上形成的，侧重"知"的层面，考察个体对自身在社会上或法律上作为公民的地位的认知。民族院校大学生的公民身份在实践中得以体现，作为公民所应具备的条件，公民资格意识侧重"行"的层面，考察个体对其在公共生活中的权利意识、责任意识、参与意识等的践行。

一　民族院校大学生的公民身份意识现状

（一）对公民身份的认知

现代社会是公民社会，公民身份是人的第一身份，但在我国，公民身份仅仅作为个体在法律层面的给予性身份，普遍缺乏对公民身份的全面认识。在实际生活中，很多人并未认识到自己的身份与角色首先是公民，即便他们认识到了这一点，对自己公民身份的达成条件也不甚了解。我们在调查中发现，西北地区民族院校大学生对公民身份的认识也不全面。如问卷调查中，在情景题项"王某，22岁，因抢劫、杀人被判处无期徒刑，剥夺政治权利终身。您认为王某还是'中国公民'吗"中，74.3%的大学生认为王某是中国公民，25.7%的大学生认为王某不是中国公民（见表4-5）。在随后和学生的交谈中，选择"不是"的学生大多认为严重违反法律的人就不再是公民了，公民必须遵守法律，这说明他们认识到法律对于公民的重要性，但并不清楚目前国籍已成为公民身份的唯一条件。

表4-5　　　　　　　　　民族院校大学生公民身份认知

		是	不是	合计
民族	汉族	319	106	425
	少数民族	334	120	454
合计		653（74.3%）	226（25.7%）	879（100%）

随机访谈中，很多大学生表示他们一般很少谈公民，虽然知道自己是中华人民共和国公民，但不理解成为公民应具备的条件。

> 问：你在社会中都有哪些角色？
> 答：我首先想到自己是父母的女儿，家庭的概念是最核心的；其次是作为社会一分子的角色，我是一名大学生，是穆斯林；此外是作为国家一分子的角色，我是中国人。

问：你有没有想到自己的公民角色？

答：公民？我没有想到这个角色。

问：你理解公民的含义吗？

答：公民是有中华人民共和国国籍的人。（对一名大四回族女生的访谈）

在和一名大二侗族学生谈到此问题时，他说："很多人不了解公民，一般很少谈公民。公民是一个自由的人，融入社会中才会成为一个公民；公民应该是一个知道自己该做什么和不该做什么（的人）；公民强调权利和义务。在中国，受体制和传统思想的影响，我们不知道自己是否是自由的，也不知道如何去自由，只要没有受到侵害就不去想这个问题。很多（人）把自由误解为欲望得到无限制的满足，事实上，自由与法律并肩，完善的法律体制保障自由。不知道法律就无从谈公民。"

上述调查表明，民族院校部分大学生对自己扮演的社会角色有所认识，但公民角色意识相对较差，即使他们对自身的公民身份有所了解，这种了解也仅停留在法律知识层面，把公民身份等同于拥有一国国籍，没有认识到作为一个公民所享有的权利和承担的义务。民族院校大学生对公民理解浮于表面，反映了民族院校在教育过程中忽视对大学生公民身份的塑造，这不仅影响他们公民身份的认知也制约着其公民资格的实践。从民族院校大学生实际来看，他们在本民族、国家以及所信仰宗教中有着不同的身份意识，公民身份是建立在诸多身份基础之上的，同时又与它们一起成为大学生人文素养的重要组成部分。

（二）公民身份意识的形成

民族院校大学生公民身份意识是在国家意识、民族意识、宗教意识基础上形成的，对其现状进行考察，一方面可以了解他们的公民身份认知水平，另一方面为探索培养大学生公民身份意识的可能路径提供了现实基础。

1. 国家意识

在经济全球化条件下，国家仍是民族整体利益的最具权威的代表者，是民族存在的最高组织形式，是国际社会活动中的独立主体。国家意识表现为强烈的爱国意识，渗透在对国家主权、领土的维护以及尊严的捍卫中；也表现为民族国家意识，体现在对民族国家及其历史文化、精神的认同与传承。对民族院校大学生国家意识的考察主要包括爱国意识、对中华民族历史文化的了解、中华民族精神三方面。

第一，西北地区民族院校大学生具有强烈的爱国意识。调查结果显示（见表4-6）：在国家发生重大困难或危机时，有52.4%的大学生"会挺身而出，与祖国人民一起克服困难、化解危机"，45.5%的大学生"在保全自我的情况下，为克服困难、化解危机贡献力量"，仅有2%的大学生选择"冷眼旁观"。

表4-6　　　　民族院校大学生在国家发生重大困难或危机时的选择

选　项	N	(%)
挺身而出，与祖国人民一起克服困难、化解危机	461	52.4
在保全自我的前提下，为克服困难、化解危机贡献力量	400	45.5
冷眼旁观，那是国家领导人要处理的问题，与我关系不大	18	2.0
合计	879	100

调查表明，在面对重大事件时，民族院校大学生爱国意识较强，以国家利益为重，如有学生说："国家意识在和平时期会淡化，虽然平时看到很多有关政府的负面报道会产生不信任，但在重大事件（面）前，如果需要作为中国人去贡献力量，我会毫不犹豫。就周围同学来说，少数民族同学中信仰比较强烈的国家意识会稍微弱一点，他们的国家意识是建立在民族意识基础上的。"这也表明，民族院校大学生的爱国意识会受到宗教信仰的影响，有些少数民族大学生的民族意识和宗教意识比国家意识强烈。

随机访谈过程中，有的大学生在谈到南海问题、钓鱼岛问题、黄岩岛问题时极度愤慨，认为这是对我国领土的侵犯，关系到国家的主权和尊严。如访谈中有一位担任学校法学社策划部部长的大二满族学生说："在攘外过程中民族大义基本都有，南海问题、钓鱼岛问题、黄岩岛问题等，以这类问题促进国家意识，维持民族大义，促进团结，在困境中促团结、求生存、求发展。大事件中放弃小原则，好好利用（重大事件培养爱国意识）。不仅是对国家，而且是对人类的关怀。现存的是一些小摩擦。"有几位法学专业的大学生将此类事件与相关法律联系起来，并认为此类大事件能够充分显示中国人的爱国情怀，也是对大学生进行爱国主义教育的好时机，由小爱到大爱，把对祖国的热爱逐渐上升到对全世界、全人类的热爱。这说明专业在大学生公民意识形成过程中发挥着重要作用，尤其是访谈中接触到的法学专业的大学生，法律知识为其公民身份的认知及资格的实践奠定了基础，这也是国外大学公民教育普遍开设法律类课程的重要原因。

在随机访谈中也发现，有的大学生将国家与政府等同，认为爱国就是爱政府，这种片面的认识导致其爱国意识受政府负面报道的影响极大，久而久之会产生不信任、失望、灰心等负面情绪，如有大学生坦言："现在我们经常能够在网上看到很多政府官员贪污腐败的消息，（这些人）把社会风气搞坏了，看到这些（我们）就对国家失去了信心。"这表明，民族院校大学生政治方面的知识比较欠缺，对国家缺乏理性体认，这种认识上的偏差影响了他们的爱国意识。

第二，西北地区民族院校大学生比较了解中华民族历史文化。调查结果（见图 4－6）显示：超过 2/3 的大学生认为自己比较了解中华民族历史文化，不到 1/3 的大学生认为自己对中华民族历史文化了解很少，很了解和不了解所占比例小。随机访谈中发现，大部分学生认为自己长期以来通过语文、历史等课程的学习，比较了解中华民族历史文化，但存在片面理解中华民族历史文化的情况，如有学生认为中华民族历史文化就是汉族历史文化。

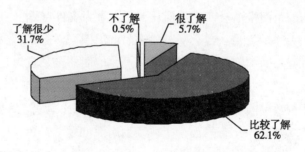

图 4－6　民族院校大学生对中华民族文化的了解程度

第三，西北地区民族院校大学生认可中华民族精神。全球化背景下，民族国家只有立足传统，吸收外来有益成果，才能彰显其民族文化的独特魅力，弘扬民族精神。华中科技大学社会学系于 2004 年进行了一项有关"中国公众民族精神"的调查，结果显示，70％以上的人认为我国有统一的民族精神，90％以上的人认为有必要发扬中华民族精神。[1] 党的十六大

---

[1]　雷洪：《社会理想与精神追求——民族精神的实证研究》，人民出版社 2009 年版，第 15 页。

报告中，将中华民族精神阐释为：以爱国主义为核心的团结统一、爱好和平、勤劳勇敢、自强不息的伟大民族精神。① 在调查中（问卷题项为"对于'只有民族的，才是世界的'的提法，您的观点是"）我们发现，西北地区民族院校大学生普遍认为"只有民族的，才是世界的"，独特的会引人注意，超过1/2的学生认为民族化和全球化并非相互矛盾、相互排斥；近1/3的学生认为这种提法容易形成狭隘的民族意识；尚有1/5的学生厘不清它们之间的关系（见表4－7）。

表4－7　　　　　　　民族院校大学生对民族化和全球化的理解

选项	N	（%）
民族化和全球化并非相互矛盾，相互排斥	483	54.9
容易形成狭隘的民族意识	223	25.4
说不清	173	19.7
合计	879	100

民族院校大学生国家意识总体来说比较强烈，他们了解中华民族文化，有主权意识和爱国意识，尤其在诸如国家间的冲突等重大事件面前，能够突破所属民族界限团结起来，树立民族自信心、自尊心和国家利益观。但在实际生活中涉及一些小摩擦，比如内部的民族冲突时，存在民族意识比国家意识强烈的现象，尤其是宗教信仰比较强烈的民族，其民族意识、宗教意识在某些情况下是排在首位的，这会弱化其国家意识，不利于公民意识的形成。

2. 民族意识

公民与生俱来就属于某个民族，必定具有在民族共同地域、民族共同经济生活及历史发展的基础上形成的民族意识。我国有56个民族，各族人民在共同生活中形成了对本民族的认同感、自豪感和责任感，并在此基础上形成对中华民族的认同感、自豪感和责任感。对民族院校大学生民族意识的考察主要涉及对本民族的认同、对本民族历史文化的了解和对其他民族及其文化的包容三个方面。

第一，民族院校大学生有较强的民族认同意识，能够维护本民族的形象。它的积极影响是能够促进本民族内部团结，塑造民族精神；消极影响

① 详见党的十六大报告第六部分"文化建设和文化体制改革"。

是易产生极端民族主义情绪，影响国家意识和公民意识的形成。调查（问卷题项为"当您听到别人无意中对本民族进行消极评价和判断时，您会"）结果显示，44%的大学生感到很气愤，会与对方争辩，27%的大学生感到气愤但不争辩，26%的大学生关注并不生气，3%的大学生觉得无所谓。就汉族和少数民族大学生对待这一问题的态度来看（见表4-8），少数民族大学生对本民族的维护和认同程度略高于汉族，他们的民族意识较强。

表4-8　　　　　　　　民族院校大学生对本民族的维护和认同

		关注但并不生气	无所谓	气愤但不争辩	很气愤，会与对方争辩	合计
民族	汉族	117	11	125	172	425
	少数民族	113	12	114	215	454
合计		230	23	239	387	879

随机访谈过程中发现，有宗教信仰的少数民族大学生民族意识较强，如两名维吾尔族女生曾说："我们班共有三名维吾尔族同学，我俩住一间宿舍，经常一起上课、上自习、上街。平时接触比较多的是老乡，与班里同学联系不紧密。"一名大三侗族男生说："国家对新疆、西藏的政策很好，给予很多优惠，但当地的国家意识上不去，民族意识仍旧很强烈。其实他们的自我肯定强，（以）自我为中心，外面给予再多的优惠都会低看，都是以自我的眼光去审视的。如维吾尔族，其他少数民族对维吾尔族有成见，他们内部团结，对其他民族的同学趾高气扬。虽然认识的维吾尔族同学还好，但相处还是有距离的。民族间差距很大，西部民族意识较强，中东部民族意识比较淡薄但未树立起核心价值观，处于一种没有信仰和价值观的涣散状态。"访谈中了解到西北地区民族院校大部分学生都有这种感受，他们认为宗教信仰在少数民族大学生的民族意识形成过程中发挥着重要作用，拥有共同的民族语言和宗教信仰的大学生对本民族有着强烈的认同意识，对其他民族有排外情绪，致使民族间缺乏真正意义上的沟通与交流，也容易产生民族主义情绪，弱化国家意识，不利于公民意识的培养。

第二，大部分学生认同本民族文化，认为它对现代大学生来说很重要，调查显示，超过2/3的大学生比较了解本民族历史文化，仅有0.8%的不了解，汉族和少数民族大学生对本民族文化的了解程度存在差异（见表4－9）。

表4－9　　　　　　民族院校大学生对本民族历史文化了解程度

民族		不了解	了解很少	比较了解	很了解	合计
民族	汉族	0	106	287	32	425
	少数民族	7	122	262	63	454
合计		7	228	549	95	879

访谈过程中，部分少数民族大学生直言对本民族历史文化了解不够，很多本民族的风俗等都已经汉化。

　　我家在一个土家族和瑶族自治县。土家族民间文化还有一点残存，但民族观念现在已经很淡薄了，汉化了，我仅知道土家族的花灯，但对它的形成和意义也不大清楚。现在很多少数民族大学生已经不会说自己民族的语言了，对本民族的习俗也不太清楚，服饰已经大众化了，不要说我们，就连学校的藏族同学平时也不穿自己的民族服饰，只有当学校有硬性要求的时候会穿。保留比较完整的就是维吾尔族，他们在语言和服饰上都保留得很好，比较有特色。（对一名大三土家族男生的访谈）

　　我了解一部分彝族风俗，如火把节的时候我们整个县（都）在庆祝。彝族有自己的服饰，平时与汉族穿着一样，只有在过节的时候穿彝族服装。我经常浏览国家民委和西南民族大学的网站，毕竟上面有很多关于彝族的研究。汉化主要是服饰等方面，民族的烙印还是有的，汉化的影响主要是社会影响和家庭氛围。大一进校后，在与其他民族同学的交往过程中了解他们（民族）的风俗习惯，民族节日、民族类课程、网络等也是很好的（了解民族文化的）途径。（对一名大四彝族男生的访谈）

这说明随着社会的迅速发展，官方语言、主流文化等对少数民族语言、文化产生了巨大冲击，民族院校虽然开设有少数民族语言文化等方面的课程，但无法做到对每一个少数民族语言文化的传承。

　　第三，民族院校大学生愿意与其他民族的同学交往，也愿意了解、尊重并包容其他民族文化。调查中（问卷题项为"除了本民族，您是否结识有其他民族的达到'无话不说'程度的好朋友")超过70%的大学生表示，他们有两个以上这种好朋友，也有 10.6% 的学生认为他们没有（见表 4 - 10）。随后了解到，大部分学生有其他民族的朋友但并未达到"无话不说"的程度，他们认为达到这样的程度很难。如在随机访谈中，一位藏族大学生说："我周围有一些其他民族的同学，但无话不说的好朋友都是我们藏族的，毕竟我们有共同的语言和信仰，交流起来很容易。"

表 4 - 10　　　　　　　民族院校不同民族大学生间的交往情况统计

	有，很多	有，两三个	有，只有一个	合计
N	293	423	70	879
（%）	33.3	48.1	8.0	100

访谈中有学生也表示，民族院校给他们搭建了与其他民族同学交往的平台，通过课堂学习、班级、社团、学校组织的各种活动以及与其他民族同学的交往，对其他民族的习俗和文化有了进一步了解，并学着去尊重和包容其他民族文化。访谈中一名大二仡佬族男生说："到宁夏以后，对回族有了一定的了解，打破了以前的那种神秘和狭隘的认识，只要不去触犯他们的禁忌，就会和谐相处，也有几个真心交往的回族朋友。在周围的同学中，信仰伊斯兰教、藏传佛教的同学民族意识比较强烈，内部很团结，其他少数民族很少去谈民族问题，民族意识淡化。"这说明在西北地区民族院校，大学生有机会与其他民族同学交往，也能真实地了解伊斯兰文化和藏文化，体会到少数民族大学生对本民族的认同以及内部的团结。与此同时，少数民族大学生在与其他民族同学交往过程中也会注意自己的言行，将其与民族形象联系起来，有较强的民族意识。如一名大四回族女生说："与其他民族相处的时候，我会想到自己是穆斯林，自己的言行代表着穆斯林的言行。对于别人由于不了解回族说出的一些言论，可能会生气，但如果对方说得有道理，会虚心接纳，自我改进，做得更好。我有无话不说的两个维吾尔族同学，与我的人生观、价值观、思想相近的朋友在我心目中的地位很重要。"

西北地区民族院校大学生有较强的民族意识，他们了解本民族文化，并通过交往了解其他民族文化，树立正确的民族观。此外，民族意识受宗教信仰影响较大，宗教信仰强烈，民族意识也强烈，对民族的认同程度较高，但有必要进行引导以避免产生狭隘的民族主义，弱化国家意识，制约公民意识的形成。

3. 宗教意识

宗教是一种与特定的时代相联系、具有多种表现形式和丰富内涵的社会性精神现象和文化现象，它不仅是一种思想信仰，还涉及社会政治问题、群众关系、民族关系和国际关系。中国是一个多宗教的国家，其宗教具有显著的民族性，许多少数民族基本上全民族信仰同一个宗教，如西北地区的回族、维吾尔族、东乡族、撒拉族等民族信仰伊斯兰教，藏族等信仰藏传佛教，也有人信仰道教、基督教和天主教。对民族院校大学生宗教意识的考察主要涉及对宗教的理解、对本民族重大节日的态度等方面。

第一，相对于普通信教教众，民族院校大学生对宗教的理解更为理性，并能够通过自身言行积极展现宗教中的人性关怀。访谈中一名大三回族女生说："任何宗教的核心都是教人向善。周围很多人对信仰不了解，到底在信什么其实不知道，只是在没有寄托或有需要的时候今天信真主，明天信上帝。我从小在家里行为上受到善的影响和引导，刚上大学很闲，一度迷失了方向，后来接触了一些人，了解到佛教、基督教、伊斯兰教等到底是在信什么，对信仰有了真正的了解。别人会通过有宗教信仰的人的行为去评价宗教，做比说更有价值和意义。通过和维吾尔族同学交往以及两次去新疆，我认为很多维吾尔族人文化层次低，对信仰不了解，安拉在古兰经上说：'只有有知识的人才是最敬畏的人'，他们不懂得什么是知识，就把传统思想和封建的风俗习惯当成信仰，很多负面的东西误导了他们，利用了他们对宗教的虔诚。"同时，调查还发现宗教信仰对大学生择偶有一定的影响，如回族、维吾尔族等信仰伊斯兰教的大学生，在择偶时只选择有相同信仰的人，而其他民族大学生的择偶观受宗教信仰的影响较小。

第二，民族院校充分尊重学生的宗教信仰，重视他们的民族传统节日。调查发现，民族院校会充分考虑大学生的民族习惯，与大学生共庆民族节日。民族院校大学生遇到本民族重大节日时，超过一半的学生多数情况下会庆祝，在汉族和少数民族大学生之间的差异表现在必须庆祝和不庆祝这两种态度上，汉族和少数民族学生中，分别有17%和23%的认为必须庆祝本民族的重大节日，而仅有0.5%的汉族学生和5.9%的少数民族学生选择不庆祝（见表4－11）。就这一问题进行访谈时，一些宗教信仰强烈的大学生认为必须庆祝本民族的重大节日，一名大二东乡族女生说："学校会考虑到少数民族学生的需要，如为穆斯林同学建清真餐厅；在斋月期间为闭斋的同学安排就餐；每逢各民族传统节日会有庆祝活动。"但也有一些少数民族大学生已经不清楚本民族的重大节日，更谈不上去庆祝了。一名大二蒙古族女生说："我是来自兰州的蒙古族学生，对蒙古族的节日了解不多，家里也不过节（蒙古族的传统节日）。来这里读书后，发现民族院校与其他高校相比，更重视、更关注、更尊重少数民族传统习俗。每逢民族节日的时候，学校会给我们放假、发放节日餐券，并举行大型晚会庆祝。"这印证了之前调查中呈现的少数民族随着城市化进程逐渐汉化的现象，同时表明民族院校尊重少数民族大学生的宗教信仰及风俗习惯，并在学校生活中为他们提供便利，让更多的学生了解少数民族传统习俗，传承并发展少数民族文化。

表4－11　　　　　民族院校大学生对待本民族节日的态度

		不庆祝	偶尔庆祝	多数情况下会庆祝	必须庆祝	合计
民族	汉族	2	65	285	73	425
	少数民族	27	84	237	106	454
合计		29	149	522	179	879

宗教具有民族性，西北地区民族院校大学生入校前有关宗教信仰的知识多源于家庭，家长文化水平的高低影响着大学生对宗教信仰的理解程度；入校后，学校通过开设相关课程、讲座等引导学生正确认识宗教信仰，树立马克思主义宗教观，不少大学生也通过网络、社团等途径对宗教信仰有了较为正确的理解，有助于民族传统的维系，有助于少数民族大学生民族意识和国家意识的形成，也有助于树立公民意识高于民族宗教意识的观念。

二　民族院校大学生的公民资格意识现状

公民资格是指取得公民身份的资格条件，在不同国家或者国家的不同发展阶段，公民资格的侧重点有所不同，强调政治意义的公民资格更多地指向权利义务；强调道德意义的公民资格更多地指向道德责任。在现代社会，由出生而获得的公民身份使全体成员都是某国的公民（无国籍者的个别情况可以忽略不计）。① 但公民身份的达成不仅要有权利意识、责任意识，还需要具有强烈的参与意识，即对公民资格有认知并积极实践。

（一）权利意识

公民权利是公民所拥有并被政府所保障的合法权利，是根据宪法、法律规定的公民享有参与公共社会生活的权利。对民族院校大学生权利意识的考察主要涉及对其法律权利、政治权利和社会权利的认识和理解、运用和维护等方面。

1. 对权利的认识和理解

西北地区民族院校大学生对公民权利有一定的认识，但理解不够全面和深入。调查中94.1%的学生认为宪法是我国的根本大法，83.9%的学生认为遵守法律法规对现代大学生来说"非常重要"或"比较重要"，部分大学生认为守法是公民最重要的品质，公民意识的核心是权利和义务，并认识到实践中公民权利的履行受制度约束，有局限性，但对公民权利包括哪些内容，即公民有哪些权利了解得不全面。访谈中一名大三汉族男生说："我知道的公民权利有自由权、受教育权、选举权和被选举权，但现实生活中，就拿自由权来说，比起以前有很大改善，在一定程度上可以自由发表言论，但游行在很多情况下都要得到允许，没有真正的自由权。"一名大三蒙古族女生说："我是学法学的，对权利的了解相对比较多一些，比如说签协议的时候，会看合同内容有没有隐含一些侵犯我们权益的条款，（在这方面）比别人更加注意，合同之后选择的救济路径要更规范一点。但周围有些大学生不懂法，对自己的权利和义务不是很清楚，权利意识不太强。"可见，不同专业的大学生对权利的认识存在差异，相比较而言，法学专业大学生对权利与义务了解比较全面，权利意识较强。

目前，学校主要通过思政类课程、普法宣传活动、社团活动中为学生认识和理解公民权利提供帮助，但访谈中学生表示这类课程教学内容与学生实际脱离，教学方法比较单调，教学效果不好，学生逃课情况比较普遍，部分大学生对所学知识抱着应付考试的态度，考前突击，考后遗忘。一名大三土族男生这样说："公民的核心就是权利和义务，目前我们了解权利和义务主要是通过思政类课程，尤其是法律基础课，但这类课程理论性太强，与我们的实际有一定距离，很多人（大学生）不能从思想的高

---

① 蓝维等:《公民教育：理论、历史与实践探索》，人民出版社2007年版，第27页。

度去理解，认为理论课太枯燥，感到很无聊，没有兴趣，不愿意上课，会逃课。我曾经对法律基础课后面的合同法等生活中能用到的知识比较感兴趣，毕竟打工、找工作都会涉及，但这一部分在整个课程中仅占很小的部分。"

2. 权利的运用和维护

民族院校大学生会运用和维护权利，但由于对权利了解不够全面和深入，在权利运用和维护过程中也存在很多问题。调查显示，大学生知道有选举权和被选举权，但有 53.2% 的学生没有参加过基层人民代表的选举，部分同学参加班干部选举是为了给好友投票，并未认识到这是权利的运用。情景题项"大学生王某买了一部电子词典，不久出现了质量问题，找到经销商，但对方态度蛮横，拒绝退换"，如果遇到这种事情，67% 的学生选择采取行动，其中 59% 的学生选择以向消费者协会或者工商管理部门投诉的方式维护自身权益；33% 的学生选择息事宁人，自认倒霉。在课堂教学中，如果某位任课教师教学水平差，学生普遍不满意时是否向学校相关部门反映受课程性质的影响，如果是专业课，超过 60% 的学生会向学校反映；如果是公共课（如思想政治、大学英语等课程），超过 30% 的学生会向学校反映，其余的学生选择不反映（见表 4 – 12）。针对这一问题的访谈中，有学生说："遇到老师讲课有问题，如果是专业课，（我们）会通过班委与学院主管教学的院长去协调解决。公共课就算了，只要老师不刁难，拿到学分就是了。"

表 4 – 12　　　　　　两类课教师教学水平差，大学生普遍不满意时
是否会向学校反映情况的统计

选项 课程类型	一定会	可能会	一般不会	肯定不会
专业课（%）	22.5	38.7	31.7	7.1
公共课（%）	7.8	30.3	49.5	12.4

访谈中，大多数学生表示当权利受到侵害时首先会选择保护自己的利益，其次是维护自己的权利，选择维护权利的途径要视侵权事件对自身利益的损害程度而定。如一名大二法学专业的蒙古族女生指出："中国人在权利受到侵害时，对权利的维护首先会想到利益，会考虑花多少钱，值不值得维权；西方人会首先想到这侵犯了我的权利，我要维护自身的合法权

益。同样，大学生都有维权意识，在权利受到侵害时有保护的意识，很多学生首先想到（的是）利益受到侵犯，只是采取的手段和方式不同。我们是学法律的，一般会考虑选择（在）法律许可的范围内去维权。"

权利意识集中体现着公民对法律的了解及其法治观念，是公民意识的灵魂。通过调查我们可以看到，当代民族院校大学生有权利意识，能够认识到自己享有宪法和法律赋予的权利，但对拥有哪些权利了解不全面，这影响权利的行使和维护。在实际生活中，维护权利时存在着权利与利益的博弈，多数情况下会优先考虑自身利益，再考虑是否维权，这说明法治观念有待加强。

（二）责任意识

责任意识包含义务与责任，其中，义务是与权利相对应的，必须依据法律履行，带有强制性的特点，而责任与道德相关，多数情况下表现为自觉行为。对民族院校大学生责任意识的考察包括对责任重要性的认识和责任的履行等方面。

1. 对责任的态度

民族院校大学生普遍认识到责任的重要性，基本能承担对个人、家庭和社会的责任，但责任意识在某些方面还比较薄弱。调查显示，热爱祖国、信守道德准则、有责任心被现代大学生认为是最重要的三个要素，分别占74.1%、40.2%和38.8%，可以看出民族院校大学生能认识到责任的重要性（见图4-7）。

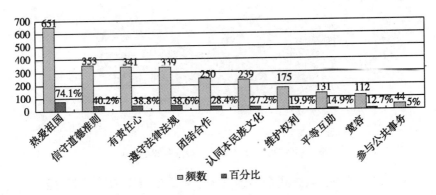

图4-7　所列要素对现代大学生的重要程度

在对自我的责任方面，学校通过职业生涯规划课程等方式帮助大学生规划大学生活，部分大学生有自我发展规划，但访谈中有学生反映，他们对自己的优势和不足认识不清，在进行自我发展规划时不知从何下手；也有学生对以后的就业形势感到迷茫，对所学专业和社会需求之间的联系也很困惑，难以做好职业生涯规划。访谈也发现，个别学生没有意识到要为自己的大学生活乃至自我发展进行规划。对家庭的责任方面，大学生认识到自己要承担为人子女的责任，有回报家庭的意识，如在访谈中问学生"你在社会中都有哪些角色"时，大部分学生首先回答的是"子女"的角色。对社会的责任方面，大学生在社会交往和公共生活中会遵守法律、法规和规章制度，但也存在着与社会公德相悖的一些行为，如考试作弊、随地扔垃圾等。

2. 对履行责任的态度

在现实生活中，民族院校大学生会履行对自我、家庭和社会的责任，但当责任与利益发生冲突的时候，部分大学生不能真正去履行责任。如服兵役作为一种与公民身份状况密切相关的公共义务，37%的学生表示如果有机会去服兵役会觉得"非常光荣"，35.4%的学生认为"比较光荣"，仅有6.3%的学生不想服兵役（见图4-8）。虽然调查数据显示民族院校大学生对服兵役持积极态度，但在随后的攀谈中发现，部分学生觉得服兵役光荣并非因为认识到这是公民的义务，而是为了圆梦、锻炼自己或者享受国家相关优惠政策。

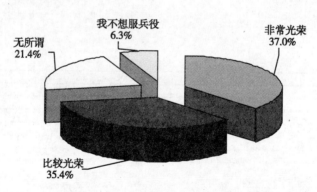

图4-8　民族院校大学生对服兵役的态度

在日常生活中，当碰到宿舍楼或教学楼里有长流水、长明灯的情况，77.2%的学生会"主动去关"（见图4-9）；76%的学生在公交车上会主动让座（见图4-10）。在有关此类问题的访谈中，学生们谈到"摔倒的老人该不该扶"这个话题，有学生认为扶起老人本来应该是很正常的事，但当前社会出现了信任危机，人们在做事的时候会考虑该做和不该做，值不值得做，人的善被社会问题磨灭了。

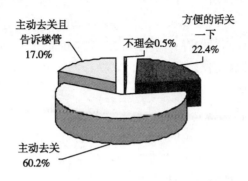

图 4 - 9 对宿舍楼内长流水、长明灯的态度

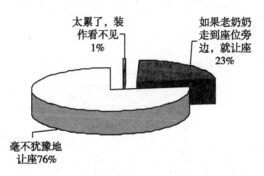

图 4 - 10 对公交车上是否会主动让座的选择

民族院校强调对学生进行诚信教育，尤其在考试期间学校通过悬挂条幅、宣传展板来倡导诚信考试，诚信做人。我们就毕业自荐书造假的现象进行了调查，结果显示：超过 47.7% 的学生反对这样做，但 41.3% 的学生对于别人在毕业自荐书中造假的现象表示能够理解，还有 11% 的学生虽然知道这样做不好，当有利于找工作时仍会在毕业自荐书中造假（见表 4 - 13）。这表明，责任与利益发生冲突时，利益的大小影响民族院校大学生履行责任的态度。

表 4 - 13　　　　　　民族院校大学生对毕业自荐书造假的态度

选项	N	（%）
反对，自己不会这样做	419	47.7
能够理解，但自己不会这样做	363	41.3
知道不好，但如果对找工作有利，自己也会这样做	97	11.0
合计	879	100

公民在享有法律所规定的各项权利的同时也承担相应的责任和义务，而义务和责任也是公民实现权利主张的必要条件。民族院校大学生对责任有一定的认知，在实践中存在着责任的认同与困惑共生、积极与消极并存的现象，责任意识薄弱影响到责任的实践。

（三）参与意识

1. 参与政治活动的态度

民族院校大学生有一定的政治参与意识，关心国家大政方针。调查数据显示，64%的学生都会关注每年3月召开的"两会"，会去看相关报道，但他们的关注具有随意性，超过50%的学生都不会刻意去看相关报道，这说明他们对会议内容不够了解，参与政治的主动性不高（见图4-11）。

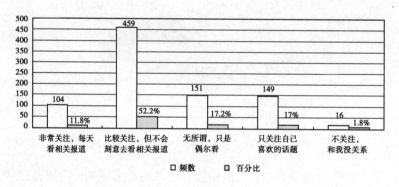

图4-11　民族院校大学生对于每年3月召开的"两会"的参与度

在对待普通公民参与人大代表选举活动，参加政府组织的各种听证会等的态度上，46.1%的学生表示"非常赞同"，27%的学生表示"比较赞同"，21.8%的学生表示"赞同"（见图4-12）。这说明大学生对此类活动持支持态度，但通过与他们交谈发现，很多学生在实际生活中并没有参加过基层人大代表选举活动，对政府组织的听证会不太了解，他们的赞同更多是基于一种遐想而非实践，这也表明大学生相关知识的匮乏。

在访谈中，一名新疆维吾尔族女生提到："我们那边宗教信仰比较浓厚。实际生活中，迁移过去比较早的汉族和少数民族之间的关系还是比较和谐的，但新迁移过去的汉族和当地少数民族之间的冲突比较多。发生'7·5'那样的事情，我们是内地新疆班的学生，当时是被护送回家（的）。（我们在）家里一般不讨论国家政治之类的事情，看电视比较少，

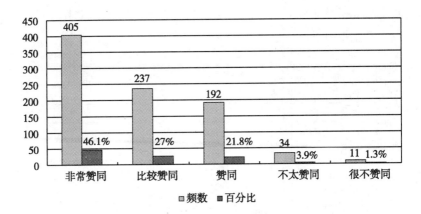

图 4 - 12　民族院校大学生对待普通公民的参政态度

如果看电视，一般看国外新闻或者频道。我不怎么关注'两会'和其他政治大事，相关信息是从同学或老师口中得知的。这方面信息获取渠道少，在学校里面感觉像被关在笼子里一样。"可见，民族院校大学生的政治参与意识受到家庭、宗教等因素的影响。此外，在政治参与的主动性和积极性方面存在性别与学科差异。

　　　对于政治事件，学文科的更关心一些，我们学理科的有些知道，但讨论得很少，主要看在一起的人是否喜欢聊这些。我们一般只讨论引起兴趣的话题，比如会对"两会"中感兴趣的代表提案进行讨论。（对一名大三蒙古族男生的访谈）
　　　俗话说政法不分家，了解政治事件和走向、形势等对我们学法学这个专业的人来说是 一种义务，必须去关注和了解。（对一名大二藏族男生的访谈）

从以上调查资料我们可以看到，民族大学生政治参与意识主要受家庭、宗教信仰、性别、专业等因素的影响。家长对政治的关心程度影响着子女，宗教信仰影响大学生参与政治的积极性。相比较而言，男生比女生更关心政治，文科学生比理工科学生更关心政治，且比较关心政治的大学生，参与政治的主动性和积极性也略高一些。

2. 参与社会公共事务的态度

民族院校大学生认识到参与公共事务的重要性，33.3%的学生认为参与公共事务非常重要，41.5%的学生认为比较重要，仅有0.8%的学生认为一点也不重要（见图4-13）。

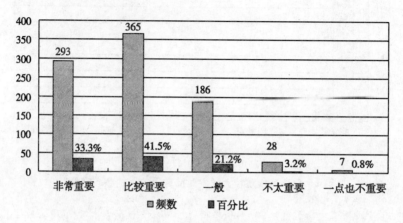

图4-13　民族院校大学生对参与公共事务重要性的认识

民族院校大学生积极参加社团组织的社会实践活动，如爱心社组织到福利院和敬老院的献爱心活动，法学社组织在公共场所进行法律宣传活动，参与的主动性和积极性比较高。一名大二汉族男生曾说："我经常在网络上会看到人们比较关注的安全问题、腐败现象、食品卫生等方面的社会报道，如汶川地震的时候，我很难过，积极捐款。"但也有部分学生本着"事不关己高高挂起"的态度，对公共事务的参与不主动、不积极，甚至有意躲避，参与意识淡薄。

3. 参与学校活动的态度

民族院校大学生能积极参加学校组织的其他活动，如在学校组织的"三下乡"活动、各学院组织的社会实践活动、班级组织的各项活动中，擅长舞蹈的少数民族学生，如维吾尔族、藏族、哈萨克族学生一般都会积极参加活动。但对学校活动的参与热情随着年级的增长逐渐变淡。大学生普遍表示，大学前两年会因为兴趣或者拿德育分，积极主动参与班级、学院、学校组织的各类活动，但后来能躲就躲，参加活动更多地变为一种任务。

我性格内向，不喜欢参加班级活动，除非老师要求必须参加。（对一名大一维吾尔族女生的访谈）

大一的时候为了凑德育分或者发挥自己的兴趣，参与活动的积极性和热情还比较高，但现在都不积极了，能不去就不去。学院活动我们班现在参加的一般就是那几个人，比如这次运动会，很多项目都是那几个人参加。（对一名大二汉族女生的访谈）

参与有些活动容易得罪人，所以参与热情不高。有的人很积极，多数是想让选上（学生）干部、预备党员。很多活动老师必须要求参加的，所以就去。（对一名大三壮族女生的访谈）

民族院校大学生有参与政治、参与公共事务及学校活动的意识，但受家庭、宗教信仰、性别、专业、年级等诸多因素的影响，参与意识在不同层面表现不同，参与的积极性和主动性有待提高。

第三节　民族院校人文教育对大学生公民意识的培养：症结与表现

公民意识的培育是时代赋予高等教育的重要使命，也是我国高等院校人文教育的重要目标。在民族院校，大学生公民意识培养的主要途径是人文教育，通过对民族院校人文教育及大学生公民意识现状考察可以看出，民族院校人文教育渗透着对大学生公民意识的培养，且取得了一定成绩，这使得少数民族大学生公民意识有所发展，总体来讲，公民意识有所提高。但与此同时，民族院校的人文教育也存在着对公民意识培养认识不到位、公民意识体系不完善、大学生公民意识仍显薄弱等问题，只有直面这些问题，才能有助于进一步提高西北民族院校人文教育的水平。

一　大学生公民意识培养认识不到位

民族院校人文教育致力于"为少数民族和民族地区培养高素质人才"，在培养目标中明确了所培养人才应具备的知识、能力和素质，但并未直接提出培养大学生公民意识，致使大学生公民意识培养处于依附状态，没有形成独立的体系。

在思想政治教育中培养公民意识。思想政治教育是一定阶级、政党和社会群体遵循人们思想品德形成发展规律，用一定的思想观念、政治观点、道德规范，对其成员施加有目的、有计划、有组织的影响，使他们形成符合一定社会、一定阶级所需要的思想品德的社会实践活动。①
民族院校自建立之初就强调思想政治教育，它是伴随着革命战争、阶级
斗争和计划经济逐步发展起来的，尤其是在革命和战争年代，思想政治
教育对于提高少数民族干部的思想政治觉悟、巩固革命成果、促进各民
族团结、维护社会稳定和促进社会发展等方面发挥了积极作用。在革命
战争时期，民族院校思想政治教育强调培养少数民族出身的共产主义干
部，做好团结、稳定和社会主义建设。在新的历史时期，民族院校思想
政治教育的目标是为少数民族和民族地区培养有理想、有道德、有文
化、有纪律的"四有"公民，强调的是政治素质和全面发展。随着市
场经济和民主社会的发展，合格公民逐渐成为高等教育的培养目标，强
调要使学生能够在未来的社会生活中积极参与社会生活和公共政策，彰
显作为普通公民自治的能力和价值，公民意识中既包含爱国意识、民族
意识等思想政治教育的内容，也包含做人的普遍要求。但当前民族院校
主要在思想政治教育中对大学生公民意识进行培养，公民意识从属于政
治思想，丧失了其应有的独立性和确定性，大学生头脑中没有形成公民
概念，公民意识薄弱。在调查过程中部分专业课教师就表示："你提到
的大学生公民意识（的培养）主要是文科老师（主要指思政课教师）
关心的话题，现在思政课课时那么多，我们物理、数学、生物这些专业
课课时压缩得厉害，讲专业知识（的时间）都不够，而且教学内容和
公民意识也联系不到一起。"

在道德教育中培养公民意识。道德教育从广义上来讲，主要包括爱国
主义教育、集体主义教育、人生观教育、法制观教育、道德观教育、心理
教育等。道德教育在某种程度上蕴含着公民意识的养成，如大学生公民意
识包含责任意识，公民权利义务意识的确立需要承担相应的道德与责任，
而公民在公共事务中所承担的责任也是建立在个人诚实、自信、自强、明
礼等基本道德基础之上的。但我们并不能据此认为公民意识的培养需要依
附道德教育。道德教育古已有之，是调整人与人之间的行为规范和标准，
侧重于社会成员在道德上的成长；而公民意识是现代意识，是调整人与社
会之间关系的规范和标准，侧重于社会成员在政治上的成长，在内容上不
仅强调道德方面，还强调法律方面，以权利义务为核心。长期以来，民族

---

① 张耀灿：《现代思想政治教育学》，人民出版社 2006 年版，第 50 页。

院校强调大学生道德意识的培养，对公民意识其他层面的教育重视不够，从效果上看，重视道德教育能够使大学生在伦理范围内判断是非善恶，但却弱化了学生判断社会行为是非善恶所需的法律教育，这导致大学生法制意识淡薄，以上对民族院校大学生权利意识、责任意识、参与意识等的现状调查充分说明了这一点。

以上列举的对公民意识培养认识的不全面，将导致教师不能把大学生公民意识培养与所承担的教育教学活动联系起来，也就无法在教育教学中认识到公民意识相关内容并付诸实施；也将导致学生无法把公民意识培养与其学习活动结合起来，制约着他（她）们公民意识的形成。

二　大学生公民意识培养实践乏力

近年来，高等教育领域逐渐认识到大学生公民意识培养的重要性，民族院校也尝试在人文教育中围绕思政类课程来培养大学生公民意识，并取得了一些成绩，但与此同时，此类课程在课程设置、教学过程中也存在一定的问题，导致大学生公民意识相对淡薄。

作为大学生公民意识培养的主要途径，民族院校人文教育以科学合理地设计课程的方式实现这一诉求。在长期的实践中，民族院校已经意识到，人文课程的设置既要适应少数民族、民族地区乃至社会的需求并促其发展，又要实现各民族大学生的全面发展。但受到大学课程设置在实践过程中"学科中心倾向"[①]的影响，民族院校人文课程设置在实践环节也存在重知识体系轻价值体系构建，专业培养目标中重"人文"知识轻人文价值的现象。如北方民族大学在 2010 年本科人才培养方案中指出，汉语言文学专业主要培养"具有系统的汉语言文学基础知识、基本理论和扎实宽广的专业技能，能在行政机关、企事业单位、新闻、出版、宣传、文化等部门从事语言文字、文化传播等相关工作，具有较强的实践能力和应用水平的中高级专门人才"。这一培养目标是以功利化的教育理念为指导，以就业为指向，注重专业知识的学习和职业能力的培养。受此影响，专业课程围绕所培养的"高级专门人才"来设置，课程开发重显性课程

---

① 在实践中，为了避免简单地尊崇一种价值取向而排斥另一种价值取向的做法，设置者在课程编制中，往往把学科或知识体系作为课程设置主要的或唯一的依据，按照学科知识的逻辑顺序组织教学内容，片面强调课程对学科发展的促进作用，面对学生发展和社会需求很少顾及。见谭伟平《大学人文教育与人文课程》，华中科技大学博士学位论文，2005 年，第 6 页。

轻隐性课程，最终培养的是有专业知识与能力的职业人，而非既有专业知识与能力，又有专业精神的全面发展的人。

课程中有关公民意识内容零散，教学效果不佳。民族院校的思政类课程注重大学生政治素质的培养，注重培养大学生马克思主义国家观、民族观、宗教观，引导大学生树立正确的人生观、价值观、世界观及"三个离不开"思想。因此，在内容设置上以马克思主义理论为核心，侧重对大学生责任意识的培养，尤其强调大学生对国家和社会承担的义务与责任，如为共产主义理想而献身，听从组织安排，服从社会需要等，公民意识内容缺乏。同时，思政类课程中公民意识的内容是间接的和零散的，教师侧重于这类课程思想政治内容的讲授，重视少数民族大学生政治素质的培养。一名承担《思想政治修养与法律基础》课程的教师坦言："我对公民意识这个论题了解不深，这门课会涉及公民的权利与义务等基本法律知识，但教学中主要针对大学生政治素质的培养去组织内容，毕竟我们的很多学生是少数民族，他们毕业后要为民族地区经济社会发展贡献力量，政治素质的高低影响着民族团结、国家稳定与社会发展。"很多学生表示，这类课程理论性太强，政治味太浓，脱离学生的实际，上课不积极，大多是奔着考试去的，教学效果差。有位大二的土族学生说："思政课（上）学生能逃就逃，形同虚设，以前上课的时候，多数同学在课上看英语、专业书、小说或干别的，主要是这些课有一种预设的框架和思想，没有考虑学生，就政策谈政策，就政治论政治，没有在政策、政治事件中引导学生去思考民主、自由等问题。"

教学方法单调，评价方式单一，影响教学效果。以民族院校思想政治课教学为例，受到课程内容理论性过强、大班授课学生多等因素的影响，教师在课堂教学中更多地采用讲授法，学生兴趣不浓，积极性不高。有位教学督导这样描述："课堂上教师精心讲授准备的内容，学生有看英语书的，看专业书的，玩手机的，吃零食的，聊天的，还有睡觉的。课堂讨论很多学生是被点名后起来发言的，主动参与讨论的学生不多。"对部分大学生来说，他们关心的是考试好不好过，学分好不好拿，如果老师爱点名就必须去听课，不点名就逃课，有学生说："这课内容抽象，不感兴趣，而且实用性不强，我多数情况下是看专业书，偶尔也会听课，比如老师讲到与我们实际生活相关的话题时（我就）比较感兴趣。也有老师讲课很逗，也会听。"在课程评价上，民族院校培养公民意识的人文教育课程采取考试和考核两种评价方式，注重平时考查和期末测试，将过程性评价和总结性评价结合起来，但评价以教师为主，以对知识的识记和理解为主，忽视了对学生学习态度、道德品质等方面的评价。

第五章　民族院校培养公民意识的
人文教育缘何失常

马克思曾指出："一切划时代的体系的真正内容都是由于产生这些体系的那个时期需要而形成起来的，所有这些体系都是以本国的历史形成及其政治的、道德的、哲学的以及其他的后果为基础的。"① 民族院校在构建有民族底蕴、专业精神、通识意蕴的人文教育过程中积累了丰富的经验，取得了一些成绩，同时也存在着一些问题，这与我国特殊发展阶段的政治、经济、文化发展水平密切相关。随着我国社会主义现代化建设的推进，民族院校的人文教育需要进一步加强对公民意识的培养。实践调查发现，民族院校人文教育存在的主要问题有：努力营造民族文化氛围，但学生对民族文化缺乏深入了解；专业教育重知识与能力的获得，轻专业精神的培养，强调厚基础宽口径，但为开展通识教育而弱化专业，压缩专业课课时，致使专业不精通，通识不达标；强调通识意蕴，大力开展通识教育，但现实是通识课程比重不高，教学效果不尽如人意，相关理论和实践研究薄弱。就民族院校大学生公民意识现状来看，通过人文教育培养大学生公民意识尚处于不自觉的状态，大学生对公民身份认识不到位，公民资格实践不深入。下文将从合格公民的培养目标出发，对民族院校人文教育存在的问题从学校外部和学校内部两方面进行原因分析。

第一节　外部原因：历史和现实的维度

民族院校产生伊始就以"为少数民族和民族地区培养合格人才"为办学宗旨，然而，不同时代对"合格人才"内涵的要求不同，如新中国成立前创办的延安民族学院旨在为革命培养合格人才，新中国成立后创办

---

① 《马克思恩格斯全集》（第 3 卷），人民出版社 1960 年版，第 554 页。

的西北民族学院等旨在为祖国建设培养合格人才，转型后的中央民族大学等旨在为社会主义现代化建设培养高素质人才。就当前来看，"合格人才"的核心在于人的现代化，尤其是人的观念的现代化，正如美国社会学家英格尔斯在《人的现代化》一书中指出的："痛彻的教训使一些人开始体会和领悟到，那些完善的现代制度以及伴随而来的指导大纲、管理守则，本身是一些空的躯壳。如果一个国家的人民缺乏一种能赋予这些制度以真实生命力的广泛的现代心理基础，如果执行和运用这些现代制度的人，自身还没有从心理、思想、态度和行为方式上都经历一个向现代化的转变，失败和畸形发展的悲剧结局是不可避免的，再完美的现代制度和管理方法，再先进的技术工艺，也会在一群传统人的手中变成废纸一堆。"①人的落后，人文素质间的巨大差距是我们落后于西方的关键所在。从整个大背景来看，民族院校人文教育在培养公民意识的问题上表现失常主要受传统政治、经济、文化等的制约，封建残余思想致使大学人文教育倾向于培养顺从的臣民或有集体意识的人民，缺乏对平等公民身份的认识以及公民作为自由人的主体意识的培养；西北地区特殊的地域特点使得民族院校人文教育在不完善的市场经济以及多元文化碰撞中培养公民意识面临很多困难。

一　传统思想是制约公民意识培养的历史原因

在我国文化传统中，"公民"的概念建立在"臣民""子民"和"人民"等概念的基础上，古代以皇帝为中心、以君权神授学说为理论基础的皇权专制政治制度集中凸显皇帝个人的权威地位，形成了强烈的封建臣民意识、官本位意识、封建特权意识以及宗法观念等，在西北地区，野蛮的社会制度（如西藏农奴制）强调等级制和人身依附关系，虽然传统的皇权专制政治制度和野蛮的社会制度已经被废除，但封建传统思想仍有遗留，如重集体轻个体、重义务轻权利、重宗法轻律法等制约着公民意识的形成。

（一）臣民意识强大，公民身份意识难以形成

我国传统文化中的臣民意识是与君权至上的君主政治相始终的。在夏

---

① ［美］阿历克斯·英格尔斯：《人的现代化：心理·思想·态度·行为》，殷陆君编译，四川人民出版社1985年版，第4页。

商萌芽，到周朝形成了以周天子为中心的等级分封制，秦朝开始逐渐形成了以皇帝为中心的中央集权制。秦汉以后，君权至上准则得到统治者和全社会的普遍认可，在"君权至上"价值准则的规定下，臣民只有忠君义务观念，而无任何关于法定政治权利的自觉。① 君主拥有绝对的、至高无上的权力，成为万物的主宰，其他人均为君主的臣仆，是政治中的从属和被动因素，这种人与人之间的不平等导致普遍的忠君义务观念，即臣子在政治意识和政治行为及价值选择上，以忠于君主为基本原则。其上限为绝对忠顺，专一而不懈，其下限为不背叛君主。这即为孔子所说的"臣事君以忠"② 和荀子所强调的"君子'其待上也，忠顺而不懈'"③，"事圣君者，有听从而无谏争；事中君者，有谏争无谄谀；事暴君者，有补削无拂拂。迫胁于乱时，穷居于暴国，而无所避之，则崇其美，扬其善，违其恶，隐其败，言其所长，不称其所短，以为成俗"④。在普天之下莫非王土、率土之滨莫非王臣的封建统治意识下，律法上没有公民之称，唯有臣民之说。在我国清末的《钦定宪法大纲》中规定有两部分内容：一部分为"君上大权"，附一部分"臣民权利义务"，但这种文字上的权利受到被皇帝诏令和诸多特别法的限制，并没有真正落实。我国封建制法律公开确认贵族、官吏按其爵位等级在经济上享有免赋、免役的特权；在政治上实行封赠制。对广大"臣民"刑罚极为残酷，滥用肉刑，"具五刑""夷九族"⑤。这种忠顺和服从的观念，逐渐演化为普遍的"愚忠"心理，致使君臣观念成为维护君主制度的有力武器，人文教育则被异化为旨在培养忠君的臣民和有臣民意识的人的统治手段。这种对权威消极盲从和顶礼膜拜的臣民身份，体现的是一种依附性的政治人格，是一种消极被动的心态和盲目顺从的意识。现代国家在法律上赋予公民相应的权利，公民身份彻底否定了古代的臣民身份，强调公民的独立人格、理性批判与反思精神等个体的主体性追求，这种主体性的确立和发挥的程度是衡量人类精神进化的重要标志，也是不可泯灭的人性需求，从某种程度上来说，它是现代公

① 刘泽华：《论从臣民意识向公民意识的转变》，《天津社会科学》1991 年第 4 期。

② 《论语·八佾》。

③ 《荀子·君道》。

④ 《荀子·臣道》。

⑤ 程辑雍：《公民意识历史考察和基本内涵》，《上海社会科学学院学术季刊》1987 年第 2 期。

民获得独立平等身份的前提。① 就西北地区民族院校大学生公民意识现状来看，不仅受到传统封建臣民意识的残余影响，也受到少数民族具有强大宗族凝聚力的宗法制度的消极影响，平等观念缺乏，在一定程度上制约着公民身份意识的形成，我们在现实生活中经常可以看到公民带有臣民特征，也可以看到带有公民特征的臣民。

（二）等级身份森严，权利义务失衡，难以形成公民资格意识

受封建君主专制制度和宗法关系的影响，中国社会以家庭、家族为基本单位，个人与家庭、家族乃至国家是一种依附关系，在社会生活中缺乏独立的法律地位，民主精神相对淡薄，不能以公民身份平等地参与社会生活，只能以臣民身份简单地隶属于家庭、家族和国家。所以，中国社会难以孕育出公民权利意识，倒是存在着比较发达的臣民心理。② 这种不平等的身份制度与现代社会中公民在政治和法律上普遍平等的独立人格相背离，是对人的平等、独立人格的贬损和蔑视，也就是说，身份差别将导致人与人在政治上的不平等，势必产生特权阶层。卢梭曾写道："臣民自身及其一切都属于暴君所有，或者至少暴君自己认为是如此，所以当暴君把臣民自己的一些财产留给他们的时候，他们还不得不把它当作一种恩惠来接受：暴君剥夺臣民，算是公正，暴君让臣民活着，算是施恩。"③ 在我国古代，臣民被排斥在政治等级之外，他们没有任何政治主动性，只能被动服从统治，所谓"君者，民之心也；民者，君之体也。心之所好，体必安之；君之所好，民必从之"④。这种以"义务本位"为特征的政治体系结构中，等级身份森严，个体对家庭、家族和国家的绝对忠诚使其权利和义务处于失衡状态，重义务轻权利。这种状态下，个体不可能确立主体性，不可能形成政治主体意识并参与到政治活动中。等级观念剥夺了人们的独立个性和政治自主精神，使人们不只在实际生活中，而且在精神上做

---

① 曲丽涛：《当代中国公民意识发育问题研究》，山东大学博士学位论文，2011 年，第 28 页。

② 姜涌：《中国的"公民意识"问题思考》，《山东大学学报》（哲学社会科学版）2001 年第 4 期。

③ ［法］卢梭：《论人类不平等的起源和基础》，高煌译，商务印书馆 1962 年版，第 135 页。

④ 《春秋繁露·为人者天》。

奴仆。① 当然，臣民消极被动的参与状态不仅仅在于其自身缺乏主体参与的自觉性，无法意识到自身的主体人格以及由此应拥有的权利，并在参与中维护权利，同时还受限于皇权专制社会对于参与空间的挤压以及等级依附政治关系的不断强化。面对权威的自卑和恐惧迫使臣民在政治参与中不得不采取从属和被动的方式，逐渐形成了对政治参与的冷漠态度，在此前提下，教育则沦落为培养"两耳不闻窗外事，一心只读圣贤书"的封建臣民的手段。

　　近代以来，传统思想对公民主体性的消解以及民主氛围缺乏导致权利义务失衡等，使得大学人文教育强调臣民的培养，即便是在认识到大学生公民意识重要性的今天，培养过程中也充满了强烈的政治色彩。纵观五千年文明，我国教育传统一直以强化等级关系为重点，但其中也不乏反映人文精神的内容。如夏、商、西周时期，大学教育以"明人伦"为首要任务，讲究孝、序、礼、乐，② 春秋战国时期孔孟思想中对君臣纲常的强调对其后乃至当前人文教育影响深远。但同时我们也发现，在《学记》《大学》等经典中，呼吁高扬人性、纯化人格的论述也不绝于耳。如《学记》中记载的通过教化使"近者说（悦）服而远者怀之"的社会理想，《大学》使人怀"仁、义、礼、智"之德；抱"齐家、治国、平天下"之志，达"止于至善"之境的追求等，均为人文精神的缩影，这些蕴含着浓郁人性色彩，服务于人的成长发展的教育观点对后世产生了极大的影响。也正因如此，孔子才会提出"凡自行束脩以上者，吾未尝不悔焉"，打开了平民接受教育的大门，而墨子更是提出了"人皆可以为圣贤"的观点。需要指出的是，尽管我国传统文化中并不乏人文关怀的精神，但人文教育的目标指向臣民，培养过程中会形成政治依附人格等消极因素，在很大程度上阻碍了人的主体性的确立，并制约着公民意识的培养。这使得民族院

---

① 刘泽华：《论从臣民意识向公民意识的转变》，《天津社会科学》1991 年第 4 期。

② 据古籍记载，夏商时期不仅设立了学校，而且有小学和大学之分。《孟子·滕文公上》说："夏曰校，殷曰序，周曰庠；学则三代共之；皆所以明人伦也。""设为庠序学校以教之。庠者，养也；校者，教也；序者，射也。"到了西周时期，通过射、御、礼、乐、书、数这"六艺"来培养文武兼备的人才，尤其强调礼、乐在治理国家中的作用，"礼所以修外"，"乐所以修内"；"安上治民莫过于礼"，"移风易俗莫过于乐"。通过教育来"化民成俗"，通过习孝来培养道德，通过习射来增强军事实力，通过习礼来规范人的言行，通过习乐来陶冶性情，以实现"明人伦"的目的。

校的人文教育虽努力彰显其民族底蕴、专业精神、人文意蕴，并将公民意识培养渗透其中，但对公民意识乏善可陈的传统至今仍影响着公民资格实践。

（三）群体意识对公民意识的消解

公民一词在中国首次出现是在 1953 年的《选举法》中，但仅作为法律概念使用，建立在人民和群众概念基础上的公民群体尚未出现。群众是集体概念，《辞海》中"群"的基本意思是"集体"，含有"众"的意思，表示"大多数"，后被引申为"社会"。按照现代汉语的字面理解，"群众"有两层含义，其一是指"人民大众"或"居民中的大多数"，即与"人民"一词同义；其二是指"未加入党团的人"，也就是普遍存在的"党员、团员、干部、群众"的区分。① 就群众的第二层意思来看，既表明了一种政治身份，又暗含着一种等级身份，这种认识导致"群众"与干部或官员相对应，造成了对公民的曲解，并混淆了群众与公民之分。人民是一个集合概念，强调整体价值，是国家主权的承载者，在不同历史条件下，从不同标准出发，人民指涉的群体有所不同。如毛泽东在《论人民民主专政》一文中曾指出："人民是什么？在中国，在现阶段，是工人阶级，农民阶级，城市小资产阶级和民族资产阶级，这些阶级在工人阶级和共产党的领导下，团结起来，组成自己的国家，选举自己的政府。"② 而在社会主义现代化建设时期，人民则涵盖全体社会主义劳动者、拥护社会主义的爱国者和拥护祖国统一的爱国者。可以看出，人民的概念相对模糊，但其中"民"所包含的属于这个集合的个体具有公民的权利和承担公民的义务，这与强调个体价值的公民概念互为补充。卢梭指出："在自然状态下，人是自由、平等的，但是在自然状态中存在着不利于人类生存的种种障碍，人类只有通过订立社会契约的方式集合起来，形成一种力量的总和来克服这种阻力；这一由全体个人的结合所形成的公共人格，以前称为城邦，现在则称为共和国或政治体，当它是被动时，它的成员就称它为国家；当它是主动时，就称它为主权者；而以之和它的同类相比较时，则称它为政权；至于结合者，他们集体地就称为人民，个别地，作为主权

---

① 姜涌：《中国的"公民意识"问题思考》，《山东大学学报》（哲学社会科学版）2001 年第 4 期。

② 毛泽东：《毛泽东选集》（第 4 卷），人民出版社 1991 年版，第 1412 页。

权威的参与者，就叫做公民。"① 由此可见，人民和公民既有联系，又有区别，人民集中反映了国家的整体利益和公共意志，公民的个体权利是构成人民主权国家的基础和前提，但"对人民整体利益和意志的过度强调以及对个体权利的轻视和践踏往往会导致人民主权下个体价值的虚无，从而出现公民缺位的局面"②。可以说，中国特色的公民概念以人民和群众概念为基础，所形成的群体意识制约着现代公民意识的形成。

二 特殊地域情况是公民意识难以形成的现实原因

西北地区由于自然地理条件相对恶劣，社会历史文化因素的长期积累以及政策和体制滞后，传统的小农意识在某种程度上影响和制约着公民的思想和行为；民主法制建设滞后，公民的自我意识不发达，法律意识淡薄；民族和宗教的多样性致使民族宗教问题影响着西北地区经济发展和社会稳定，制约着公民意识的培养。

（一）市场经济不完善，小农意识制约着公民意识的形成

目前，西北地区尚处于从"以小农经济为基础的熟人社会"向"以市场经济为基础的多元社会"的转型期，传统农业经济条件下形成的小农意识和计划经济体制下单一的经济模式，在某种程度上不利于民族院校大学生公民意识的产生和发展。

西北地区受封建残余思想的影响较深，经济发展滞后，农业经济发挥主导作用。在农业经济条件下，小农的"生产方式不是使他们互相交往，而是使他们相互隔离"，"他们不能代表自己，一定要别人来代表他们。他们的代表一定要同时是他们的主宰，是高高站在他们上面的权威，是不受限制的政府权力，这种权力保护他们不受其他阶级侵犯，并从上面赐给他们雨水和阳光。所以，归根到底，小农的政治影响表现为行政权支配社会"③。由于小生产者受外部自然界、氏族共同体内部的自然血缘关系以及单一产业结构的三重束缚，人们只知道自己的义务，而不知道自己的权利；只知道外在的异己力量，不知道自己的力量，无从产生以权利、自由、平等为主要内容的契约观念，更不可能超越现实经济关系的束缚和控

---

① ［法］卢梭：《社会契约论》，商务印书馆 1980 年版，第 25—26 页。

② 曲丽涛：《当代中国公民意识发育问题研究》，山东大学博士学位论文，2011 年，第 31 页。

③ 《马克思恩格斯选集》（第 1 卷），人民出版社 1995 年版，第 677—678 页。

制，建立和发展占主导地位的契约关系。① 新中国成立后，我国实行高度集中的计划经济体制，但计划经济体制下强调集体主义和国家利益，公民个人不能站在主体的角度关注自身的价值和利益，在对待自己应尽的责任和义务的问题上，也往往采取一种漠不关心的态度。② 此时创建的民族院校，在人文教育上注重学生政治素质的培养，强调集体主义和爱国主义，学生尚未形成主体意识，权利与义务意识匮乏。改革开放以来，我国经济体制实现了从计划经济向市场经济的转变，但长期以来形成的单一的经济模式、统一的思想意识形态和高度集中的政治体制，导致个人缺乏独立性，公民社会羸弱，公共空间发育不完全。③ 与此同时，在新旧体制转轨过程中，市场经济在带来经济绩效的同时也使一些不良影响渗透进来，处在价值观念多元化、社会经济结构多样化的现实社会影响下，人们的思想开始变得复杂起来，如有些人为了一己之利丧失社会公德和社会责任感；有些人在激烈的竞争之下一味强调个人能力而不顾社会公德，唯利是图；有些人法律意识比较淡薄，注重权利的认知和维护，但对法律责任义务强调得少……市场经济带来诸多负面影响，造成过分强调个人的能力、独立、个性、创造性、权利，而忽略公民的义务和责任，人们的社会公德心、责任感滑坡。这一时期，高等教育按照市场的需求进行学科专业调整，但过强的功利主义专业观致使实用主义盛行，应用性专业发展迅猛，而基础性学科，尤其是人文学科受到排挤和冷落。对处于发展和转型期的民族院校来说，其学科专业设置考虑到市场经济及民族地区社会发展需要，调整文科专业，增加理工科专业数量，曾一度陷入专业主义教育模式中，知识与能力成为核心，重视政治素质和科学素养的培养，忽视了人文素养的其他方面，导致民族院校大学生滋生了功利主义和实用主义，加上市场经济影响下拜金主义、利己主义的蔓延，大学生中出现了价值定位个体化，社会责任感弱化，甚至产生各种形式的极端个人主义，制约着民族院校大学生公民意识的培养。

（二）民族意识和宗教意识在公民意识形成过程中的消极影响

西北地区具有浓烈的地域民族文化色彩，如伊斯兰文化浓郁的宁夏回

---

① 蒋先福：《契约文明：法治文明的源与流》，上海人民出版社 1999 年版，第 81—84 页。

② 闵素芬、胡穗：《现代化进程中我国公民意识的缺失及提升途径》，《湖湘论坛》2005 年第 4 期。

③ 傅慧芳：《中国公民意识的本土特质》，《东南学术》2012 年第 5 期。

族自治区、新疆维吾尔自治区、甘肃省临夏回族自治州等，藏传佛教文化浓郁的青海藏区、甘肃省甘南藏族自治州等，其民族院校大学生面临民族认同、国家认同、宗教认同、跨境民族认同、地域认同等多重身份认同，在不同情境下，如当不同身份的群体出现矛盾时，选择何种认同或者以何种认同为主，至关重要。与此同时，我们也要注意极端民族主义和国外敌对势力"混淆国家、民族和宗教的界限，把宗教极端主义灌输到民族意识中，诱导民族意识滑向民族仇恨，把宗教意识升温到宗教狂热，鼓动、裹挟信教群众支持或参与他们策划、组织的分裂活动"①。而这种利用西北地区的民族、宗教来制造民族问题或民族事件的做法，制约着西北地区公民意识的培养，也影响着西北地区民族院校公民文化环境的形成。调查发现（见表5－1），民族院校大学生中有57.2%来自农村，46.1%家庭所在地周围都是本民族的居民，36.9%家庭所在地周围本民族的人占多数，且随后了解到他们大多数来自少数民族聚居区，强烈的民族意识和宗教意识与长期形成的国家意识乃至国际意识等多重意识之间形成阻抗，这在一定程度上造成了民族院校大学生对其公民身份认同处于不自觉的状态。

表5－1　　　　　　　　调查对象家庭所在地及周围居民情况

家庭所在地	N	（%）	周围的居民	N	（%）
省会城市	48	5.5	都是本民族的人	405	46.1
地区级城市	133	15.1	本民族的人占多数	324	36.9
县城	172	19.6	都是其他民族的人	20	2.3
农村	503	57.2	其他民族的人占多数	78	8.9
牧区	23	2.6	本民族和其他民族的人持平	52	5.9
总计	879	100	总计	879	100

民族意识从一产生就不是独立的，而是和宗教意识、国家意识等相互渗透发挥作用的，且在不同国度、不同历史时期、不同社会环境中，民族意识的表现形式和发挥的作用也不尽相同。作为一种意识形态力量，民族意识的产生有其历史必然性，对人类历史进程有着重大影响，积极方面在于各民族通过交往加强了解，增强团结意识和进取精神；消极方面主要是

①　雷琳：《公民意识与国家认同：西北边疆执政安全理念构设》，"中国特色社会主义与当代世界社会主义"学术研讨会暨当代世界社会主义专业委员会2009年年会论文，2009年，第168—171页。

指民族意识具有的狭隘性、保守性、排他性和利己性及其所带来的阻滞或破坏民族正常发展和正常交往的社会后果，这种狭隘的民族意识促使各民族更加关注本民族感受，着眼于从本民族利益出发来衡量与其他民族和国家的关系，容易滋生民族主义，对民族团结和社会稳定不利，而且一旦为敌对势力所利用，又会成为破坏国家统一和社会稳定的因素。①

　　民族意识总是与宗教意识缠绕在一起，我国少数民族宗教信仰众多，甚至有的民族是全民族信教，托克维尔曾说过，"民主的一个大敌是个人主义的兴盛，使人不再关心政治、社会生活，而宗教信仰总能弥补这一缺陷，宗教让人不仅顾自己的事，也顾别人的事"。同时，"没有一个宗教不是叫每个人要对人类承担某些义务或与他人共同承担义务，要求每个人分出一定的时间去照顾他人，而不要完全自顾自的"。②根据这种观点，宗教有利于发挥民主的功能，宗教信仰会影响民族关系认同，最后都会表现在对国家的认同之上，或促进民族团结，国家统一；或导致民族分离，国家分裂，甚至引起战争。③从积极的方面来看，宗教可能产生凝聚民族的作用，成为民族融合的黏合剂；从消极方面来看，宗教也可能产生分化民族的作用，成为民族分裂的导火索。访谈中有位大二仡佬族男生说："我觉得民族意识和国家意识是有冲突的，正因为这样才会发生新疆、西藏等极端的事件。而且上大学后，我认识一个维吾尔族老师，他很虔诚，对母语和所属民族有强烈的保护意识，因为他上大学前会说维语但不会写，他（就）想让自己的孩子出生后先学维语，再学汉语。"从学生的话语中不难看出，他认识到民族意识和国家意识之间会产生冲突，通过他描述的与一位有强烈民族情感的维吾尔族教师的谈话能感受到，在看他来，宗教信仰在民族意识和国家意识冲突中发挥着重要作用。公民身份地位的前提是人们被看作自主的、有自我意识的人，其计划和信仰要得到尊重。④民族意识和宗教意识对民族院校大学生公民意识培养产生一定的影响，其中消极的民族意识与

---

① 刘仕国、陆廷荣：《论民族意识与公民意识的和谐统一》，《实事求是》2000 年第 4 期。

② ［法］托克维尔：《论美国的民主》，转引自林国基《托克维尔平等与宗教思想的现代意义》，《人文杂志》1999 年第 6 期。

③ 张践：《宗教与民族国家认同》，《中国民族报》2012 年 1 月 3 日第 6 版。

④ ［英］尼克·史蒂文森：《文化与公民身份》，陈志杰译，吉林出版集团有限责任公司2007 年版，第 47—48 页。

宗教意识阻碍公民意识的形成。

　　（三）学校教育在学生公民意识培养方面存在不足

　　公民意识培养是一项长期的系统工程，学校教育在公民意识的形成过程中发挥着不容忽视的作用。目前，学校教育中学生公民意识培养多渗透在各科教学和其他活动之中，主要通过德育来进行，如1998年原国家教委制定的《中小学德育工作规程》中明确指出："中小学德育工作的基本任务是，培养学生成为热爱社会主义祖国、具有社会公德、文明行为习惯、遵纪守法的公民。"《国家中长期教育改革和发展规划纲要（2010—2020年）》中也明确提出："加强公民意识教育，树立社会主义民主法治、自由平等、公平正义理念，培养社会主义合格公民。"但在实施过程中，受"应试教育"体制的影响，公民意识培养尚未引起足够的重视，首先是各级教育行政主管部门对学生公民意识培养重视不够，对公民（意识）教育的内涵理解不深，没有全面认识到中小学阶段开展公民（意识）教育的重要性，导致学校没有制定公民（意识）教育的具体实施规划和目标，培养学生公民意识课程实施过程中缺乏制度层面的保障和相关支持。其次，学校尚未形成独立的公民教育体系和课程系统，学生公民意识培养主要集中在小学开设的《品德与生活》《品德与社会》，初中开设的《思想品德》以及高中开设的《思想政治》课程之中，虽然取得了一些成效，但存在着课程目标定位不清、课程设置缺乏系统性、课程内容庞杂且重复现象严重等问题，培养学生公民意识的要求和措施落实起来比较困难，影响了学校公民意识教育的效果。此外，教师对学生公民意识培养缺乏理性认知，认为这是德育教师和班主任的事，未将其与所教课程联系起来，同时，公民意识教育理论知识的缺乏也使得教师的课程定位笼统，在课程设计和实施过程中力不从心，教学效果不佳。

　　（四）家庭缺乏民主氛围，制约公民意识的形成

　　家庭是个体最早接受教化的场所，是人的第一所学校，对大学生公民意识的形成与发展产生着深刻影响。在我国长期以来根据私人关系形成的"家国同构"网络中，人们的活动以家庭、熟人为核心，社会道德局限于私人关系之中，不能清晰地认识到在公共生活领域中应当遵守的道德规范。这种生活方式使"传统的中国人只讲自己小圈子里的道德——遵守家庭内部及朋友、熟人之间的道德规范，而一旦脱离这种血缘或类血缘的环境，到了陌生的公共环境中，就往往对公共秩序中应该共同遵守的东西

熟视无睹"①。民族院校大学生多来自农村，很多学生的家长，尤其是偏远落后地区以及文化程度不高的家长，受主客观条件的影响和制约，几乎没有参与过民主、法制和政治活动，也就没有参与民主法制和政治生活的直观感受，因此，他们根本意识不到自己是国家的公民，享受我国宪法和法律赋予的基本权利和履行应尽的义务。同时，传统的家长制作风也使得家长在家庭中拥有较高的地位，家长和孩子之间处于一种不对等、不和谐的关系，孩子必须依附家长，无条件地听从家长的决定，在这样的家庭中，孩子的个性被压抑。而现代放任型的家庭中，家长对孩子倍加呵护，包办、替代孩子的一切事务，满足孩子的一切要求，这种宠爱使孩子只懂得享受，缺乏责任意识。由此可见，家庭一方面在某种程度上决定着个体对公民信息的要求程度和对政府事务、公共事务等的兴趣大小；另一方面，家庭的结构和角色模式、民主或专断的氛围、权威表现的方式、处理问题的手段和方法等直接影响个体的公民意识、公民行为与习惯。②

调查发现，70%的民族院校大学生认为家庭氛围在大学生公民意识形成中发挥着非常重要的作用。如访谈中一位大二的蒙古族女生说："从小到大的生活环境、家庭氛围对个人的影响（是）根深蒂固的。我看过有关中日小学生的一个教育宣传片，午餐时间，日本小学生会先搬桌椅，（在搬桌椅的时候互相）协作，（饭菜）不剩余，并有垃圾分类的意识；中国小学生有做到的也有做不到的。从宣传片中可以看出，参与、协作和环保等意识是在潜移默化的生活中进行的，会影响一个人的行为。"民族院校大学生的家庭氛围影响了他们参与社会公共事务的积极性，而参与意识与自由平等精神的缺乏阻碍了他们公民意识的形成与发展。

调查数据也显示，西北地区民族院校大学生的家长文化程度普遍较低，其中，父亲文化程度在初中以下的占62.9%（见图5-1），母亲文化程度在初中以下的占73.4%（见图5-2）。访谈中了解到，很多学生家长在实际生活中缺乏权利义务意识，政治参与意识淡薄，这不仅制约他们对自身公民身份的认知和公民资格的实践，也使得大学生在家庭中无法获得公民知识，不懂得如何实践公民资格，公民意识淡薄。

---

① 刘智峰：《道德中国》，中国社会科学出版社2001年版，第8页。

② 李芳：《当前我国高校公民素质教育研究》，华中师范大学博士学位论文，2006年，第127页。

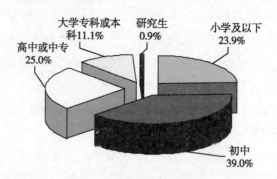

图5-1　西北地区民族院校大学生父亲文化程度

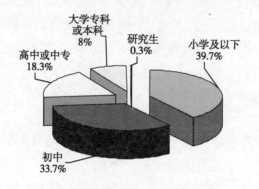

图5-2　西北地区民族院校大学生母亲文化程度

　　总之，西北地区特殊的地域政治、经济与文化状况，使得民族院校人文教育在培养大学生公民意识方面面临重重困难，制约着大学生对自身公民身份的认知与实践，阻碍着公民意识的形成与发展。

第二节　内部原因：学校教育的维度

　　合格公民不是自然生成的，他的出现需要发挥个人、家庭、社会的合力，在这一过程中，学校教育是培养合格公民的重要途径，通过有针对性的学校教育，使年青一代认同公民身份，践行公民资格，最终形成公民美德。德国著名教育家凯兴斯泰纳在19世纪就提出了教育的根本目的在于为国家和人类社会培养所需要的公民。"第一次世界高等教育大会"也指出，培养合格公民是新时期高等教育的任务，大学在公民培养方面需要发挥举足轻重的作用。民族院校缺乏系统的公民教育，大学生公民意识的培养主要通过人文教育来开展，从西北地区民族院校现状来看，其人文教育在大学生公民意识培养方面存在思想认识不足、实践乏力等问题，致使大学生公民意识淡薄，主要原因如下。

一　民族院校人文精神的失落

全球化时代，科学技术突飞猛进，科学几乎改变了人类的生活方式，人们对科学的迷信和崇拜堪比对上帝的迷信和崇拜，正如心理学家弗洛姆（E. Fremm）所说，"19 世纪的问题是上帝死了，20 世纪的问题是人死了"。就科学技术本身来说，并没有对错之分，但人类在对科学过分迷信和崇拜的同时忽视了人的文化与精神塑造。在教育领域，功利主义泛滥成灾，人文精神严重缺失，呈现出"知识教育""技术教育"的不良倾向，人的主体世界、情意世界和精神世界被忽视，西北地区民族院校人文教育也曾陷入重知识与能力培养的专业教育模式之中，教育难以培养出具有完整性、主体性和独立个性的人，也难以培养出有思想、有理想、有智慧、有德性的高素质公民。①

（一）人文教育式微

我国古代传统教育重视"四书""五经"等内容，忽视其他方面的知识和技能训练，制约着近代以前自然科学的发展，也阻碍了学科体系的建立。鸦片战争中，西方的坚船利炮打开了中国国门，在强烈的民族危机面前，有志之士主张"师夷长技以制夷"，学习西方的科学技术，以实用为导向的科技教育受到重视，自此，西方以科学主义为基础的现代教育体制植入中国。中华人民共和国成立后，为了早日实现工业化，真正实现国家自主富强，人们对发展科技教育的呼声越来越高，大力发展科技教育在很大程度上促进了新中国经济社会的发展，但同时也出现了"重理轻文"的现象。近三十年来，为了进一步加快社会建设，科技教育的地位不断被强化，大学在人才培养过程中忽视人文教育在所难免。

社会主义现代化建设急需科学技术的支持，但我国科学技术先天不足。为实现社会主义现代化，培养高级人才的高等教育不可避免地要重视科学教育，为社会发展培养大量科技人才，这是历史发展的必然要求，体现在"教育救国""科教兴国"等口号和战略中，也反映着社会对高等教

---

① 赵立波：《人文发展与通识教育问题初探》，复旦大学博士学位论文，2008 年，第 14 页。

育的殷殷期待。但随着科学技术的迅速发展，它的实用与功利价值在社会主义现代化建设进程中不断凸显，科学主义、工具主义逐渐取得了支配地位，产生了功利主义价值观，并逐渐在高等教育中形成以国家为中心的教育价值观，它强调教育要为政治、经济建设服务，强化了科学技术的价值。高等教育对科学教育的过分强调势必导致对人文教育的忽视，造成大学人文教育式微。这一倾向也存在于当前民族院校中，具体表现在理工科与文科相比，在经费、生源、师资、科研项目等方面都占有极大优势，而人文教育式微的背后是人文精神的缺失。人文精神缺失固然有其社会原因，但大学作为社会的良心，其人文教育负有不可推卸的责任。

人文学科集中反映着人文教育，从目前大学课程设置中不难看出，人文学科逐渐丧失了主要地位，课程设置越来越少；受社会和就业的影响，主修理工科课程的学生越来越多，主修人文学科课程的学生人数急剧下降，许多大学生甚至对历史、文学、艺术、哲学等知识茫然无知；人文教育自身的科学化倾向使它逐渐退化为人文知识，专业教育有余而人文精神不足。爱因斯坦曾经谈道，"通过专业知识教育人是不够的。通过专业教育，他可以成为一种有用的机器，但是不能成为一个和谐发展的人，要使学生对价值有所理解并且产生热烈的感情，那是最基本的。他必须获得对美和道德上的善的鲜明的辨别力"①。因此，民族院校加强人文学科不应停留在日益"科学化""知识化"的人文课程上，要从人的全面发展的角度出发，站在民族发展的高度来审视，注重对个体人文精神的培育，在知识授受与能力培养的基础上，关注个体的情感体验，加强个体对自然、社会及自身的了解，使他成为身心和谐发展的人。

（二）功利主义对人文精神的遮蔽

从全球范围来看，各国都在急切地追求经济增长，关于教育方向的追问以及与之相应的关于世界各民主社会发展方向的追问少而又少，一些对民主制度的未来非常珍贵的价值正面临丧失之险。② 人们在"实用"的诱惑下变得越来越务实，逐步沦为功利主义的奴仆，而作为人存在的意义和价值的最高展现的人文精神已被经济至上的追求所湮没，市场化和功利主

---

① 这是爱因斯坦因《纽约时报》教育编辑请求而写的一篇题为"培养独立思考的教育"的声明，发表在 1952 年 10 月 5 日的《纽约时报》上。

② ［美］玛莎·努斯鲍姆：《告别功利：人文教育忧思录》，肖聿译，新华出版社 2010 年版，第 7 页。

义导致教育重赢利而非重民主，丢弃了教育的育人目的，使其逐渐沦为制器之术。正如西方学者达拉里（M. Dallaire）所言："教育成为制造劳动者的一台机器，通过教育的塑造，人被变成追求物质利益的人，掌握生产技术成为受教育的全部目的，这样，人愈是受教育，他就愈被技术和专业所束缚，愈失去作为一个完整人的精神属性。"① 我国学者鲁洁也指出："当今的教育从根本上偏离了它本真的意义，成为了一种在工具理性操作下的功利主义教育。"②

　　新中国成立后，大学人文教育由培养"政治人""经济人"逐渐过渡到培养"文化人"，民族院校的产生和发展过程清晰地反映着这一转变。新中国成立初期，工业化建设的需要促使高等教育逐渐形成了以工程技术、专业教育为主的"重理轻文"格局，1952 年高等教育院校调整形成了文理分家、理工分家的局面，学科专业进一步分化，专业教育受专业化和技术化的影响，被误读为科学教育或知识教育。这一时期的民族院校在培养政治可靠的少数民族干部的同时，开始关注人的专业能力，为少数民族和民族地区的经济社会发展培养了大批专门人才，发挥了民族高等教育在社会主义建设事业中的重要作用，但对科技的过分注重也为此后缺乏人文内涵的专业教育埋下了隐患。改革开放以来，功利主义价值观使得人们逐渐把技术和理性当作追求功利的重要手段，教育则为了迎合时代发展的需要，关注生存技能的授受，忽视了生存意义的探究，呈现出唯科学教育和唯理性教育的样态。民族院校也把重点放在技术教育上，人文学科逐渐走向边缘化。在市场经济影响下，高校专业设置以市场需求为风向标，注重专业的短期市场效应，学生也只看重有利于就业的专业和技术，忽视人文类课程的学习，缺乏追求真善美的科学精神和人文精神，以致有人高呼大学已然市场化，这种状况导致大学生重知识与能力的获得，忽视自身人文素养的形成，公民意识薄弱。这种功利化的"公民"与追求自由、民主精神的公民相去甚远。正如理查德·利问斯通（Richard Livingstone）所说，"教育的职业性和社会性诚然重要，但舍掉其精神性则是致命的，它之所以致命，是因为可能长时间都看不到缺少精神性，就如同一种不知

---

① 王坤庆：《当代西方精神教育研究述评》，《教育研究》2002 年第 9 期。
② 鲁洁：《教育的返本归真——德育之根基所在》，《华东师范大学学报》（教育科学版）2001 年第 4 期。

不觉加重的病患一样。一个国家会因此受苦，直到病入膏肓才认识到病情的严重"①。在社会变革加剧的全球化时代，我们逐渐意识到：为了赢利的教育忽视了教育的教化功能及人文品格，遮蔽了人文精神，违背了教育所固有的精神品格。

（三）大学教育理念的迷失

西方大学一直以培养完善人格的人为目标，以育人为根本任务。在古希腊，博雅教育以培养人的德性为目的，核心是对贵族素质的培育，是使贵族不仅拥有财富，而且得到精神的幸福和灵魂的自由，这是以教授实用知识为目的的教育无法实现的。在欧洲中世纪，大学继承了古希腊博雅教育注重人文价值的传统，古典人文学科成为大学教育的主要内容，"它是关于世界和人性的一种思想体系……也是一个当时有效地引导人们生活的包容各种信仰的综合体系"②。到了近代，以牛津、剑桥为代表的大学的教育理念是使学生成为绅士，即具有学养、涵养、教养的心智能力，精致的趣味，坦诚、公正、冷静的头脑，高贵与合乎礼仪的生活方式；而德国学派则侧重于使大学在宁静与自由的方式中培养学生，使他们获得创造性的知识，致力于思维水平与判断能力的提高，从而独立地发现真理与新知。③在全球化时代，大学则集传授知识、适应社会和关怀人生为一体，注重人文关怀和人的精神家园。从西方大学发展历程可以看出，大学的基本功能是育人，对人的意义世界的塑造是大学之本，教育中对人的关注，对人的自由的回归是大学人文精神之所在。

近年来，我国大学人文教育受物质至上和强烈政治导向的侵蚀，功利主义和工具主义致使人文教育逐渐变得见物不见人，人文教育"目中无人"导致大学丢失了育人之本。如中山大学开展的博雅教育旨在通过跨专业跨学科的学习来开发培养学生知识技能，意在培养思想家、学问家；武汉大学、清华大学以宽口径跨学科的专业知识人才培养为通识教育的目标；而北京大学的通识教育（"元培计划"）则是为研究生阶段的学习打基础。西北地区民族院校在普通高校通识教育实践经验的基础上，以"厚基础、宽口径、强实践、高素质、重创新"为原则，特别强调为少数民族和民族地

① 赵立波：《人文发展与通识教育问题初探》，复旦大学博士学位论文，2008 年，第 14 页。

② ［西班牙］奥尔特加·加塞特：《大学的使命》，浙江教育出版社 2001 年版，第 55 页。

③ 孙博：《中国大学人文教育的反思与重建》，《教育与职业》2011 年第 6 期。

区培养具备专业知识与能力，能够直接为经济发展服务的高素质人才。这种价值取向上的偏执使我国高等院校目前实施的人文素质教育多停留在人文知识学习的层面，而忘了人文教育的根本是培养人文精神，人文教育逐渐沦为专业教育或职业教育的点缀，大学正逐步变为职业养成所。蔡元培曾指出"学校并不是贩卖毕业的机关，也不是灌输固定知识的机关，而是研究学理的机关"，然而他的这些教导正被今天的教育者们所淡忘，教育"日益变成可以凭借权力和金钱随意兑换的商品。……什么是大学的使命？作为一所现代大学，技艺和实证知识都不可或缺，甚至可以说非常重要。但这些专门技艺和实证知识本身，却并非大学的目的；相反，是大学的目的给了这些技艺和知识以方向和目标。因此，大学的使命，在于自由教育，而自由教育的要害在于结合哲学、政治和伦理的公民科学"[1]。大学一旦偏离了自身的使命，它就沦为贩卖知识的场所，缺乏对学生公民意识的培养，也就不可能使学生获得最大限度的发展。

二　民族院校公民意识培养力度不够

作为一种社会意识，公民意识不会自动形成与发展，它是在教育中，在实践中，在生活中逐渐形成的。学校是学生生活和发展的主要场域，但目前学校教育中公民教育的内容并未落到实处，症结在于学校公民教育开展时间短，在实施方法、内容等方面有待改进。以中学公民教育为例，早在1995年，《中学德育大纲》中就规定，"中学德育工作的基本任务是把全体学生培养成热爱社会主义祖国的具有社会公德、文明行为习惯的遵纪守法的公民"，但直到今天，这样的公民教育在中学，尤其在面对高考压力的高中，实施效果可想而知。试想，学生在进入大学前并未接受过系统的公民教育，而大学也未把培养高素质公民作为目标之一，学生进入大学后就只能通过《思想道德修养与法律基础》等思想政治类课程获得公民知识。因此，接受此种教育的大学生的公民知识是零散的、不系统的，而为应付考试死记硬背的公民知识并未被学生内化并指导其公民行为，高等教育在培养大学生成为拥有真正公民意识的群体这一问题上任重道远。

（一）缺乏系统的公民教育

公民教育先天地具有强烈的民众关怀和平等意识，以及由此而来的对

---

① 当代大学生思想道德教育研究课题组编：《当代大学生思想道德教育的理论与方法》，北京大学出版社2007年版，第172页。

现实生活的质疑、批判和反抗姿态。① 西北地区民族院校公民教育理论研究和实践探索尚处于萌芽状态，公民教育缺位是其大学生公民意识薄弱的重要原因。自"公民"一词出现至今，西方国家致力于理想公民的培养和塑造，教育成为培养理想公民的当然途径，公民教育的理论与实践研究促进了公民意识的提升。但我国高校公民教育体系尚处于探索阶段，公民教育主要通过思想政治教育得以体现，民族院校是各民族大学生，尤其是少数民族大学生公民意识的主要培养场所，自建立伊始，承担着培养少数民族干部以及部分专业技术人才的任务，而高素质公民并不是其培养目标之一。因此，民族院校对大学生公民意识培养重视不够，公民意识培养主要渗透在德育或思想政治教育课程中，未将培养高素质公民作为培养目标之一，没有开设专门的公民课程，更没有形成系统的公民教育体系。2005年教育部对高校思想政治理论课进行了改革，将原来的七门课程从内容到体系进行了整合，形成了当前的《马克思主义基本原理概论》《毛泽东思想、邓小平理论和"三个代表"重要思想概论》《中国近现代史纲要》《法律基础与思想道德修养》四门课程。民族院校在此基础上增加了《民族理论与民族政策》和《形势与政策》，其目的在于培养大学生的国家意识，侧重个人与集体关系、个人与国家关系的教育，旨在提升民族院校大学生的国家认同感。但就现状来看，这类课程在大学生公民意识培养过程中并未很好地发挥作用。访谈中，当问到思政类课程在大学生公民意识培养中的作用时，一名大二汉族男生说："学校教育体系没有将公民意识融入进去，思政类课程一直关注比较高的理论，没有深入学生之中，没有结合生活。爱国不是爱党，如表达愤怒的很多行为是不被允许的。团结是很不够的，很多情况下被压制下去。这样看国家是否允许你这么做。"可以看出，民族院校思想政治教育课程主要是树立大学生正确的人生观、价值观、世界观，树立正确的民族观和宗教观，但从内容来看，理论性过强，实践性不足。

思政类课程在实施过程中，教学组织形式以大班授课为主，但"思政课的授课方式有些僵硬，不够新颖，学习的效果不太好，宁愿选择自己去学习。其实大学还是有必要开设思政课的，但要理论结合实践，如马哲应该将原著、教师观点等结合起来，要看学生自身的理解程度"（对一名

---

① 何雪莲：《论公民教育的可能困境》，《教育科学研究》2008 年第 12 期。

大二蒙古族女生的访谈）。其他受访学生也普遍反映，这类课的教学方式以课堂讲授为主，他们的学习积极性不高，兴趣不浓，学习效果欠佳。

民族院校尚未建立、健全和完善大学生公民意识培养体系，在思想政治教育课程之外的其他课程教学或课外活动中培养大学生公民意识尚处于一种不自觉状态，公民意识也未纳入民族院校大学生评价体系。如在学生评优、评奖等过程中，绝大部分以考试成绩为主要评价标准，未考虑到大学生的公民意识，也没有关公民意识的评价指标。民族院校大学生公民意识评价的缺失不利于构建符合少数民族大学生特点的公民意识培养模式。因此，我国民族院校公民意识的培育面临着双重任务[①]：一是，民族院校必须使政治教育为公民意识教育让出更多的发展空间；二是，民族院校公民意识教育必须要开拓出符合不同族群文化多元事实的合理教育模式。

（二）实践体验缺乏致使大学生公民意识不足

实践体验是认同公民身份与践行公民资格，进而形成公民意识的有效途径。调查显示，西北地区民族院校大学生并不缺少与社会接触的机会，这是因为学校、学院、班级乃至社团等组织的诸多活动，为大学生提供参加社会实践的机会，但即便如此，学生中仍普遍存在实践体验不足的现象。

一是实践活动多样，但学生参与的积极性不高，部分大学生并非自愿参与社会实践，而是被要求甚至被迫去参加的。访谈中有位大三的彝族学生站在活动组织者的角度说："作为学院学生会干部，我参与组织了很多活动，一般来说，体育活动主动参加的学生较多，文艺类活动参加的学生多但坚持下来的不多。在各类活动中，如果学生是自愿参加的，会对学生自身有很大帮助，活动的效果也比较好；如果学生是被'规定'或被迫参加的，活动本身对学生不会有影响，或者产生不好的影响，活动效果也不太好。"有学生在谈到曾经参加过所在地区的人大代表选举，但对候选人并不了解，选谁不选谁凭感觉；班干部、学生会干部及其他评优活动也有失公平，参加此类活动多为教师要求，部分同学抱着无所谓的态度，而且这种参与积极性随着年级增长而变淡，正如一位大三的壮族学生说：

---

① 张英魁：《多元文化教育视角下的少数民族公民教育》，《广西民族研究》2005 年第 1 期。

"刚进大学的时候参与各种活动的积极性蛮高的，但后来就慢慢变淡了。一方面是对有些活动不感兴趣，另一方面是除了学习还在外面做兼职，时间上有冲突。班里有些同学比较热衷于参加各类活动，也有同学从不参加任何活动"。

二是民族院校大学生有一定的公民基本理论知识，但实践中缺乏与之相对应的公民行为，理论与实践不一致。如有些学生口头上讲理想，而实际中却个人利益当先。在思想观念上，当个人利益与集体利益、国家利益间发生矛盾，不能兼顾时，学生认为需要牺牲个人利益；但当此类问题真正发生时，他们却不愿意以集体利益为重，更有甚者以牺牲国家利益、集体利益来满足个人利益。当民族意识、宗教意识与国家意识发生冲突时，部分有宗教信仰的大学生会先维护本民族或宗教的利益，其民族意识、宗教意识比国家意识强烈，如访谈中有位大二的藏族学生就公职人员不能参加有些宗教活动表示不满，她说："我会说藏语，会写藏文，信仰藏传佛教。六年级开始学汉语。刚进大学的时候不怎么和同学交往，后来慢慢就习惯了，除了藏族同学，平时和汉族同学交往多一些。在家的时候很少看电视，偶尔会看新闻。家里人的宗教信仰强烈，但公职人员不能参加有些宗教活动，对于这一点内心还是比较排斥的。"这些事例表明，缺乏具体的实践体验，大学生的公民意识就只能是概念层面的公民知识，无法转化为内蕴的认识。

三是学校组织的社会实践活动存在形式化、单一化、缺乏经费等问题，这些问题影响着民族院校大学生参与社会实践的积极性，也降低了学校在社会实践中培育大学生公民意识的效果。

> 我喜欢走访社区，参加法律宣传和其他社会实践活动，多接触外面的社会还是比较好的。但有些活动缺乏新意，重复组织，效果不好。（对一名大二布依族男生的访谈）
>
> 我是法学社策划部的，我们目前策划的活动提议或方案需要校团委批准方可组织开展，有些活动很不错，但缺乏经费支持，只能推后或取消。希望学校支持学生的社团活动和课外实践活动。就我们目前组织开展的活动来看，通过法律宣传，有利于大学生加强对法律的了解，提高我们的权利意识和责任意识。（对一名大二满族男生的访谈）

三 民族院校公民文化氛围不浓

随着"公民"概念的产生和发展，在市场经济和民主政治推动下形成了以民主和参与为核心的公民文化。公民文化是一种与政治结构相互协调的参与型政治文化，是与民主制度相适应的公民的政治态度、情感、信仰和价值取向，它既可以表现为公民对于政治的认同感，也可以表现为公民的政治价值观，如对自由、平等、正义的追求，对民主的信仰。① 在我国市场经济和社会主义民主建设进程中，公民文化与传统文化之间的矛盾和冲突成为培养公民意识的制约因素。西北地区民族院校多元文化在碰撞、冲突、阻抗、适应中共存，尚未形成以民主和参与为核心的公民文化，制约着大学生公民意识的培养。

（一）传统教育思想的影响

中国传统文化是中华文明演化而汇集成的一种反映民族特质和风貌的民族文化，是指居住在中国地域内的中华民族及其祖先所创造的、为中华民族世世代代所继承发展的、具有鲜明民族特色的、历史悠久、内涵博大精深、传统优良的文化，是适应于中国社会在地理环境、经济结构、民族心理、语言文字、思维方式等方面的特殊性和特殊需要而逐步产生和发展起来的，最终形成的独具特色的中华民族文化。② 这种以农业为依托、以血缘为纽带、以宗法为桥梁的传统文化凸显了集体的作用，忽略了个人的主体性，抑制了以市场经济为依托的公民文化的形成。公民文化是西方社会的产物，随着古希腊时期城邦（polis）的形成出现了"公民"一词，古希腊时期不同政体的城邦都孕育出了深厚的公民意识与公民文化，如设有专门参与议事的公民大会、议事会等机构，尤其在雅典，为方便公民议事，甚至发放津贴，雅典的"广场政治"和直接民主的政治实践更是促进了古希腊公民文化的发展壮大。③ 经历了中世纪城市的兴起和资本主义制度在西方国家相继确立，公民的内涵不断拓展，公民的参与意识、法治精神以及宽容、独立、自由与平等的观念不断深入，一种建立在沟通和说

---

① 肖辉：《基于公民教育视角的中国公民文化建设研究》，云南大学硕士学位论文，2011年，第7—8页。

② 李春霞：《公民文化与中国传统文化》，《社科纵横》（新理论版）2010年第6期。

③ 吕峰、于贵明：《中国传统和谐文化与西方公民文化的比较》，《广播电视大学学报》（哲学社会科学版）2008年第2期。

服基础上的多元文化即公民文化形成了，它是一致性和多样性共存的文化，它是允许变革，但必须有节制地进行的文化。①

受传统文化影响，我国古代大学人文教育重视道德教育，轻视公民的培养。道德教育的目标是培养"圣人"，其突出特征："一是，看重对一种道德状态或对一种理想化的道德价值的精神追求，注重个体在精神层面的不断精进；而不太注重对合理的政治或经济体制的设计，基本不涉及人的社会存在或物质生存层面。二是，热衷于追求高水准、准宗教化的所谓'终极价值'，而不太关注建构一种切实可行的、用以规范共同体成员的伦理准则。"② 近现代大学人文教育受特定历史时期国情及西方文化的影响，所培养的国民包含了公民意识，新中国成立以后，尤其是进入社会主义建设时期，大学人文教育以培养无产阶级先锋队和共产主义接班人为目的。相应地，民族院校人文教育也以为少数民族和民族地区培养干部为目的，在价值取向上宣扬诸如"大公无私、先人后己""在集体利益与个人利益发生冲突的时候，要毫不犹豫地放弃个人利益"等，忽视了大学生自身的需求，弱化了他们的主体意识，导致权利和义务失衡，忽视了教育"以人为本"的内核。随着社会主义市场经济体制的确立，人的主体性得到了张扬，主体意识得到重视，但大学人文教育也面临着培养目标实用化和功利化，民族院校提出要为少数民族和民族地区培养高素质人才，但在实施过程中重视培养大学生的政治素质、专业知识和专业能力，却忽视了对他们进行精神陶冶以及公民意识的培养。在民族意识和宗教意识影响下，少数民族大学生对自己在国家和社会生活中的主体身份认知不清晰，公民资格实践中觉悟较低，公民身份意识淡薄，对政治以及公共事务的参与缺乏积极性，公民素质与社会要求还有一定的距离。

（二）民族院校校园文化的影响

学校生活为大学生公民意识的产生和提高搭建了平台，而大学生公民意识将对整个社会进步产生重要影响。民族院校多元文化共存，如何在中华民族传统文化、各民族传统文化、地域和民族文化以及西方文化等的碰撞中认同公民身份，并形成一种建立在沟通和交流基础上的多元文化，从

----

① ［美］加布里埃尔·A. 阿尔蒙德、西德尼·维巴：《公民文化：五个国家的政治态度和民主制》，徐湘林等译，华夏出版社 1989 年版，第 8 页。

② 李芳：《大学生公民素质教育：理论探讨与实证研究》，中国社会科学出版社 2008 年版，第 232 页。

而形成以差异与宽容、协商与妥协、竞争与合作、权利与责任为心理基础的开放的学校公民文化，是增强大学生公民身份认同以及公民意识培养亟须解决的问题。基于此，西北地区民族院校重视校园文化建设，通过开展校园科技文化艺术节、民族团结进步教育活动、校园人文景观建设等，弘扬各民族优秀文化和先进文化，营造高雅校园氛围，在潜移默化中陶冶人、教育人。但与此同时，随着全球化时代的到来，我国引入西方文化在带来民主、公平、公正等观念的同时也对传统文化的传承产生了负面影响，在拜金主义、享乐主义和极端个人主义的冲撞下，民族院校大学生也不可避免地出现了道德滑坡，国家认同感和民族自豪感被消解，乃至滋生了狭隘的民族意识，出现了极端民族主义倾向，而马克思主义国家观要求公民应该摒弃狭隘的民族意识，热爱自己的祖国，把自己的公民身份要置于民族身份之上，不能因为追求所属民族的局部利益而损害所在国家的整体利益。① 这种狭隘的民族意识是消极的和排他的，阻碍了公民意识的形成。

民族院校的校园文化建设需要教师和学生的参与，教师的公正、平等、民主等观念对学生产生着巨大的影响，也有助于民主社会发展。但当前被频频爆出的学术造假、学术腐败等现象说明，部分作为社会公共知识分子的大学教师已逐渐丧失其社会批判能力和社会职责，这不仅损害了大学的形象，也影响了大学教师的声誉，制约着大学对合格公民的培养和塑造。学生是大学存在的理由，他们在大学的学习过程中知识得到了增长，精神也得到了陶冶。民族院校的教师和学生来自不同民族，拥有不同学科背景及文化背景，他们在日常的交往中逐渐形成多元文化的校园氛围，推动着大学生人文精神、科学精神、批判精神、公民素质的形成与发展。民族院校有责任让学生体会到接受民族高等教育与不接受民族高等教育的差别，前者不仅是掌握知识和技能的过程，而且也是体验民族院校丰富多彩的校园文化熏染的过程，两者之间的差别在教学过程中，在交往过程中。雅斯贝尔斯认为："大学任务的完成需要依靠交往的工作：学者之间、研究者之间、师生之间、学生之间以及在个别情况下校际之间……"因此，"大学里的每一个人都有责任去关注交往的方式。不论是小心翼翼地关闭

---

① 杨丽：《新疆高校意识形态领域反分裂反渗透教育的形势与对策》，《思想理论教育导刊》2010 年第 3 期。

自己，或是把交往变成无意义的谈天，或者把深沉的精神交流变成例行公事，这些都是精神堕落的表现"①。民族院校大学生在与教师及其他学生的交往过程中，知识得以增长，能力得以培养，灵感得以激发，智慧得以启迪，人格得以完善，最终成为合格的现代公民。但随着高等教育的大众化，学生人数激增，高等院校规模不断扩大，教师奔波于校区与校区、教室与教室之间授课，与学生日常接触减少，师生关系日渐疏离，无法实现对学生精神上的陶冶和人格上的感染，这种师生间交往的匮乏现象普遍存在，致使学生无法得到教师及时而有针对性的指导，教师也难以全面了解学生。此外，大学的行政化、官僚化和营利性倾向对大学师生造成了不良影响，对校园文化亦会产生负面影响，不利于公民文化氛围的形成，也不利于大学生公民意识的形成。

---

①　[德] 卡尔·雅斯贝尔斯：《什么是教育》，邹进译，生活·读书·新知三联书店1991 年版，第 150—171 页。

第六章　思考与建议

民族院校大学生公民意识状况直接影响着少数民族和民族地区的现代化水平，对其进行培养是一项长期的系统工程，需要公民个人的自发启蒙、社会整体氛围以及学校教育等多种力量、不同模式以及多元路径共同作用才能产生良好的结果。通过对民族院校培养公民意识的人文教育进行现状调查及问题分析，我们认为，民族院校要整合内外部优势资源，以公民社会建设和培育家庭民主氛围为民族院校大学生公民意识培养提供良好的外部环境，以中小学公民意识教育体系的建构为民族院校大学生公民意识培养奠定坚实的基础，着力于民族院校培养公民意识的人文教育改革，树立培养合格公民的人文教育观，探索适切的培养内容、教学方法及评价方式，提高大学生公民意识水平。

第一节　为民族院校大学生公民意识培养
创设良好的社会环境

现代公民意识孕育于市场经济，完善社会主义市场经济体制，是夯实民族院校大学生公民意识培养的经济基础。我国自改革开放以来，为了更好地实现资源的合理配置，提高人们的物质生活水平，同时为了实现社会主义民主及人的全面发展，引入市场经济模式。市场经济在培养大学生主体意识、法制意志等方面发挥了一些积极作用，但同时注重效益和实用滋生了功利主义价值观，对高等教育产生了负面影响，致使高等院校在人才培养上出现了"精于科学，荒于人学；精于电脑，荒于人脑；精于网情，荒于人情；精于商品，荒于人品；精于权力，荒于道力"① 的现象，重知

---

① 杨叔子：《人文教育　现代大学之基——关于大学人文教育之我感与陋见》，《南京农业大学学报》（社会科学版）2001 年第 1 期。

识的授受与能力的获得，轻人文精神的培育与素质的养成，人文教育陷入困境。在研究中，我们依旧能够从西北地区民族院校人才培养方案中看到这种狭隘的功利主义的影子。要走出人文教育困境，民族院校一方面要不断完善社会主义市场经济体制，加快转变经济发展方式，发挥市场经济对大学生公民意识培养的积极作用，如通过对主体意识的培育促使民族院校大学生自觉意识到自己在社会经济和政治生活中的主人翁地位，意识到自己的公民角色与身份，积极主动地参与公共活动，自觉形成身份意识和参与意识；通过对法制意识的强化有利于民族院校大学生加强对法律的理解和体认，增强权利意识和责任意识。另一方面，民族院校也应对自身人文教育实践认真反思，确立并践行人的全面发展的理念，树立培养公民意识的人文教育观，提高大学生的人文素养。

现代公民意识的核心是权利意识，随着我国社会主义市场经济体制的确立和不断完善，民主政治建设也不断向前发展，发展社会主义民主政治，有助于西北地区民族院校大学生权利义务意识、政治参与意识的形成，是其公民意识培养最重要、最直接的外部条件。罗尔斯认为，"社会体系塑造了它的公民们要形成的需求和志愿，它在某种程度上决定着人们现在的类型以及他们想成为的类型。所以一种经济体系不仅是一种满足目前的需要和欲求的制度手段，而且是一种创造和塑成新的需求的方法。人们现在为了满足他们目前愿望的合作方式，影响着他们将来的愿望以及想成为的类型。……既然经济制度具有这些效果，而且甚至必须具有这些效果，那么对这些制度的选择就涉及某种关于人类以及实现它的制度的设计方案的观点。因此，这个选择的做出必须不仅建立在经济的基础上，而且建立在道德和政治基础上"①。发展社会主义民主政治，为民族院校制度改革提供了制度保障，民族院校要树立以人为本、依法治校的理念，构建现代大学制度，提高办学的自主性和管理的民主化。与此同时，发展社会主义民主强调公民的参与意识，有助于民族院校大学生公民意识的形成。公民参与国家和社会事务有间接和直接两种方式，间接的方式是指公民通过非政治性的渠道获得特定的文化观念或行为方式，如人们在社会交往中会获得有关人际关系、社会规范、行为方式等方面的认知和体验，为公民

---

① ［美］罗尔斯：《正义论》，何怀宏等译，中国社会科学出版社1988年版，第259—260页。

进入政治生活提供训练和准备，对日后直接参与政治活动产生重要影响；直接的方式指公民以直接的、明确的方式获取政治文化的内容并形成特定政治人格的过程，包括政治模仿、政治教育、政治经历等形式，对公民意识的形成至关重要。对于公民意识来说，其发育成熟并不仅仅体现在政治领域，而是必须以社会生活领域中特定的价值规范和文化导向作为基础，[①] 在广泛的间接或直接参与国家和社会事务的过程中逐渐形成的民主意识、法治意识、参与意识，为民族院校大学生公民意识培育提供了制度上的保障。民族院校大学生公民意识的觉醒和提升，能够带动少数民族和民族地区乃至整个社会公民意识的提高。

第二节　发挥家庭对民族院校大学生公民意识培养的积极影响

家庭是个体最早接受教化的场所，家庭结构、角色模式、民主或专断的氛围、处理问题的手段和方法、成员素质的高低及所居住环境风气的好坏将直接影响对下一代人意识启蒙的程度。[②] 调查中，70%的民族院校大学生认为家庭氛围在他们公民意识的形成过程中发挥着非常大的作用，25.8%的学生认为这种作用比较大，只有0.3%的学生认为家庭氛围对其公民意识的形成影响非常小（见表6－1）。访谈中有位回族女大学生也说道："家庭氛围很重要。母亲对孩子的教育方式，如孩子间打骂让她们去处理，教给她正确与错误（的方法），对于她的成长比较好。我的母亲文化水平不高，但她是最好的妈妈，她善良、热情，对其他民族小朋友都很好，我家周围回汉杂居，母亲对汉族并不排外，和邻居的关系都很好，婆媳关系也处理得很好，使我从小在行为上就受到善的影响。"这进一步说明，家长的教育方式、个人品质及为人处世的态度对孩子的成长，乃至民族意识和国家意识的形成等方面起着关键作用。

---

① 曲丽涛：《当代中国公民意识发育问题研究》，山东大学博士学位论文，2011年，第123页。

② 周锋：《公民意识教育途径和方法研究》，"两岸四地公民意识教育"研讨会公民教育研究文库，2008年5月，第99—103页。

表 6 − 1 　　　　　西北地区民族院校大学生对如下要素在公民意识
形成中所发挥作用的评价统计

序号	要素	非常大		比较大		一般		比较小		非常小	
		N	（%）	N	（%）	N	（%）	N	（%）	N	（%）
1	家庭氛围	615	70.0	227	25.8	29	3.3	5	0.6	3	0.3
2	社会风气	578	65.8	236	26.8	60	6.8	3	0.3	2	0.2
3	社区或村落氛围	245	27.9	407	46.3	192	21.8	27	3.1	8	0.9
4	寺院等宗教活动场所	164	18.7	276	31.4	317	36.1	88	10.0	34	3.9
5	学校的课堂教学活动	314	35.7	343	39	184	20.9	29	3.3	9	1.0
6	学校的课外活动	238	27.1	332	37.8	249	28.3	42	4.8	18	2.0
7	各种社团活动	169	19.2	354	40.3	268	30.5	69	7.8	19	2.2
8	法律法规	484	55.1	253	28.8	102	11.6	32	3.6	8	0.9
9	道德准则	550	62.6	222	25.3	77	8.8	24	2.7	6	0.7
10	书籍、电视、网络等媒介	371	42.2	357	40.6	116	13.2	21	2.4	14	1.6

　　科学文化水平的高低制约着一个民族的思想意识水平和人文道德精神水平，也影响着公民意识的培养和提高。家长的文化素质高低与家庭氛围是否民主在大学生公民意识形成过程中的作用不容忽视。访谈中有大学生指出："个人文化素质高低会影响到公民意识的形成，参与活动、关注国家和社会事务的程度都会受影响。家庭环境对个人素质培养是非常深刻的，从小到大的生活环境对个人的影响是根深蒂固（的）。"在家庭中，父母如果在政治社会化过程中已经形成比较成熟的公民意识，那么，子女必然会通过模仿父母的言行而受到潜移默化的影响，而且家庭成员之间独立平等关系的确立以及自由民主家庭氛围的熏陶也有助于子女公民意识的形成。

　　此外，家庭所在地区居民的文化水平高低对民族院校大学生公民意识的形成也有较大影响。如果公民缺乏必要的知识文化基础，就不可能形成民主、平等、法治等观念，也就不可能投身于民主政治建设当中。部分民族院校大学生来自偏远地区，家庭所在地周围居民的文化水平较低，难以形成对国家、社会比较全面和客观的认识，更不会自觉地以法律来规范自身行为，如访谈中有位来自西藏的法学专业学生坦言："我们那边很多人不懂法，遇到利益受损或者发生争端的时候，容易发生肢体或语言冲突，没有运用法律维护权利的意识，我学习这个专业回去以后能够发挥的空间比较大。"科学文化素质是公民意识形成的智力基础，个体只有具备一定的文化素质，才能在学习法律、法规和政策的基础上了解宪法和法律赋予公民的权利与义务，才能将自身的利益真正同国家和社会的利益结合起来，积极有效地参与政治活动、经济活动和社会公共事务，在此过程中行使自己作为公民的权利，并履行自己作为公民的义务。

第三节　构建中小学公民意识教育体系为民族院校大学生公民意识培养奠定基础

现代公民意识是人文素养的核心，学校教育在公民意识培养中发挥着重要作用，中小学公民意识教育为大学生公民意识培养奠定了基础。调查显示，西北地区民族院校大学生认为"有关我国历史、现状和政策方针等知识的形成阶段"主要是在小学、初中和高中阶段的分别占 8.3%，35.4% 和 47.1%（见图 6-1）。中小学阶段掌握的知识、技能与方法及情感、态度、价值观对民族院校大学生公民意识培养奠定了坚实的基础。所以，打通大学与中小学公民意识教育体系，通过改革教育理念、教育体制、教育内容和教育方式等，在中小学阶段学校教育过程中，探索建立具有中国特色的公民意识教育体系，将为培养民族院校大学生公民意识奠定良好的基础。

首先，要转变学校教育工作者的观念，使他们摆脱"应试教育"的桎梏，真正落实素质教育，充分认识到学生公民意识培养的重要性，重视培养学生包括公民意识在内的人文素养，并以此认识为基础去探索制定培养公民意识的教育目标。

教育目标为教育教学实践指明了方向，只有制定明确的教育目标才能避免公民意识培养迷失方向，流于形式。学界对学校公民教育的目标进行了论述。如蓝维等认为，社会主义初级阶段我国学校公民教育的目标是培养和塑造共和国民主社会的合格公民，这样的公民应当是具有公民意识和相应的行为能力及习惯的人，目标中的公民意识包括：公民的权利与义务意识；自由与责任意识；国家与全民意识；民族与人类意识；民主与权威意识；团体归属与个人主体意识等。[1] 赵晖认为公民教育的目标在于促进

---

① 蓝维等：《公民教育：理论、历史与实践探索》，人民出版社 2007 年版，第 415 页。

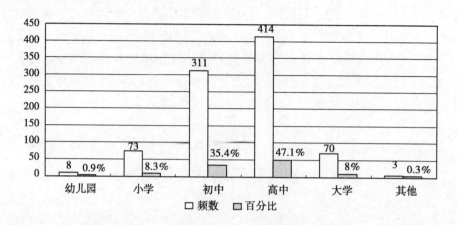

图 6-1　西北地区民族院校大学生有关我国历史、现状和政策
方针等知识的形成阶段统计结果

公民在宪政民主的框架下积极参与公民社会和政治决策。[1] 朱晓宏认为公
民教育的目标重在培养公民的责任，亦即公民的责任目标，坚持培养学生
正确的民主与法制观念，促进学生思想成熟，使每一个学生成长为一个能
担负国家宪法所规定的职责和义务的、成熟的、有责任意识的合格公
民。[2] 可以看到，"学校肩负着培养合格公民的责任"这一认识已成为共
识，但由于对公民意识内涵的解读不同，学术界对合格公民的描述也不尽
相同。除此以外，党和国家也重视培养公民意识，党的十七大报告中明确
提出要"加强公民意识教育"，《国家中长期教育改革和发展规划纲要
（2010—2020 年）》也指出要"加强公民意识教育，树立社会主义民主法
治、自由平等、公平正义理念，培养社会主义合格公民"。综上，学界相
关研究为学校开展公民（意识）教育提供了理论指导，党和国家对公民
意识教育的重视为学校开展公民（意识）教育提供了政策支撑和保障。
因此，学校教育要充分认识到学生公民意识培养的重要性，在确定培养合
格公民的教育目标后，要积极探索构建公民意识培养体系，促进学生公民
意识培养系统化、制度化、正规化。

　　中小学要尝试构建公民意识培养体系。国外在开展公民教育方面积累

　　① 赵晖：《社会转型与公民教育——中日公民教育目标与内容体系的建构》，人民教育出版
社 2007 年版，第 158—172 页。

　　② 朱晓宏：《公民教育》，教育科学出版社 2003 年版，第 30—36 页。

了丰富的经验，我国研究者也认识到公民意识培养的重要性，主张开展公民教育，尝试探索公民意识教育体系，并提出中国特色社会主义学校公民教育体系的主要特点是：①以培养有理想、有道德、有文化、有纪律的社会主义公民，提高全民族的思想道德素质和科学文化素质为指导思想和根本目标。②公民教育是社会主义精神文明建设的有机组成部分和基础工程，同时也是建设具有中国特色社会主义的思想条件。③公民教育以增强公民意识、发展公民素质为基本价值取向。公民意识的培养以提高公民道德意识和法律意识为主要内容。前者以为人民服务为核心，以集体主义为导向，涵括社会公德、职业道德和家庭美德方面的教育；后者以民主法制观念为核心，涵括公民法律地位与法律责任统一的教育和公民权利与义务统一的教育。④社会主义公民教育以学校教育为基础。公民教育是一项社会系统工程，需要社会各个方面共同配合来加以实施。但学校教育是公民教育的基础，学校是公民教育的基地，学校教育是实施公民教育的主渠道。[①] 蓝维等则基于对我国学校公民教育目标的思考，提出学校公民教育体系应当包括公民在不同学段的基本架构和学校公民教育途径和方式的选择等方面，并进行了阐述。[②]

　　研究者对学校公民教育体系的探索表明，公民意识培养将走向学科化与课程化，这要求中小学将公民意识培养渗透在学科教学中。公民意识培养需要每一位教师的参与，这对教师提出了较大的挑战，他们要在提高自身对公民意识认识的同时将培养学生公民意识渗透在学科教学中；要树立培养学生公民意识的目标，从学生的身心发展特点及其生活实际出发安排课程内容与方法，多渠道培养学生的公民意识。就中小学公民意识培养的目标和内容来说，其确定和安排要本着循序渐进的原则，充分考虑不同年龄阶段学生的认知特点和身心发展水平。在这一点上，香港地区的做法值得我们学习和借鉴（见案例1）：公民教育目标从各年龄阶段学生的特点出发来制定，学段不同目标也不同，教育内容与学生生活紧密结合，且公民教育目标和内容随着学生年龄的增长和年级的增高逐步递进，符合不同年龄阶段学生在知识积累和心理发展上的特点，容易取得较好的效果。

---

① 李季：《学校教育与公民意识培养》，《教育研究》1997 年第 7 期。

② 蓝维等：《公民教育：理论、历史与实践探索》，人民出版社 2007 年版，第 416 页。

案例 1

香港特别行政区教育署在 1996 年新修订的《学校公民教育指引》中，按知识、态度和技能三个方面为从幼稚园到高中各个学龄阶段制定了详细的公民教育大纲。考虑到幼稚园的儿童已经开始了社会化的进程，已有可能从直接经历中体验并养成积极的公民意识，所以安排了"认识自己""家庭""学校""交通""帮助我们的人"等内容，用最为形象生动的材料培养儿童对公民意识主体性的认识。到了小学阶段，学校开始安排系统的公民意识教育，在低年级安排了"家庭""学校""我们的社区"等内容，使其认识职责、规则、合作、权利和义务等概念；在高年级安排了"香港""香港政府的工作""香港和各地的关系"等内容，使学生对公民的权利和义务，特别是与他人、社会、世界的关系有了初步的认识和了解。中学阶段，公民道德教育的重点是了解公民教育的基本概念，理解个人的权利与义务，明确个人与社会的各种关系，安排了"个人""个人与社群""个人与社会（香港）""个人与国家（中国）""个人与世界"等内容，重在阐述基本概念，培养学生形成正确的"三观"，增强人际交往能力，提高个人与公民社会协调发展的能力。[①]

第四节　推进民族院校人文教育改革探索
大学生公民意识培养途径

阿尔蒙德曾指出，"教育是政治态度的最重要的决定因素，它可以发展公民的许多重要成分，可以训练个人参与政治的技巧，教导人们获取知识的方法，引导人们接触大众传播媒介，了解政治的正式结构及政府和政治制度的重要性等"。[②] 作为高等教育的特殊形式，民族院校在有民族底蕴、专业精神、通识意蕴的人文教育中培养大学生公民意识取得了一些效果，但也存在一些问题，正视现存问题，从转变观念入手，认真思考民族

---

① 刘文华：《新加坡和香港地区学校公民道德教育评介》，《山东教育学院学报》2001 年第 3 期。

② ［美］加布里埃尔·A. 阿尔蒙德、西德尼·维巴：《公民文化：五个国家的政治态度和民主制》，徐湘林等译，华夏出版社 1989 年版，第 550 页。

院校的办学理念和培养目标，并将其落实到公民意识培养过程中，建构民族院校大学生公民意识培养体系，使他们能够认同公民身份并践行公民资格，提高公民意识水平和人文素养，实现全面发展。

一　树立以培养公民为目的的人文教育观

目前，学界强烈呼唤开展公民意识教育，但对民族院校来说，在人文教育中培养大学生公民意识尚在探索中，公民意识教育体系的建立需要从教育理念、教育体制、教育内容和教育方式等入手。大学是一个栽培普遍性的理念与理想，如平等、公正、和平的地方，这些理念与理想对于纯洁而有朝气的大学生具有启发与挑激的作用。① 在现代化建设新时期，作为高等教育特殊形式的民族院校要实现自己的使命和价值，就应树立办现代化新型民族大学的理念，而衡量现代化的一个重要指标就是公民意识状况。因此，民族院校要树立培养公民意识的人文教育理念。

作为以成"人"为目的的教育，人文教育要超越以工具价值为主体的知识教育，要将其变成欣赏、体验生命价值活动的过程，并在此过程中展现人文教化的意蕴。在不同发展阶段，民族院校人文教育对所培养的"人"有不同的规定性和倾向性，建设之初注重培养政治素质，强调思想政治教育；发展过程中注重培养科学素质，强调科学教育；当前注重培养高素质人才，强调素质教育，培养的学生要热爱祖国、热爱自己的民族，要懂得马克思主义民族理论和民族政策，有民族责任感，且是民族团结、民族平等、政治稳定的坚实维护者。民族院校大学生所应具备的素质也是合格公民的必备素质，由于民族院校大学生公民素质的高低影响着少数民族和民族地区的公民素质水平以及政治经济的现代化水平。因此，民族院校有必要将为少数民族和民族地区培养合格公民作为人文教育的目标，承担起传授公民知识、培养公民责任感和提升公民参与能力的职责，努力向现代化新型民族大学的目标靠近。

树立以培养公民为目的的人文教育观，要让每一个公民获得公民知识，树立起公民主体意识，对公民基本道德规范耳熟能详并身体力行。首先是要培养民族院校大学生公民身份意识，使其认识到公民身份是人的第一身份，公民身份并不是简单地对国家身份、民族身份、宗教身份

① 金耀基：《大学之理念》，生活·读书·新知三联书店 2001 年版，第 140 页。

等的替代或者叠加，而是新时期民主社会对人的主体性的尊重和体认，是建立在其他身份基础之上的。其次是公民资格意识的实践，知行合一方能更好地认识公民身份，并能更加有效、积极地参与到民主国家建设过程中。

树立以培养公民为目的的人文教育观，需要民族院校将公民意识培养纳入人文教育目标之中，为少数民族和民族地区培养社会主义合格公民。这就要求民族院校人文教育要实现从以往带有功利性的培养目标转向对大学生人文素养的关注，实现对思想政治教育和道德教育目标的超越和发展，应以加强对大学生公民意识和现代公民人格的培养为目的。具体表现为以培养民族院校大学生的公民身份意识为基点，以塑造公民德性为核心，以实践公民资格为最终目的，把他们培养成有独立意识、有民族精神且能承担责任的公民个体，培养成具有理性自由和道德自律的公民个体。

二　构建培养公民意识的人文教育内容体系

民族院校大学生公民意识主要包括公民身份意识和公民资格意识两方面内容，作为其培养途径的人文教育要将公民意识内容落实到人文课程中，在此基础上探索独立的公民教育课程。当前以人文课程为主的公民意识培养内容体系的构建要突出显性课程培养公民意识的优势，以思政课为核心组织内容，并将公民意识培养渗透到专业课程及通识课程中；与此同时，要注重挖掘隐性课程资源，营造公民文化氛围。

（一）组织课程内容，突出显性课程培养公民意识的优势

民族院校人文教育通过人文课程来体现，培养公民意识的人文课程必须要适应不同民族文化历史背景的学生，结合他们的地域、民族等来开发课程内容，为他们提供丰富的教育资源。美国教育学者詹姆斯·A. 班克斯强调多元文化教育是针对所有学生的，多元文化教育的课程应该反映不同民族和文化群体的需要，反对课程中的"民族中心主义"和"国家中心主义"。因此，民族院校在培养大学生公民意识课程教材内容应能帮助学生掌握基本的民族知识、民族理论和民族政策，帮助学生了解国家的宪法和法律，帮助学生从不同角度看待有关民族和国家的问题。通过设置与此相关的课程和编写有关教材，让大学生客观公正地了解国家及各民族，消解历史和现实中的偏见、歧视、误解等。所以，学校公民意识教育的课

程设置要充分体现民主、平等、自由、公正、人权、法治、理性、宽容、合作等有关公民意识的核心理念和基本内涵，同时也要注重道德教育的基本性和时代性，还要深刻挖掘公民意识和公民基本道德内涵，通过教科书充分展示对现代公民资质的基本要求，使公民意识教育的核心内容更为全面、系统，目标更为清晰明确。[①]

首先，进行思政类课程公民意识培养的实践探索，明确培养中华人民共和国合格公民的思政类课程公民意识培养目标，并以此为基础设置历史、政治、法律等相关课程。新中国成立以来，民族院校为学生开设了有关民族知识、民族理论和民族政策课程包括《民族理论与民族政策》等必修课程，《藏族历史与文化》《少数民族艺术史》等选修课程。就目前的现实情况来看，课程总数量有限；在有关宪法和法律方面仅有《思想道德修养与法律基础》一门必修课，且其内容重思想道德修养而轻法律基础，这造成了部分大学生对法律缺乏了解，权利意识较强但在权利的运用和维护上存在很多问题。我国《宪法》第三十三条规定："凡具有中华人民共和国国籍的人都是中华人民共和国公民。中华人民共和国公民在法律面前一律平等。国家尊重和保障人权。任何公民享有宪法和法律规定的权利，同时必须履行宪法和法律规定的义务。"但民族院校目前开设的《中国近代史纲要》《马克思主义基本原理》《毛泽东思想、邓小平理论和"三个代表"重要思想概论》《思想道德修养与法律基础》《民族理论与民族政策》等思政类课程中有关法律的内容相对较少，大学生既不了解宪法及其他法律知识，也不了解国家针对少数民族和民族地区制定的相关法律法规，对权利和义务了解不够制约他们在实际生活中对公民权利的运用和维护，也影响他们承担相应责任的自觉性。

国外大学在这方面的做法可以为我国民族院校培养公民意识的人文教育课程设置提供一些启发。如美国部分州及其高校为了把大学生培养成有教养和负责任的公民，一些州在法律上规定大学生必修《美国宪法》《美国历史》等课程，也有一些州没有公民教育课程的法律规定，但各高校根据自己的办学宗旨，均开设了公民教育相关课程（见表6-2）。[②]

---

① 王文岚：《社会科课程中的公民教育比较研究》，中国社会科学出版社2006年版，第197页。

② 转引自唐克军《比较公民教育》，中国社会科学出版社2008年版，第72页。

表6-2　　　　　　　**美国部分州及其高校为培养公民开设的课程**

序号	州名	课程
1	阿肯色州	规定《美国历史》和《美国政府》是高校的核心课程
2	佐治亚州	要求学习《美国宪法》和《佐治亚宪法》
3	伊利诺伊州	规定必修《美国宪法》和《伊利诺伊州宪法》
4	俄克拉荷马州	把《美国宪法》和《美国历史》作为大学生的学位必修课
5	南卡罗来纳州	规定《美国宪法》《独立宣言》和《联邦党人文集》为必修课
6	得克萨斯州	要求学习《美国宪法》和《得克萨斯州宪法》
7	犹他州	规定必修《美国体制》
8	怀俄明州	规定要学习《美国宪法》和《怀俄明州宪法》
9	西弗吉尼亚州	把《公民资格》作为必修课，这门课包括正式的课程作业、实习和公共服务
10	加利福尼亚州	要求所有的州立大学的分校学习《美国历史》《美国宪法》和《美国理想》

注：此表根据书中所描述内容绘制。

从美国大学公民教育课程设置可以看出，强调对法律、历史知识的学习不仅能够丰富大学生的公民知识，也为大学生政治参与意识的培养奠定了基础，而我国民族院校公民意识培养课程设置上缺乏对法律和历史知识的强调，致使大学生公民知识储备不够，影响其公民实践。所以，民族院校人文教育应尝试拓展思政类课程内容，扩大历史、法律类知识在其中的比例。

其次，利用通识课程平台，开设少数民族历史、文化类课程培养少数民族大学生的民族意识和爱国意识，开设政治、经济、法律类课程培养民族院校大学生参与意识、权利意识和责任意识，提高民族院校大学生的公民意识。目前，我国高等院校在开展通识教育方面积累了一些经验，民族院校可结合自身实际，汲取普通高等院校通识教育好的做法，树立"把少数民族大学生培养成为一个健全的人和合格的公民"的通识教育理念，从少数民族大学生不同的地域、民族、文化背景出发，结合民族地区经济社会发展的需要，以"厚基础、宽口径、强能力、重创新、高素质"为原则设计少数民族大学生通识教育内容，把通识教育目的的稳定性与实施方式的多样性结合起来，从民族院校多元文化的现实出发，开设多门公共课程供学生选择，促进少数民族大学生公民知识的获得和公民能力的提升，使之成为一个健全的人和合格的公民。

　　此外，将公民意识培养渗透到专业类课程中。调查显示，西北地区民族院校大学生对目前就读学校开设课程兴趣最高的是专业课，占51.6%；其次是实践教学课，占49.9%（见表6-3）。这说明民族院校大学生重视专业学习，教师要认识到学生公民意识培养不仅是思政类、通识类等课程教师的责任，也是专业课教师的责任。因此，专业类课程的任课教师要充分利用课堂教学优势，利用专业课、实践教学课等的优势培养学生的公民意识，使他们在获得专业知识与专业能力的同时形成专业精神。

表6-3　　　　　　　　西北地区民族院校大学生对目前就读
学校开设课程的兴趣统计

	专业课	实践教学课	公共选修课	公共基础课	其他
N	454	439	381	183	31
（%）	51.6	49.9	43.3	20.8	3.5

　　民族院校培养公民意识的人文教育内容体系的构建应是课程内容的整合过程，在此过程中，我们要将培养公民意识的目标具体化和层次化，形成贯穿整个大学教育过程、与各学科专业有机融合的公民意识培养目标体系。如美国大学就把培养公民的综合能力作为其经过整合的综合性课程的目标，认为"教育学生传承我们民主国家的思想和价值观，运用有关社区、国家和世界的知识，具有收集和分析信息、协调、决策以及解决问题的能力是非常重要的。如果学生具备了这些责任感、知识和技能，对于塑造我们的未来，维护和促进我们的民主制度是非常有利的"[①]。民族院校通过课程整合来帮助学生掌握专业知识，获取专业能力，并为他们将来走向社会履行公民社会责任奠定基础。民族院校要重视大学生社会责任感的培养。民族院校还应引导大学生将不同领域的知识融会贯通，并为他们提供实践平台来提升知识整合的能力，促进其综合素质的形成。此外，民族院校应尝试建构较为完善的公民知识体系，培养学生的现代公民意识。

　　（二）挖掘课程资源，通过隐性课程营造公民文化氛围

　　民族院校通过显性课程培养大学生公民意识具有极大的优势，但公民

　　① 高峡：《美国公民教育课程的设计与内涵——美国社会科课程标准主题探析》，《全球教育展望》2008年第9期。

教育的实施绝非仅与单独设立的公民教育课程相关，它涉及学校教育中所有直接或间接的公民教育因素的挖掘，涉及学校教育全部生活的改进。[①] 这意味着隐性课程在公民意识培养中也发挥着重要作用。大学生公民意识的形成源于其内在的生命体验和生活实践，只有积极参与生活，通过生活实践加强对自身作为社会主义公民的角色体验与自我感受，才能真正认识到自身的公民身份，并深刻领悟公民的权利意识、责任意识、参与意识等公民意识的丰富内涵与重要意义。民族院校培养大学生公民意识的过程是知、情、意、行相互作用的统一过程，开发隐性课程资源，深入生活实践，有助于大学生掌握关于公民的基本知识，培养做社会主义合格公民的情感，形成社会主义公民的坚定信念并化为自觉的行动意识。因此，除了显性课程中有关大学生公民意识培养的内容外，学校活动、学院活动、学生社团活动、校园环境等隐性课程中蕴含着的公民意识资源也有助于大学生在真实的生活环境中学做公民，做愿意积极参与社会事务的、有责任的公民。

　　民族院校要通过丰富多彩的课外活动培养大学生的公民意识。目前，西北地区各民族院校为大学生举办了丰富的活动，涉及范围和知识面相当广泛，如举办有关弘扬民族精神和爱国主义精神的讲座，组织学生观看影片，开展"三下乡"等社会实践活动，开展迎新生、欢送毕业生、趣运会等各种活动（见图6-2、图6-3）。

图6-2　西北民族大学欢送毕业生晚会

---

① 檀传宝：《论公民教育是全部教育的转型——公民教育意义的现代化视角分析》，《安徽师范大学学报》（人文社会科学版）2010年第9期。

图6-3 北方民族大学民族特色饮食厨艺大赛

与此同时，西北地区民族院校重视举办庆祝重大民族节日的活动，在活动中促进各民族大学生增加对彼此的了解、密切彼此的关系。这些活动的开办有助于培养民族院校大学生热爱祖国和民族文化，树立正确的民族意识和国家意识，培养正确的民族认同及国家认同，调动大学生参与的主动性与积极性。特别值得一提的是，青海民族大学开展了在国旗下的宣讲活动，呼唤学生做一名遵纪守法的好公民（见案例2），强化了大学生的公民意识。但我们也要看到，很多活动仅强调趣味性，缺乏对活动背后所蕴含民族文化的挖掘，不能有效地提高大学生的公民意识。因此，西北地区民族院校的课外活动要围绕大学生公民意识培养展开，以提高大学生的公民意识水平和人文素养。

案例2：青海民族大学国旗下的宣讲（讲话稿）

尊敬的老师，亲爱的同学们：

大家早上好！

今天，我在国旗下宣讲的题目是"做一名遵纪守法的好公民、好学生"。

没有规矩不成方圆。纪律和法规是约束不良行为行动的依据，更是保护一切合法行为和正当利益的法宝；遵纪守法有利于他人也有利于自己，遵纪守法是公民的基本道德底线，作为学生的我们当然更应该养成自觉遵守纪律和法规的好习惯。

我们在生活中经常会听到有一些年轻人因触犯法律，锒铛入狱。他们走上犯罪道路，绝不是一朝一夕形成的。在他们的成长生活中，面对形形色色的诱惑，他们经受不住考验，不辨是非、不学习、不文明、不遵纪、不守法，交友不慎、染恶习，抽烟、酗酒、打架，不以为耻，反以为荣，必将危害自己与他人，酿成大错。

在学校，我们要做到遵守课堂纪律——专心听讲、认真思考、积极举手发言，不迟到、不早退，不搞小动作；遵守宿舍纪律——按时就寝、按时出操、按时打开水、爱护宿舍卫生，不在宿舍内使用明火或违章电器；遵守考试纪律，不抄袭或作弊。在家里，我们要学会合理安排时间玩耍和复习，不随便乱花钱，不到娱乐场所，不到危险的区域玩耍嬉戏；在社会上，我们要遵守各项法律法规，学法、懂法，了解并履行公民应有的责任和义务，不做违法乱纪的事，凡事要三思而后行。在偶遇违法事件或遇到违法侵害时，我们应该保持冷静的头脑，选择合法的方式避免伤害，比如设法离开现场，向老师或相关部门举报或求助，用巧妙的方式抵御违法行为。

亲爱的同学们，养成遵纪守法的好习惯其实很简单，只要大家自觉刻苦地学习文化、科学、法律等方面的知识，把"遵纪守法"牢记心中，严格要求自己。让我们用遵纪守法的品德素质做支撑，刻苦学习，快乐成长，做一个遵纪守法的好学生、好公民吧！

民族院校的学生社团活动也是培养大学生公民意识的有效途径。社团活动有助于培养和积累现代公民所应具备的意识、技能及品德，民族院校大学生在社团活动中，"每个人都学会了各种技艺，获得了各种看法，懂得了尊重各种规则，从而使他或她在那个称之为社会的巨大抽象体中成为一个能起作用的参与者"①。社团在民族院校大学生公民意识培养中作用的发挥首先要解决学生的参与问题，如果学生不参与学生社团，就无法实现通过社团培养公民意识的设想。就民族院校大学生参与社团的情况来看，有些学生对社团感兴趣，主动参与到学生社团之中；有些学生参与社团是被动的，他们进入社团感受到其中的乐趣后才懂得参与的重要性；也

---

① 马长山：《国家、市民社会与法治》，商务印书馆 2001 年版，第 249 页。

有些学生不参加任何学生社团。因此，结合不同类型的学生需求，积极引导学生社团，使其达到培养大学生公民意识的目的。

案例 3

北方民族大学法学社的大学生在 2012 年 3 月 5 日走上街头，开展"学雷锋志愿者活动进社区"主题活动。他们拿着铁锹、锄头清除堆积在草坪上的砖块、瓦块及杂草，脏乱遍地的草坪变得平整干净起来；来到居民楼下，帮助保洁阿姨整理社区内的垃圾，将影响社区环境的垃圾清理的干干净净；擦洗社区内的健身器材；义务进行法律宣传。活动中，大学生干劲十足、不嫌脏、不怕累、耐心解疑释惑，充分发扬了积极配合、齐心协力的团队精神，展示了当代大学生的精神风貌。活动结束后，同学们纷纷在微博留言："虽然雷锋早已离我们远去，但雷锋那不随时空而逝的精神仍在不断激励着一代又一代的人成长。只有完善自己，关心身边的每一个人，做好身边的每一件小事，每个人都是'雷锋'"。

图 6 - 4 北方民族大学学雷锋志愿者活动进社区

此外，创设公民文化氛围还需要加强校园环境文化建设，在校园生活中培养公民意识。民族院校大学生公民意识的培养只有扎根学生的生活世界，在公民生活中培养公民意识和积极行动能力，才能为实现"为少数民族和民族地区培养合格公民"的教育目标提供土壤。正如檀传宝教授所说："离开了生活谈公民教育是没有意义的，如果孩子不能在班级生活和学校生活中行使充分的发言权和体验到民主的价值的话，就无从培养真正意义上的公民。"① 民族院校要为大学生公民意识培养创设良好的校园环境，将公民意识内容渗透到学校建筑、雕塑、人文景观之中；借助广播、校报、网络、宣传展板、规章制度等大力宣传正确的国家观、民族观、宗教观，积极提倡各民族平等、团结、友好精神和爱国主义精神，引导学生树立马克思主义民族观、宗教观、国家观；在班级生活和校园生活中引导学生践行公民资格。

三　改革公民意识培养的教学方法

民族院校公民意识培养以课程为依托，在教学过程中主要采取讲授法的方式强调对理论知识的传授。这种方法虽然有助于公民知识的积累，但体验和实践的缺乏将影响公民行为及其情感的培育。从民族院校培养公民意识人文教育目标和内容出发，我们要结合民族院校大学生的特点，借鉴国外高校公民教育课程的教学策略，探索适宜的教学方法，提高公民意识培养的教学效果。

美国高校为完成传承文化价值和培养公民参与能力的公民教育目标，积极探索教学方法，逐渐形成了名著讨论模式和服务学习模式。前者是在美国著名教育家赫钦斯提倡的名著讨论课程基础上形成的，主张课程应当主要由永恒学科组成，这种永恒学科就是经典名著，教育就是通过对名著的阅读、讨论和辩论，探索其中的永恒价值，让这种德性、理性在人的身上展现出来，从而把人培养成具有理性、独立性的公民。② 可以说，名著讨论模式通过对永恒价值的领悟和对个人经验的反思，成为培养有理解力、有判断力和有社会责任感的公民的必要途径。服务学习即是"学生不断参与有组织的与课堂学习相关的且满足社区需要的服务活动，并通过日志、课堂讨论等经验活动，把服务经验与课程内容以及公民责任等方面的个人成长联系起来"③。这一教学模式强调学生参与各种形式的民主生

---

① 檀传宝：《论公民教育是全部教育的转型——公民教育意义的现代化视角分析》，《安徽师范大学学报》（人文社会科学版）2010 年第 9 期。

② 唐克军：《比较公民教育》，中国社会科学出版社 2008 年版，第 73 页。

③ Anne Colby et al.，*Education Citizens：Preparing America's Undergraduates for Lives of Moral and Civic Responsibility.* 转引自唐克军《比较公民教育》，中国社会科学出版社 2008 年版，第 74 页。

活，在此过程中体验民主的价值，提高民主观念及其实践能力，成为负责任的公民。当然，在教学过程中鼓励多种方法的综合使用，能更好地实现公民教育目标。

国外大学公民课程教学实践表明，公民意识培养不仅要注重知识的授受，也要强调参与，在交流、沟通与实践中强化公民意识。民族院校培养大学生公民意识的课程内容要切合少数民族大学生的实际，教学方法上尝试开展讨论、参与、班级模拟活动等，构建充满生命活力的课堂。这就要求教师转变角色，从少数民族大学生的实际出发，积极构建平等的师生关系，创造和谐的课堂氛围，只有在充满民主、平等、自由、尊重的教学活动中，学生才能体验自身的公民角色和身份，才能履行一个合格公民的基本权利和义务。

四 探索公民意识培养的评价方法

科学的教育评价体系在教育决策、教育管理和教育改革等方面都具有强大的推动力，正如美国著名教育家泰勒所说的："教育目标的分析、教育的评价和教育计划，是不断地循环着，当你在评估教育评价的效果时，便会屡次对那些建立在教育前提的'目标'发生改良修正的联想，同时也会提出教授法或指导计划的修正方向。目标和指导计划修正以后，又要求指导法的修正，也要求评价计划的修正，他们是互为循环的，因此教育评价可促进教育的正常化。"[1] 可见，合理的课程评价有利于课程内容、方法等的改进，不当的课程评价会掩盖课程中存在的问题。民族院校大学生公民意识培养的课程教学过程中，教学评价要本着终结性评价与形成性评价相结合、定性评价和定量评价相结合的原则，强调"以人为中心"，打破单一的评价主体模式，鼓励学生参与到评价过程中，充分发挥他们在课程评价中的积极性、主动性；评价过程中既要关注公民知识，也要关注公民能力与情感，尽量从多侧面反映大学生公民意识状况；教师要认识到公民意识的培养是一个长期过程，以发展的眼光看待学生，使教育评价真正起到提升民族院校大学生公民意识的作用。

人文教育的本质是一种培养人的活动，社会发展的不同阶段对人有着不同的规定性和要求，在社会主义现代化建设过程中，公民意识作为人文

---

[1] 李聪明：《教育评价的理论与方法》，台湾幼狮书店 1961 年版，第 34 页。

素养的核心日益受到重视，培养公民意识成为人文教育的一项重要任务。西北地区民族院校开展有民族底蕴、专业精神、通识意蕴的人文教育，注重大学生现代公民意识的培养，但受到地域政治、经济、文化等因素的影响，大学生公民意识相对比较淡薄。随着社会主义市场经济、民主政治的发展，我们逐渐认识到，公民意识淡薄会影响国家的整体国民素质水平，并阻碍现代化的步伐。民族院校的人才培养旨在提升少数民族和民族地区的现代化水平，我们有必要改革人文教育，树立以培养公民为目的的人文教育观，构建培养公民意识的人文教育体系，提高民族院校大学生的公民意识水平，推动少数民族、民族地区乃至国家的现代化发展。

参 考 文 献

专著

1. ［美］约翰·杜威：《人的问题》，傅统先、邱椿译，上海人民出版社 1965 年版。
2. ［美］阿历克斯·英格尔斯：《人的现代化：心理·思想·态度·行为》，殷陆君编译，四川人民出版社 1985 年版。
3. ［美］约翰·S. 布鲁贝克：《高等教育哲学》，王承绪等译，浙江教育出版社 1987 年版。
4. ［美］罗尔斯：《正义论》，何怀宏等译，中国社会科学出版社 1988 年版。
5. ［美］加布里埃尔·A. 阿尔蒙德、西德尼·维巴：《公民文化：五个国家的政治态度和民主制》，徐湘林等译，华夏出版社 1989 年版。
6. ［古希腊］亚里士多德：《尼各马可伦理学》，苗力田译，中国社会科学出版社 1990 年版。
7. ［美］约翰·杜威：《民主主义与教育》，王承绪译，人民教育出版社 1990 年版。
8. ［德］恩斯特·卡西尔：《人文科学的逻辑》，沉晖、海平、叶舟译，中国人民大学出版社 1991 年版。
9. ［德］卡尔·雅斯贝尔斯：《什么是教育》，邹进译，生活·读书·新知三联书店 1991 年版。
10. 李龙：《公民意识概论》，武汉大学出版社 1991 年版。
11. ［苏联］B. A. 苏霍姆林斯基：《怎样培养真正的人》，蔡汀译，教育科学出版社 1992 年版。
12. ［英］C. P. 斯诺：《两种文化》，纪树立译，生活·读书·新知三联书店 1994 年版。

13. 熊锡元：《民族心理与民族意识》，云南大学出版社 1994 年版。

14. 金炳镐：《民族理论通论》，中央民族大学出版社 1994 年版。

15. 孙培青、任钟印：《中外教育比较史纲（古代卷)》，山东教育出版社 1997 年版。

16. 吴式颖、阎国华：《中外教育比较史纲（近代卷)》，山东教育出版社 1997 年版。

17. ［美］华勒斯坦：《学科·知识·权力》，刘健芝等编译，生活·读书·新知三联书店 1999 年版。

18. 华中理工大学编：《中国大学人文教育启思录》（第 3 卷），华中理工大学出版社 1999 年版。

19. 李曼丽：《通识教育——一种大学教育观》，清华大学出版社 1999 年版。

20. 杜时忠：《人文教育论》，江苏教育出版社 1999 年版。

21. ［美］托马斯·雅诺斯基：《公民与文明社会》，柯雄译，辽宁教育出版社 2000 年版。

22. 金耀基、乐黛云：《文化趋同还是文化多元》，上海文化出版社 2000 年版。

23. 吴仕民：《中国民族教育》，长城出版社 2000 年版。

24. ［英］约翰·亨利·纽曼：《大学的理想（节本)》，徐辉、顾建新、何曙荣译，浙江教育出版社 2001 年版。

25. ［西班牙］奥尔托加·加塞特：《大学的使命》，徐小洲、陈军译，浙江教育出版社 2001 年版。

26. ［美］德里克·博克：《走出象牙塔：现代大学的社会责任》，徐小洲、陈军译，浙江教育出版社 2001 年版。

27. ［美］伯顿·克拉克：《高等教育新论：多学科的研究》，王承绪、徐辉等译，浙江教育出版社 2001 年版。

28. ［美］亚伯拉罕·弗莱克斯纳：《现代大学新论：英美德大学研究》，徐辉、陈晓菲译，浙江教育出版社 2001 年版。

29. ［英］罗伯特·M. 赫钦斯：《美国高等教育》，汪利兵译，浙江教育出版社 2001 年版。

30. 金耀基：《大学之理念》，生活·读书·新知三联书店 2001 年版。

31. ［苏联］B. A. 苏霍姆林斯基：《公民的诞生》，黄之瑞等译，教育科学出版社 2002 年版。

32. 吴式颖、任钟印：《外国教育思想通史》，湖南教育出版社 2002 年版。

33. 肖川：《教育的理想与信念》，岳麓书社 2002 年版。

34. ［美］阿兰·布鲁姆：《巨人与侏儒》，秦露等译，华夏出版社 2003 年版。

35. ［加拿大］马克斯·范梅南：《生活体验研究——人文科学视野中的教育学》，宋广文等译，教育科学出版社 2003 年版。

36. ［英］霍布斯：《论公民》，应星、冯克利译，贵州人民出版社 2003 年版。

37. ［美］菲利克斯·格罗斯：《公民与国家——民族、部族和族属身份》，王建娥、魏强译，新华出版社 2003 年版。

38. ［美］本尼迪克特·安德森：《想象的共同体》，吴叡人译，上海人民出版社 2003 年版。

39. 朱晓宏：《公民教育》，教育科学出版社 2003 年版。

40. 韩延明：《大学理念论纲》，人民教育出版社 2003 年版。

41. 赵汀阳：《没有世界观的世界》，中国人民大学出版社 2003 年版。

42. 赵汀阳：《论可能生活》，生活·读书·新知三联书店 2004 年版。

43. 金生鈜：《规训与教化》，教育科学出版社 2004 年版。

44. 焦国成：《公民道德论》，人民出版社 2004 年版。

45. 肖雪慧：《公民社会的诞生》，上海三联书店 2004 年版。

46. 解思忠：《中国国民素质危机》，中国长安出版社 2004 年版。

47. ［美］丹尼尔·科顿姆：《教育为何是无用的》，仇蓓玲、卫鑫译，江苏人民出版社 2005 年版。

48. ［加拿大］威尔·金里卡：《少数的权利：民族主义、多元文化主义和公民》，邓红风译，上海译文出版社 2005 年版。

49. 刘小枫、陈少明主编：《古典传统与自由教育》，华夏出版社 2005 年版。

50. 胡德海：《教育理念的沉思与言说》，人民教育出版社 2005 年版。

51. 欧以克：《民族高等教育学概论》，民族出版社 2005 年版。

52. 崔富春、李明主编：《大学人文教育通论》，中国农业大学出版社 2005 年版。

53. ［德］卡尔·雅斯贝尔斯：《大学之理念》，邱立波译，上海人民出版社 2006 年版。

54. 甘阳、陈来、苏力主编：《中国大学的人文教育》，生活·读书·新知三联书店 2006 年版。

55. 曲士培：《中国大学教育发展史》，北京大学出版社 2006 年版。

56. 王鉴、万明钢：《多元文化教育比较研究》，民族出版社 2006 年版。

57. 王兆璟、王春梅：《西方民族主义教育思想研究》，民族出版社 2006 年版。

58. 张金福：《大学人文教育与科学教育结合研究》，浙江大学出版社 2006 年版。

59. 王文岚：《社会科课程中的公民教育研究》，中国社会科学出版社 2006 年版。

60. 辛世俊：《公民权利意识研究》，郑州大学出版社 2006 年版。

61. 汪青松：《科学教育与人文教育》，合肥工业大学出版社 2006 年版。

62. 王啸：《全球化时代的中国公民教育》，福建教育出版社 2006 年版。

63. ［意］维柯：《论人文教育》，王楠译，上海三联书店 2007 年版。

64. ［英］T. H. 马歇尔、安东尼·吉登斯：《公民身份与阶级社会》，郭忠华、刘训练编译，江苏人民出版社 2007 年版。

65. ［英］斯廷博根编：《公民身份的条件》，郭台辉译，吉林出版集团有限责任公司 2007 年版。

66. ［英］布莱恩·特纳编：《公民身份与社会理论》，郭忠华、蒋红军译，吉林出版集团有限责任公司 2007 年版。

67. ［英］尼克·史蒂文森编：《文化与公民身份》，陈志杰译，吉林出版集团有限责任公司 2007 年版。

68. 蓝维等：《公民教育：理论、历史与实践探索》，人民出版社 2007 年版。

69. 褚松燕：《权利发展与公民参与》，中国法制出版社 2007 年版。

70. 赵晖：《社会转型与公民教育》，人民教育出版社 2007 年版。

71. 曹文彪：《科学与人文：关于两种文化的社会学比较研究》，学林出版社 2008 年版。

72. 金生鈜：《保卫教育的公共性》，福建教育出版社 2008 年版。

73. 顾成敏：《公民社会与公民教育》，知识产权出版社 2008 年版。

74. 李芳：《大学生公民素质教育：理论探讨与实证研究》，中国社会科学出版社 2008 年版。

75. 张志俭：《21 世纪中国公民教育的机遇与挑战》，郑州大学出版社 2008 年版。

76. 唐克军：《比较公民教育》，中国社会科学出版社 2008 年版。

77. 石亚军等：《人文素质教育：制度变迁与路径选择》，中国人民大学出版社 2008 年版。

78. 何龙群：《民族高等教育理论与实践探索》，民族出版社 2008 年版。

79. [加拿大] 理查森、布莱兹主编：《质疑公民教育的准则》，郭洋生、邓海译，教育科学出版社 2009 年版。

80. [加拿大] 威尔·金里卡：《多元文化公民权——一种关于少数族群权利的自由主义理论》，杨立峰译，上海译文出版社 2009 年版。

81. [美] 班克斯：《文化多样性与教育：基本原理、课程与教学》，荀渊译，华东师范大学出版社 2009 年版。

82. 滕星主编：《多元文化教育：全球多元文化社会的政策与实践》，民族出版社 2009 年版。

83. 滕星、王铁志主编：《民族教育理论与政策研究》，民族出版社 2009 年版。

84. 宝玉柱：《民族教育研究》，中央民族大学出版社 2009 年版。

85. 徐家林：《"人文发展"：维度及其评价》，上海人民出版社 2009 年版。

86. 秦树理：《公民学概论》，郑州大学出版社 2009 年版。

87. 王东虓：《公民意识研究》，郑州大学出版社 2009 年版。

88. 沈明明等：《中国公民意识调查数据报告（2008）》，社会科学文献出版社 2009 年版。

89. 雷洪主编：《社会理想与精神追求——民族精神的实证研究》，人民出版社 2009 年版。

90. [美] 玛莎·努斯鲍姆：《告别功利：人文教育忧思录》，肖聿译，新华出版社 2010 年版。

91. 哈佛委员会：《哈佛通识教育红皮书》，李曼丽译，北京大学出版社 2010 年版。

92. [英] 德里克·希特：《公民身份：世界史、政治学与教育学中的公民理想》，郭台辉、余慧元译，吉林出版集团有限责任公司 2010 年版。

93. 李长伟：《古典传统与公民教育》，教育科学出版社 2010 年版。

94. 杨福禄：《和谐社会构建中的公民教育问题研究》，山东人民出版社 2010 年版。

95. 骆少明、刘森主编：《2009 中国大学通识教育报告》，暨南大学出版社 2010 年版。

96. ［美］艾伦·布鲁姆：《美国精神的封闭》，战旭英译，译林出版社 2011 年版。

97. ［古希腊］亚里士多德：《政治学》，吴寿彭译，商务印书馆 2011 年版。

98. 檀传宝等：《公民教育引论：国际经验、历史变迁与中国公民教育的选择》，人民教育出版社 2011 年版。

99. 张俊豪：《多元文化视野中的民族院校》，民族出版社 2011 年版。

100. 唐纪南、张京泽：《中国民族院校发展史》，中国社会科学出版社 2012 年版。

101. Shirley H. Engle & Anna S. Ochoa-Becker. *Education for Democratic Citizenship：Decision Making in the Social Studies*. Teachers College Press，1988.

102. J. Shaklar. *American Citizenship*. Harvard University Press，1991.

103. Banks，J. A. & Banks，C. A. M. *Multicultural Education：Issues and Perspectives*. Allyn and Bacon，1993.

104. James A. Banks. *Educating Citizens in a Multicultural Society*. Teachers College Press，1997.

105. Derek Heater. *What is Citizenship?*. Blackwell Pub.，1999.

106. Will Kymlicka，Wayne Norman. *Citizenship in Diverse Societies*. Oxford University Press，2000.

论文

107. 程辑雍：《公民意识历史考察和基本内涵》，《上海社会科学院学术季刊》1987 年第 2 期。

108. 曾宁波：《试论洪堡的高等教育思想》，《外国教育动态》1991 年第 4 期。

109. 刘泽华：《论从臣民意识向公民意识的转变》，《天津社会科学》1991 年第 4 期。

110. 韦日科：《论民族学院》，《广西民族研究》1992 年第 3 期。

111. 唐纪南：《我国民族学院的发展与改革》，《民族高教研究》1994 年第 3 期。

112. 张积家、刘国华、王惠萍：《论公民意识的结构及其构成》，《烟台师范学院学报》（哲学社会科学版）1994 年第 4 期。

113. 张应强：《论科学教育与人文教育的整合》，《高等教育研究》1995 年第 3 期。

114. 金生鈜：《科学教育与人文教育的整合》，《教育研究》1995 年第 8 期。

115. 马长山：《公民意识：中国法治进程的内驱力》，《法学研究》1996 年第 3 期。

116. 滕星、张俊豪：《试论民族学校的民族认同与国家认同》，《中南民族学院学报》（哲学社会科学版）1997 年第 4 期。

117. 文辅相：《素质教育：社会与教育发展的必然》，《高等教育研究》1997 年第 6 期。

118. 刘旭东：《论人文精神的培养和塑造》，《教育理论与实践》1997 年第 1 期。

119. 刘旭东：《论现代教育在塑造人文精神过程中的作用》，《教育评论》1997 年第 2 期。

120. 刘旭东：《人文精神与现代课程设置》，《西北师大学报》（社会科学版）1998 年第 4 期。

121. 刘铁芳：《古典人文教育——教育的走向与现代教育的反思（上）》，《教育理论与实践》1998 年第 4 期。

122. 王鉴：《多元文化教育论纲》，《西北师大学报》（社会科学版）1998 年第 5 期。

123. 巴玉玺：《民族院校面临的困难及对策》，《中南民族大学学报》（哲学社会科学版）1999 年第 1 期。

124. 杨德广：《加强人文教育，提高人文素质》，《教育研究》1999 年第 2 期。

125. 高峰：《美国公民意识的演进》，《首都师范大学学报》（社会科学版）1999 年第 3 期。

126. 李慎之：《修改宪法与公民教育》，《改革杂志》1999 年第 3 期。

127. 杨叔子：《现代大学与人文教育》，《高等教育研究》1999 年第 4 期。

128. 柯佑祥：《人文主义和科学主义对高等教育的影响》，《华中师范大学学报》（人文社会科学版）1999 年第 9 期。

129. 余忠钦：《试论民族院校大学生的素质目标及培养途径》，《民族教育研究》2000 年第 1 期。

130. 荀渊：《人文教育、科学教育及相关概念辨析》，《江苏高教》2000 年第 3 期。

131. 李维武：《大学人文教育的失落与复兴》，《高等教育研究》2000 年第 3 期。

132. 刘仕国、陆廷荣：《论民族意识与公民意识的和谐统一》，《实事求是》2000 年第 4 期。

133. 邹诗鹏：《人文教育怎样成为"做人之学"》，《高等教育研究》2000 年第 4 期。

134. 金生鈜：《教育的多元价值取向与公民的培养》，《教育理论与实践》2000 年第 8 期。

135. 刘胜利：《英美日大学人文教育改革及对我国的启示》，《中国高等教育》2000 年第 18 期。

136. 刀波：《浅谈民族院校的任务、培养目标和办学思想》，《民族教育研究》2001 年第 2 期。

137. 肖川：《教育必须关注完整的人的发展》，《清华大学教育研究》2001 年第 3 期。

138. 姜涌：《中国的"公民意识"问题思考》，《山东大学学报》（哲学社会科学版）2001 年第 4 期。

139. 罗少良、彭庆红：《大学生公民意识的调查与思考》，《求索》2001 年第 4 期。

140. 石中英：《人文世界、人文知识与人文世界》，《教育理论与实践》2001 年第 6 期。

141. 金生鈜：《论公民道德教育》，《职教通讯》2002 年第 3 期。

142. 丁守庆：《公民意识与民族宗教意识——兼析法治观念在处理民族宗教问题中的作用》，《实事求是》2002 年第 2 期。

143. 张岂之：《大学科学教育与人文教育关系的历史考察提要》，《中国高教研究》2002 年第 6 期。

144. 杨叔子：《绿色教育：科学教育与人文教育的交融》，《教育研究》 2002 年第 11 期。

145. 刘旭东：《人文素质与高校的创新教育》，《长春工业大学学报》（高教研究版）2003 年第 1 期。

146. 万明钢、王文岚：《全球化背景中的公民与公民教育》，《西北师大学报》（社会科学版）2003 年第 1 期。

147. 姜涌：《公民意识的自觉》，《理论学刊》2003 年第 5 期。

148. 薛天祥、庞青山：《大学人文教育与科学教育融合新论》，《教育发展研究》2003 年第 7 期。

149. 万明钢：《论公民教育》，《教育研究》2003 年第 9 期。

150. 吴容：《论民族院校大学生的民族观教育》，《西南民族学院学报》（哲学社会科学版）2003 年第 10 期。

151. 魏健馨：《论公民、公民意识与法治国家》，《政治与法律》2004 年第 1 期。

152. 欧世龙、刘小丽：《大学生公民意识的理性思考》，《黑龙江社会科学》2004 年第 2 期。

153. 王鉴、万明钢：《多元文化与民族认同》，《广西民族研究》2004 年第 2 期。

154. 鲁洁：《教育的返本归真》，《华东师范大学学报》（教育科学版）2004 年第 4 期。

155. 文辅相：《我对人文教育的理解》，《中国大学教学》2004 年第 4 期。

156. 洪强强：《教育学视界中的全面发展观》，《教育评论》2004 年第 5 期。

157. 孙英：《论大学生道德素质构成》，《思想战线》2004 年第 6 期。

158. 孙君恒、许玲：《责任的伦理意蕴》，《哲学动态》2004 年第 9 期。

159. 于海：《民族精神意涵：国家意识、文化认同、公民意识》，《思想理论教育》2004 年第 12 期。

160. 张英魁：《多元文化教育视角下的少数民族公民教育》，《广西民族研究》2005 年第 1 期。

161. 吴锡存：《略论大学生公民意识教育的途径和方法》，《宁波大学学报》（教育科学版）2005 年第 3 期。

162. 李俊英、陈化育：《通识教育与民族院校教育质量的提高》，《西北第二民族学院学报》（哲学社会科学版）2005 年第 4 期。

163. 闵素芬、胡穗：《现代化进程中我国公民意识的缺失及提升途径》，《湖湘论坛》2005 年第 4 期。

164. 扈中平：《"人的全面发展"内涵新析》，《教育研究》2005 年第 5 期。

165. 范志华：《人文素养在当代教育中的缺失和重建》，《学校党建与思想教育》2005 年第 12 期。

166. 乌小花、孙懿等：《部分民族院校在校大学生民族意识现状抽样调研报告》，《青海民族研究》2006 年第 2 期。

167. 龙永红、叶春云：《高校人文教育的路径分析》，《南京工程学院学报》（社会科学版）2006 年第 3 期。

168. 范国睿：《欧美主要国家的学校公民教育：基于教育政策的分析》，《教育发展研究》2006 年第 3 期。

169. 权生鳌：《人文精神在民族高等教育中的地位和价值探析》，《青海民族学院学报》（社会科学版）2006 年第 4 期。

170. 张汝伦：《我国人文教育的现状及出路》，《上海教育》2006 年第 Z2 期。

171. 龚光军：《当代大学生人文素养的缺失与重构》，《重庆职业技术学院学报》2007 年第 3 期。

172. 陈晓萍：《大学生公民意识调查研究——以广州石牌五所高校为例》，《思想教育研究》2007 年第 5 期。

173. 刘旭东：《对教育与生活关系的思考》，《教育研究》2007 年第 8 期。

174. 叶飞：《公民意识的内涵及其养成》，《政工研究动态》2007 年第 21 期。

175. 陈·巴特尔、彼得·恩乐特：《中国民族学院的历史演变及其组织特性》，《北京大学教育评论》2008 年第 2 期。

176. 叶飞：《公民教育与公民意识的培养》，《思想理论教育》2008 年第 5 期。

177. 谭志松：《大学的民族性格》，《民族教育研究》2008 年第 6 期。

178. 万明钢：《从"差异"走向"承认"的多元文化教育》，《教育研究》2008 年第 11 期。

179. 何雪莲：《论公民教育的可能困境》，《教育科学研究》2008 年第

12 期。

180. 范可：《全球化时代的公民意识与认同政治》，《云南民族大学学报》
（哲学社会科学版）2009 年第 5 期。

181. 都永浩：《民族认同与公民、国家认同》，《黑龙江民族丛刊》2009
年第 6 期。

182. 马洁：《文化多样性视野下民族院校发展》，《理论月刊》2009 年第
11 期。

183. 吴高臣：《论大学生公民意识的培养》，《思想教育研究》2009 年第
12 期。

184. 赵立武：《西北民族院校素质教育初探》，《黑龙江民族丛刊》2010
年第 2 期。

185. 左岫仙：《论少数民族成员公民意识的提升》，《黑龙江民族丛刊》
2010 年第 6 期。

186. 檀传宝：《论公民教育是全部教育的转型》，《安徽师范大学学报》
（人文社会科学版）2010 年第 9 期。

187. 李俊卿：《大学生公民意识的实证研究与培育路径》，《社会科学家》
2010 年第 11 期。

188. 张楚廷：《大学人文教育与人的解放》，《高等教育研究》2011 年第
2 期。

189. 崔春华：《公民意识教育：规划与实施——2010' 中国德育论坛暨浦
东教育论坛综述》，《中国德育》2011 年第 2 期。

190. 孙博：《中国大学人文教育的反思与重建》，《教育与职业》2011 年
第 6 期。

191. 李爱国、李腾达：《当前大学生公民意识培养存在问题及对策》，《集
美大学学报》（教育科学版）2011 年第 7 期。

192. 王岩、孙波：《社会主义市场经济条件下我国公民意识的建构》，《毛
泽东邓小平理论研究》2011 年第 9 期。

193. 傅慧芳：《中国公民意识的本土特质》，《东南学术》2012 年第 5 期。

194. 胡蓉：《当代大学生公民意识的缺失及其培育》，《湖北行政学院学
报》2012 年第 5 期。

195. 范微微、赵明玉、饶从满：《多元文化社会中的国家建构与公民教
育》，《教育学报》2012 年第 5 期。

196. 姚萍：《现代化进程中的公民与公民意识》，《学术探索》2012 年第 6 期。

197. 唐荣双：《论民族地区公民意识建设》，《黑河学刊》2012 年第 6 期。

198. 黄艳娥：《国外公民意识的培育与启示》，《求索》2012 年第 9 期。

199. 屈庆平、冷和平：《大学生公民意识教育现状及对策探析》，《青年与社会》2012 年第 1 期。

200. 张玉琴：《缺失与建构：大学生公民意识与公民教育》，《长春工业大学学报》（高教研究版）2012 年第 1 期。

201. 傅慧芳：《公民意识的要素结构探析》，《福建师范大学学报》（哲学社会科学版）2012 年第 2 期。

202. 曹阳昭：《少数民族地区公民意识培养研究》，《兰州大学学报》（社会科学版）2012 年第 2 期。

203. 金燕、侯蕊：《浅析多民族国家公民意识与国家认同》，《黑河学刊》2012 年第 3 期。

204. 方拥香、郑宜萍、温科旺：《青少年公民意识培养主题探究模式》，《当代青年研究》2012 年第 4 期。

205. 杨玉环：《论大学生公民意识的教育和培养》，华东师范大学硕士学位论文，2002 年。

206. 轩颖：《公民意识培养问题研究》，东北师范大学 2003 年硕士学位论文。

207. 侯丽君：《大学人文教育现状与对策研究》，西南师范大学硕士学位论文，2004 年。

208. 潘福妮：《中西方高校人文教育的比较研究》，大连理工大学硕士学位论文，2006 年。

209. 鲍日元：《我国高校人文教育若干问题探究》，福建师范大学硕士学位论文，2007 年。

210. 王剑：《论当代大学生公民意识的培养》，河北师范大学硕士学位论文，2007 年。

211. 郭芳芳：《我国当代大学生公民意识教育研究》，山西大学硕士学位论文，2008 年。

212. 姚笛：《东北大学本科生公民意识状况的实证研究》，东北大学硕士学位论文，2008 年。

213. 许海燕：《和谐社会建设中大学生公民意识及其培养》，新疆大学硕士学位论文，2008 年。

214. 张冬利：《当代大学生公民意识教育存在的问题及对策》，华中师范大学硕士学位论文，2009 年。

215. 王爱莲：《论构建社会主义和谐社会背景下的大学生公民意识培养》，东北师范大学硕士学位论文，2009 年。

216. 肖春雷：《新疆高校大学生公民意识培养研究》，新疆大学硕士学位论文，2011 年。

217. 史莎莎：《论少数民族大学生的民族意识》，中央民族大学硕士学位论文，2011 年。

218. 李智：《少数民族大学生民族认同与国家认同现状研究——以国家民委直属六所高校为例》，中央民族大学硕士学位论文，2011 年。

219. 刘亚敏：《大学精神探论》，华中科技大学博士学位论文，2004 年。

220. 谭伟平：《大学人文教育与人文课程》，华中科技大学博士学位论文，2005 年。

221. 李金奇：《被学科规训限制的大学人文教育》，华中科技大学博士学位论文，2005 年。

222. 赵立波：《人文发展与通识教育问题初探》，复旦大学博士学位论文，2008 年。

223. 朱彩霞：《当代中国公民意识问题研究——从自由主义与社群主义的争论谈起》，山东大学博士学位论文，2010 年。

224. 曲丽涛：《当代中国公民意识发育问题研究》，山东大学博士学位论文，2011 年。

225. 李新月：《我国大学公民教育研究》，华中师范大学博士学位论文，2011 年。

226. 张宏斌：《中国高校人文素质教育研究》，大连海事大学博士学位论文，2012 年。

227. 程德慧：《当代中国学校公民意识教育研究》，华东师范大学博士学位论文，2012 年。

228. 李冰：《当代中国政治社会化中的公民认同研究》，河北师范大学博士学位论文，2012 年。

229. 陈华仔：《"好人"与"好公民"的冲突与和解——卢梭自然教育思

想研究》，湖南师范大学博士学位论文，2012 年。

230. 沈研：《学校公民素养教育研究》，上海师范大学博士学位论文，2012 年。

231. 刘香东：《公民意识教育与信仰教育》，"两岸四地公民意识教育" 研讨会公民教育研究文库，2008 年。

232. 刘焕云：《全球化时代大学通识教育中的公民意识教育》，"两岸四地公民意识教育" 研讨会公民教育研究文库，2008 年。

233. 刘阿荣：《公民意识与民主政治的辩证发展：以台湾为例》，"两岸四地公民意识教育" 研讨会公民教育研究文库，2008 年。

234. 洪泉湖：《台湾公民教育的实践：以高级中学的教学为例》，"两岸四地公民意识教育" 研讨会公民教育研究文库，2008 年。

235. 龙静云：《论我国公民意识教育中的 "四个结合"》，"两岸四地公民意识教育" 研讨会公民教育研究文库，2008 年。

236. Willam H. Newell & Allen J. Davis. Education for Citizenship: the Role of Progressive Education and Interdisciplinary Studies. *Innovative Higher Education*, 1988 (1).

237. Gutmann, Amy. Democracy and Democratic Education: Studies in philosophy and education. 1993, Vol. 11, No. 1.

238. David A. Reidy. Education for Citizenship in a Pluralist Liberal Democracy. *The Journal of Value Inquiry*, 1996 (1).

239. Diana Smart, Ann Sanson, Lisada Silva & John Toumbourou. The Development of Civic Mindedness. *Family Matters*, 2000 (57).

240. Roberto Toniatti. Multicultural Citizenship and Education Integrating Diversity in HigherEducation: lessons from Romania. *European Journal for Education Law and Policy*, 2001 (1).

241. Tomas Englund. HigherEducation, Democracy and Citizenship——the Democratial Potential of the University?. *Studies in Philosophy and Education*, 2002 (4).

242. Egerton, M. Higher Education and Civic Engagement. *British Journal of Sociology*, 2002 (53).

243. Dane Scott. Transforming the "Market-Model University": Environmental Philosophy, Citizenship and the Recovery of the Humanities. *Wordviews*:

Environment, Culture, Religion, 2004 (2).

244. Dee, T. S. Are There Civic Returns To Education?. *Journal of Public Economics*, 2004 (88).

245. Fernando Reimers. Citizenship, Identity And Education: Examining the Public Purposes of Schools in An age of Globalization. *Propects*, 2006 (3).

附录　大学生公民意识调查问卷

亲爱的同学：

　　您好！我们想通过这份无记名的问卷，了解当代大学生的公民意识现状。本问卷采用匿名形式，不会泄露您的个人信息，请您认真作答，望勿漏填。调查数据的使用将信守保密原则。如有补充，请通过电子邮箱 yangtan2000@ sina. com 与我联系。衷心感谢您对本次调查的大力支持！

一　个人基本信息：请您根据自己的实际情况如实填写或打"√"。

性别：_____　　　民族：_____　　　所学专业：_____

1. 您所学专业所属的学科门类？

A. 哲学　　　　　B. 经济学　　　　C. 历史学　　　　D. 法学

E. 教育学　　　　F. 文学　　　　　G. 理学　　　　　H. 工学

I. 农学　　　　　J. 管理学　　　　K. 艺术学

2. 年级：

A. 大一　　　　　B. 大二　　　　　C. 大三　　　　　D. 大四

3. 是否学生干部：

A. 是　　　　　　B. 否

4. 政治面貌：

A. 群众　　　　　B. 团员　　　　　C. 入党积极分子　D. 预备党员

E. 党员　　　　　F. 其他

5. 家庭所在地：

A. 省会城市　　　B. 地区级城市　　C. 县城　　　　　D. 农村

E. 牧区

6. 家庭所在地周围的居民：

A. 都是本民族的人　　　　　　　B. 本民族的人占多数

C. 都是其他民族的人　　　　　　D. 其他民族的人占多数

E. 本民族的人和其他民族的人持平

7. 父亲的文化程度：

A. 小学及以下　　　　　　　　B. 初中

C. 高中或中专　　　　　　　　D. 大学专科或本科

E. 研究生

8. 母亲的文化程度：

A. 小学及以下　　　　　　　　B. 初中

C. 高中或中专　　　　　　　　D. 大学专科或本科

E. 研究生

二　单项选择题（除 20、21 题）：请您在选定的选项上打"√"。

1. 您对中华民族的历史文化：

A. 很了解　　　　B. 比较了解　　　C. 了解很少　　　D. 不了解

2. 您对本民族的历史文化：

A. 很了解　　　　B. 比较了解　　　C. 了解很少　　　D. 不了解

3. 当您听到别人无意中对本民族进行消极评价和判断时，您会：

A. 很气愤，会与对方争辩　　　　B. 气愤但不争辩

C. 关注但并不生气　　　　　　　D. 无所谓

4. 除了本民族，您是否结识有其他民族的达到"无话不说"程度的好朋友？

A. 有，只有一个　　　　　　　　B. 有，两三个

C. 有，很多　　　　　　　　　　D. 没有，因为_____

5. 在未来的恋爱、婚姻中，您会选择_____作为恋人或配偶。

A. 本民族的人　　　　　　　　　B. 其他民族的人

C. 随缘，不刻意选择

6. 凡是本民族的重大节日，您都：

A. 必须庆祝　　　　　　　　　　B. 多数情况下会庆祝

C. 偶尔庆祝　　　　　　　　　　D. 不庆祝，因为_____

7. 对于"只有民族的，才是世界的"的提法，您的观点是：

A. 民族化和全球化并非相互矛盾，相互排斥

B. 容易形成狭隘的民族意识

C. 说不清

8. 如果国家发生重大困难或危机，需要您做出选择时，您会：

A. 挺身而出，与祖国人民一起克服困难、化解危机

B. 在保全自我的前提下，为克服困难、化解危机贡献力量

C. 冷眼旁观，那是国家领导人要处理的问题，与我关系不大

9. 以下法律中，哪一部是我国的根本大法？

A. 民法　　　　　　　　　　　B. 刑法

C. 宪法　　　　　　　　　　　D. 民族区域自治法

10. 王某，22 岁，因抢劫、杀人被判处无期徒刑，剥夺政治权利终身。您认为王某还是"中国公民"吗？

A. 是　　　　　B. 不是

11. 如果有机会去服兵役，您会觉得：

A. 非常光荣　　　B. 比较光荣　　　C. 一般　　　　　D. 无所谓

E. 我不想服兵役

12. 您掌握的有关我国历史、现状和政策方针的知识，主要是在以下哪个阶段中形成的？

A. 幼儿园　　　B. 小学　　　　C. 初中　　　　D. 高中

E. 大学　　　　F. 其他_____

13. 您目前就读学校开设的课程是否有助于增强您的爱国意识？

A. 非常有帮助　　　　　　　　B. 比较有帮助

C. 一般　　　　　　　　　　　D. 没太大帮助　　　E. 毫无帮助

14. 大学生李某在校外做家教，每天要乘近一个小时的公共汽车。这天上完课后，他上车刚好有一个空座位，可是刚坐了七八分钟，一位老奶奶就颤颤巍巍地上车了。如果您是李某，您会：

A. 毫不犹豫地让座

B. 如果老奶奶走到座位旁边，就让座

C. 太累了，装作看不见

15. 当前，有一些大学生在找工作时会把别人的英语等级证书、计算机等级证书、奖学金证书乃至发表的文章改头换面，复印后放进自己的毕业自荐书中。对此，您：

A. 反对，自己不会这样做

B. 能够理解，但自己不会这样做

C. 知道不好，但如果对找工作有利，自己也会这样做

16. 碰到宿舍楼或教学楼里有长流水、长明灯的情况，您会：

A. 主动去关　　　　　　　　　B. 主动去关且告诉楼管

C. 方便的话关一下　　　　　　D. 不理会

17. 每年 3 月召开"两会"，您对此：

A. 非常关注，每天看相关报道

B. 比较关注，但不会刻意去看相关报道

C. 只关注自己喜欢的话题

D. 无所谓，只是偶尔看看相关报道

E. 不关注，和我没关系

18. 您参加过基层人民代表的选举吗？在哪里？

A. 没参加过　　　　　　　　　B. 在学校参加过

C. 在家乡参加过　　　　　　　D. 在学校和家乡都参加过

19. 您_____普通公民参与人大代表选举活动，参加政府组织的各种听证会等。

A. 非常赞同　　　B. 比较赞同　　　C. 赞同　　　　　D. 不太赞同

E. 很不赞同

20. 您通过哪些渠道或方式来了解本民族的历史文化？（可多选）

A. 课堂　　　　　　　　　　　B. 课外阅读

C. 听老人或家人讲述　　　　　D. 参加社区或村落活动

E. 报纸　　　　F. 电视　　　　G. 广播　　　　H. 互联网

I. 寺院等宗教活动场所　　　　J. 其他途径_____

21. 您对目前就读学校开设的哪类课程感兴趣？（可多选）

A. 专业课　　　　　　　　　　B. 公共基础课

C. 公共选修课　　　　　　　　D. 实践教学课程

E. 其他_____

22. 假设您任课教师中有一位教师教学水平差，学生普遍不满意。

①如果是专业课，您会向学校反映吗？

A. 肯定会　　　B. 可能会　　　C. 一般不会　　　D. 肯定不会

②如果是公共课（如思想政治、大学英语等课程），您会向学校反映吗？

A. 肯定会　　　B. 可能会　　　C. 一般不会　　　D. 肯定不会

三　情景问答：只能选择①②或者①②③中的一个，并在所选项后的理由上打"√"。

23. 您目前所在班级的学生干部一般是如何产生的？

A. 老师指定　　　　　　　　　B. 老师提名，学生投票选举

C. 老师不提名，学生投票选举

若选择 B 或者 C，那么，在这一类投票选举活动中，您一般会：

①参与，最主要的理由是：

A. 老师要求　　　　　　　　　B. 为了给好友投票

C. 认为重要　　　　　　　　　D. 其他_____

②不参与，最主要的理由是：

A. 候选人中没有您想选的人　　B. 不感兴趣

C. 投票只是形式，没意思　　　D. 其他_____

24. 假设您就读的学校为了加强学生文明行为的教育与监督，要在宿舍楼走廊里安装监视器，您的反应是：

①气愤，并采取行动。您会：

A. 向有关领导反映　　　　　　B. 向有关部门反映

C. 向报纸、电视台等媒体反映　D. 其他_____

②气愤，算了。最主要的理由是：

A. 势单力薄　　　　　　　　　B. 没有时间和精力

C. 其他_____

③没反应。最主要的理由是：

A. 支持学校的行为　　　　　　B. 不关心，无所谓

C. 其他_____

25. 大学生王某买了一部电子词典，不久出现了质量问题，找到经销商，但对方态度蛮横，拒绝退换。如果碰到这类事情，您会：

①算了，自认倒霉。主要的理由是：

A. 不知道有什么办法　　　　　B. 没有社会关系，斗不过商家

C. 没有时间和精力　　　　　　D. 其他_____

②会采取行动。您会：

A. 向消费者协会或工商管理部门投诉

B. 向报纸、电视台等媒体反映

C. 其他_____

四　请您就以下各要素的重要程度在选项相应的空格内打"√"，然后按照要求填序号。

26. 请您就下列要素对现代大学生的重要性做出评价。如下 1—10 项中，最重要的三项依次是：[　　][　　][　　]，当前大学生最缺乏的三项依次是：[　　][　　][　　]。（请填序号）

序号	要素	非常重要	比较重要	一般	不太重要	一点也不重要
1	热爱祖国					
2	认同本民族文化					
3	维护权利					
4	团结合作					
5	平等互助					
6	参与公共事务					
7	遵守法律法规					
8	信守道德准则					
9	有责任心					
10	宽容					

27. 请您就下列要素在公民意识形成中发挥的作用做出评价。如下 1—10 项中，最重要的三项依次是：[　　][　　][　　]，当前最缺乏的三项依次是：[　　][　　][　　]。（请填序号）

序号	要素	非常大	比较大	一般	比较小	非常小
1	家庭氛围					
2	社会风气					
3	社区或村落氛围					
4	寺院等宗教活动场所					
5	学校的课堂教学活动					
6	学校的课外活动					
7	各种社团活动					
8	法律法规					
9	道德准则					
10	书籍、电视、网络等媒介					

——问卷到此结束，感谢您的配合！——

后 记

　　我是民族政策和民族教育的受益者，无论是在民族中学、民族班就读，还是在民族院校工作并考取"少数民族高层次骨干人才培养计划"博士研究生，一路走来感受着民族教育事业的发展，促使我了解民族教育，并树立了研究民族教育的信念。攻读博士学位期间，我围绕民族院校聚焦研究问题，经过导师的悉心指导，最终选择这个论题去讨论民族院校通过人文教育培养大学生公民意识的可能路径。论文搁笔之际，重返校园时的欣喜，阅读经典时的惬意，修改文章时的烦躁，调研写作时的艰辛，论文送审后的不安，求学三年来的点滴生活涌上心头。

　　求学路上，恩师刘旭东教授是一个对我产生重要影响的老师。屈指算来，我跟随刘老师学习已有十余载，本科期间他曾为我们讲授过两门课程，他授课认真，为人和蔼，我们喜欢听他的课，喜欢与他交流。十年前攻读硕士学位拜在刘老师门下，他治学严谨，幽默风趣，对学生严爱有加，对教育充满激情，为我走进教育殿堂打开了一扇大门。正是刘老师的品格深深吸引着我追随他的脚步体悟教育、感受生活，书桌上存放的大小文章修改稿件见证了他对我学业上的悉心指导，我内心充满感激，但想到论文中的疏漏之处又深感不安和愧疚。漫长的求学生涯中，我感受着刘老师渊博的学识和深邃的思想，感受着他亲人般的关怀，他的指导和教诲让我受益终身。遇此恩师，吾之幸也！

　　感谢三年来在学习生活中给予我教诲与关照的西北师范大学的胡德海先生、李定仁先生、王嘉毅教授、万明钢教授、王鉴教授、张学强教授、王兆璟教授、周爱保教授、马以念教授、焦瑶光教授，陇南一中的许邦兴校长，西宁虎台中学的薛伟平校长，青海师范大学的李晓华教授和武启云教授。感谢母校西北师范大学，我在这里度过了人生最重要的十年时光，从本科、硕士到博士，从每天清晨听着热情激昂的校歌到居于山边静思苦读，母校为我的成长搭建了平台，我也见证了母校的发展和繁荣，衷心祝愿母校明天更美好。

　　感谢北方民族大学的领导集体在政策上给予我的支持和帮助，尤其要感谢两任分管校领导任维桢校长和赵杰副校长。在我报考时，任校长的支持和鼓励给了我莫大的动力，在我被录取后，他语重心长的嘱托我牢记在心；在我入学前，赵校长微言大义，他的教诲我记忆犹新。感谢马少刚处长对我的知遇之恩和栽培之情，他对工作认真负责和积极进取的态度影响着我，他的支持和帮助没齿难忘。感谢教学质量监控与评价处的田宏印处长、王长义处长、郑彦平副处长以及马岩老师，他（她）们的支持和帮助是我顺利完成学业的保障。感谢马克思主义学院的成媛教授、王永和教授、马惠兰教授、张琳教授以及科研处的孙力教授给我论文提出的宝贵意见，感谢高红梅副书记、马列芳副主任、赵智副处长、刘蓉副院长、马少娟副院长、李娜老师、艾娟老师、焦向炜老师、陈学琴老师、马翠萍老师、郝自军老师、杨录峰老师、张海霞老师等在我就读及调研期间给予的关怀和帮助。感谢西北民族大学的王淑兰老师和郭思含老师、青海师范大学的才让措老师、西藏民族学院的许可峰老师、甘肃民族师范学院的王莅老师、宁夏大学的马娥老师等在我调研期间给予的帮助，感谢接受访谈及填写问卷的诸位同学。

　　感谢在考博以及攻读过程中给我鼓励、支持和帮助的吴原博士，尤其在论文撰写和修改过程中他毫无保留的见解令我受益颇多。感谢在问卷制定过程中提出宝贵意见的杨宝琰博士、高承海博士。感谢在学习生活中给我关怀与帮助，尤其在论文修改阶段为我逐字逐句校对论文的马丽博士。感谢师妹乔茂凤、刘洋、闫凤玉以及好友李景、杨志新、杨丽莉的鼎力相助。没有他（她）们的帮助，论文难以顺利完成，感激之情溢于言表，唯祝诸事顺遂！感谢求学路上给我鼓励和关怀的张善鑫博士、李峻博士、翟楠博士、吴银银博士、苏向荣博士、高小强博士、白亮博士、刘炎欣博士、吴永胜博士、杜军博士、魏鑫女士、赵振洲女士、刘海燕女士，感谢师弟（妹）张敏、柴军应、王娜、孟晓瑞、李丽花、刘薇薇、许瑞瑞、康君民、黄巧玲、杨恩泽、孙波、关子秋、刘倩楠、陈亮等的陪伴，感谢亲爱的室友李冰带给我的温暖和快乐，感谢同窗好友陶剑灵、刘海健、刘淑红、李孔文、陈效飞、王俊、方洁、郝雪、康勇、王娟、王妍丽、杨彦军、边思羽、魏重庆等，以及学友邵晓霞、邢蕾、慕嘉、张维民、安静、龙红芝、叶蓓蓓、孙丽华、燕慧、邱芳婷、许芳、景浩荣等，学术路上有他（她）们相伴更加精彩！

饮水思源，感谢我的父母在家庭经济条件并不富裕的情况下省吃俭用供我读书，忘不了新学期开学前父母变卖存粮为我准备生活费的情景，忘不了求学期间父母的叮咛和嘱托，忘不了看到我的毕业证书时父母眼里满满的喜悦，正是父母的殷殷期望敦促我在求学路上不断向前。感谢我的奶奶、公婆对我的关心和支持，感谢家中兄弟姐妹为我分担为人子女应尽的义务，尤其要感谢姑姐杨海兰女士和姐夫王学林先生一家，是他（她）们主动承担起帮我抚育幼子的重任，三年多来对幼子悉心照料、百般呵护，使我得以顺利完成学业。特别感谢我的先生杨建，是他的鼓励和支持给了我重返校园的信心，是他的理解和宽容让我潜心学术无后顾之忧。凡此种种，铭记于心。

此外，本书的出版得到了北方民族大学 2013 年科研项目"民族院校大学生公民意识现状调查研究"（项目号 2013XYS02）以及 2014 年度引进人员科研启动项目"西北地区民族高校大学生公民意识研究"的经费资助，得到了中国社会科学出版社任明编审及其团队认真的审校，在此一并表示感谢。

言有尽而意无穷。我想，唯有在漫漫学术路上不断探索，方能答谢单位的培育、师长们的指导、学友们的帮助以及亲人们的关怀。

谭月娥

2015 年 3 月